Teatro 40
direção de
Fernando Peixoto

TEATRO

TÍTULOS EM CATÁLOGO

Técnicas Latino-Americanas de Teatro Popular, Augusto Boal
Fábrica de Chocolate, Mário Prata
Teatro em Pedaços, Fernando Peixoto
Vassa Geleznova, M. Górki
Diálogo sobre a Encenação (um Manual de Direção Teatral), Manfred Wekwerth
Teatro em Movimento, Fernando Peixoto
Teatro de Augusto Boal 1 (Revolução na América do Sul, As Aventuras de Tio Patinhas, Murro em Ponta de Faca)
Textos para a Televisão, Gianfrancesco Guarnieri
Teoria e Prática do Teatro, Santiago García
Teatro em Questão, Fernando Peixoto
Teatro de Augusto Boal 2 (História de Nuestra América, A Lua Pequena e a Caminhada Perigosa, Torquemada)
Um Mês no Campo, Ivã Turgueniev
Além das Ilhas Flutuantes, Eugenio Barba
Teatro e Estado (as Companhias Oficiais de Teatro no Brasil: História e Polêmica), Yan Michalski e Rosyane Trotta
Teatro de Osvaldo Dragún (Milagre no Mercado Velho, Ao Violador, Voltar para Havana, Os Alpinistas)
Um Teatro Fora do Eixo, Fernando Peixoto
O Negro e o Teatro Brasileiro, Miriam Garcia Mendes
Ay, Carmela!, José Sanchis Sinisterra
A Canoa de Papel, Eugenio Barba
A Arte Secreta do Ator (Dicionário de Antropologia Teatral), Eugenio Barba e Nicola Savarese
Ziembinski e o Teatro Brasileiro, Yan Michalski
A Mochila do Mascate, Gianni Ratto
Divers/idade, Nelson de Sá
As Trombetas de Jericó. Teatro das Vanguardas Históricas, Silvana Garcia
Giramundo: Myrian Muniz – o Percurso de Uma Atriz, Maria Thereza Vargas (org.)
Brecht no Teatro Brasileiro, Kathrin Sartingen
Teatro de Rua, Fabrizio Cruciani & Clelia Falletti
O Parto de Godot, Luiz Fernando Ramos

VIANINHA

um dramaturgo
no coração de seu tempo

ROSANGELA PATRIOTA

VIANINHA

um dramaturgo no coração de seu tempo

EDITORA HUCITEC
São Paulo, 1999

© Direitos autorais, 1995, de Rosangela Patriota. Direitos de publicação reservados pela Editora Hucitec Ltda., Rua Gil Eanes, 713 - 04601-042 São Paulo, Brasil. Telefones: (011)240-9318, 542-0421 e 543-0653. Vendas: (011)530-4532. Fac-símile: (011)530-5938. E-mail: *hucitec@mandic.com.br*

Foi feito o Depósito Legal.

Editoração eletrônica: Ouripedes Gallene e Rafael Vitzel Corrêa

---

Dados Internacionais de Catalogação na Publicação (CIP)
(Sandra Regina Vitzel Domingues)

V 67p Patriota, Rosangela
        Vianhinha: um dramaturgo no coração de seu tempo. / Rosangela Patriota. — São Paulo : Hucitec, 1999.
        229 p. ; il. ; 21 cm. – (Teatro; 39)
        Bibliografia: p. 215
        ISBN 85-271-0479-2

        1. Oduvaldo Vianna Filho - Biografia 2. Teatro Brasileiro I. Título II. Série

                      CDD - 92
                      869.92

        Índice para catálogo sistemático:

        1. Oduvaldo Vianna Filho: Biografia 92
        2. Teatro brasileiro : Dramaturgia 869.92

Para
Alcides, Ângelo, Luíza e,
in memoriam,
Flora, Francisco e Grazia

AGRADECIMENTOS

Meus agradecimentos iniciais são ao Prof. Dr. Fernando Antonio Novais por ter acreditado na pertinência do tema, na consistência do trabalho e por tê-lo indicado para publicação. A Fernando Peixoto sou muito grata pela gentil acolhida deste trabalho na coleção, por ele dirigida, além de auxiliar-me na revisão dos originais, tendo feito sugestões inestimáveis. Gostaria de estender estes agradecimentos a Flávio Aderaldo. Leitor competente, fez com que o texto se tornasse ainda mais legível.

Ao Prof. Dr. Celso Frederico, à pesquisadora Carmelinda Guimarães e à colega Rita Conceição Preto meus agradecimentos por terem me auxiliado, cedendo documentação e indicações bibliográficas.

Ao Prof. Dr. Jacó Guinsburg e à Prof.ª Dr.ª Margareth Rago pelas contribuições fornecidas durante o Exame de Qualificação.

Gostaria de agradecer, *in memoriam*, ao Prof. Dr. Carlos Alberto Vesentini pelo estimulante e generoso diálogo intelectual ocorrido nos cursos de Pós-Graduação da USP.

Alcides Freire Ramos, como se não bastasse o seu talento intelectual e inteligência, foi durante todo o período de pesquisa e redação um companheiro afetuoso.

A Luiza e Angelo Laurino, não há palavras que expressem a minha gratidão.

Pela preparação dos originais e por vários outros motivos agradeço a Alexandre, Elaine e Emília.

Este trabalho foi originalmente apresentado à Faculdade de Filosofia, Letras e Ciências Humanas da USP como tese de doutorado em História Social. Neste momento, gostaria de lembrar as inestimáveis contribuições oferecidas pela Banca Examinadora, que contou com a participação dos seguintes professores-doutores: Arnaldo Daraya Contier, Ismail Xavier, Maria Helena R. Capelato, Alcir Lenharo e Fernando A. Novais.

Ao CNPq e à CAPES meus agradecimentos por terem financiado esta pesquisa.

Finalmente, pelo incentivo à liberdade de pensamento que sempre norteou sua conduta como orientador, agradeço ao Prof. Dr. Arnaldo Daraya Contier.

"Precisamente porque as chamadas possibilidades utópicas não são absolutamente utópicas, mas antes representam uma determinada negação histórico-social do existente, a tomada de consciência delas — bem como a determinação consciente das forças que impedem a sua realização e que as negam — exigem de nossa parte uma oposição muito realista e muito pragmática, uma oposição livre de todas as ilusões, mas também de qualquer derrotismo, uma oposição que, graças à sua simples existência, saiba evidenciar as possibilidades de liberdade no próprio âmbito da sociedade existente."

(Marcuse, *O fim da utopia*).

SUMÁRIO

Introdução 15

Vianinha e *Rasga Coração* na construção da
resistência democrática 21
Censura, repressão e democracia 21
Rasga Coração interditada, premiada e censurada 26
Rasga Coração liberada: um dos símbolos da redemocratização 30
Temas, agentes e lutas 49

Capítulo 2. Críticos, crítica e dramaturgo: a construção da obra 55
Autor, obra, críticos e história 55
Boas vindas à "nova" dramaturgia brasileira 58
Em busca do "povo" e do "popular" 60
Questão de coerência 64
A politização do cotidiano 70
Por que não a comédia? 70
Agitam-se as bandeiras da liberdade e da democracia 72
Angústias e desafetos do intelectual em *Estado de Sítio* 80
Os críticos em busca da unidade da obra 84

Capítulo 3. Teatro e política: a historicidade da dramaturgia
de Oduvaldo Vianna Filho 93
Interpretações acerca do autor e de sua obra 93
Arena e CPC: diferentes estratégias para um mesmo projeto 98
O golpe de 1964: Vianinha entre a perplexidade e a resistência 111
1968: "reformistas" *versus* "revolucionários" 119
Indústria cultural e espaços para a intervenção 129
A historicidade da dramaturgia de Vianinha 134

Capítulo 4. *Rasga Coração*: diálogos com as
utopias dos anos sessenta 141
Rasga Coração: discussões político-ideológicas 141
1972: intelectuais e resistência democrática 147

Rasga Coração: estrutura e proposta temática	155
Os anos 30 sob a ótica da "memória histórica"	158
Anos 70: dois projetos em conflito	169
O criador e a criatura: Vianinha e "Rasga Coração"	187
Iconografia	195
Conclusão	209
Bibliografia	215
Documentação	219

INTRODUÇÃO

Discutir a dramaturgia de Oduvaldo Vianna Filho não significa apenas entrar em contato com o trabalho de um dos mais importantes autores teatrais do país, mas, também estabelecer um diálogo com peças que construíram representações a respeito da realidade brasileira, numa perspectiva de engajamento político.

Autor de peças didáticas e de textos com maior complexidade dramática, Vianinha enfrentou temas candentes da sociedade contemporânea, tanto sob a égide de um pressuposto revolucionário, especialmente no período pré-64, quanto no exercício da resistência democrática, no qual tratou de temas como "velhice no Brasil", "papel do intelectual em uma sociedade de classes", "reavaliação do jornalismo na televisão" e a "publicidade redefinindo o mercado brasileiro". Vianinha, aliás, foi um dos primeiros dramaturgos, senão o primeiro, a discutir o impacto da publicidade no processo de modernização do Brasil, no início dos anos 70.

Nesse sentido, encontram-se nas peças de Oduvaldo Vianna Filho uma versatilidade temática e uma abrangência de discussões que, pouco a pouco, foram suplantadas, em meados da década de 70, com a emergência de Vianinha e de sua peça *Rasga Coração* como "símbolos da luta pelas liberdades democráticas".

Sob este referencial, Vianinha teve peças encenadas até meados dos anos 80[1]. No entanto, passado este momento, sentenciou-se que Oduvaldo Vianna Filho já havia "cumprido seu papel histórico", pois o "teatro político"[2] não mais atendia às necessidades estéticas de um

---

[1] Após este período ocorreram encenações esporádicas das peças de Oduvaldo Vianna Filho. Dentre elas, cabe destacar a montagem da peça *Corpo a Corpo*, ocorrida em 1995, em São Paulo, pelo Grupo Tapa, dirigida por Eduardo Tolentino e interpretada por Zé Carlos Machado.

[2] A denominação "teatro político" é comumente utilizada para designar uma produção teatral vinculada a um ideário político ou a uma temática social fortemente destacadas. No século XIX, os textos teatrais que procuraram levar para o palco problemas sociais encontraram na estética naturalista uma das bases para a realiza-

país que, em 1985, inaugurou a "Nova República". Talvez um dos elementos explicadores deste procedimento seja o fato de que durante o período militar construiu-se uma "cultura de oposição", presente no teatro, no cinema, na música, na literatura, entre outras formas de manifestação, permitindo que se estabelecesse uma "identidade" entre produtores e consumidores de bens culturais, propiciada pelo engajamento artístico[3], que se tornou uma das pilastras da resistência democrática.

Com a redefinição da conjuntura política, coube a Oduvaldo Vianna Filho o "ostracismo" estético e político, pois, ao lado da proposta de arte engajada, Vianinha fora militante do extinto Partido Comunista Brasileiro (PCB), que há muito era objeto de contudentes críticas no interior da própria esquerda, praticamente generalizadas após a queda do Muro de Berlim, em 1989.

Temas como "Estado mínimo", "globalização", "modernização", entre outros, tornaram-se recorrentes na sociedade contemporânea, suplantando idéias como "justiça social", "igualdade", "participação", "consciência política", que se tornaram símbolos de anacronismo. Nes-

---

ção de seu intento. Isto se deu em uma sociedade que, ao reestruturar as relações sociais, no âmbito do espetáculo e de outras manifestações artísticas, ampliou a noção de público, porque o teatro deixa de ser destinado a um grupo específico para, potencialmente, atingir toda a sociedade.

A redefinição do público trouxe para o teatro discussões estéticas e políticas que propiciaram, de maneira gradativa, a construção mais efetiva de um comprometimento com as lutas sociais, vislumbrando, de forma mais evidente, que as opções estéticas são históricas e políticas. É pertinente considerar que no universo das práticas teatrais surgiu, no início do século XX, uma perspectiva de engajamento da arte no processo histórico, por meio de uma explicitação de seu conteúdo político.

[3] No que se refere ao tema do engajamento artístico, deve-se observar que durante o processo revolucionário de 1917 na Rússia e no período pós-Primeira Guerra Mundial, na Alemanha, consagraram-se práticas teatrais ("agitprops", "jornais vivos", "auto-ativismo", etc.) que construíram uma "intervenção direta" no processo social, com base em uma proposta de conscientização e de transformação da sociedade, a partir das experiências engajadas realizadas por diretores como V. Meyerhold, Erwin Piscator e Bertolt Brecht, entre outros. Por essa via, foram se definindo as manifestações artísticas que se engajaram em projetos de transformação social e, por isso, construíram interpretações particulares da idéia de arte e do código estético, que possibilitou evidenciar a sua historicidade. Todavia, há que se considerar que esta identificação estreitou a noção de "teatro político", que passou a ser interpretado como uma manifestação comprometida com a concepção histórica e política da militância de esquerda, e, nesse sentido, pouco a pouco, foi sendo caracterizado o "teatro político" e o "teatro não-político", muitas vezes, desconsiderando que, no âmbito das mais diferentes manifestações, mesmo as estéticas, a questão do político permeia toda produção.

se sentido, lutas e projetos vinculados a uma proposta socialista tornaram-se utopias não condizentes com as necessidades do mercado.

Na verdade, vivemos um momento de indefinição teórica e ideológica. A derrota do projeto instaurado em 1917, na Rússia, bem como as críticas que foram feitas a ele no decorrer deste século tornaram as bases desta sociedade socialista extremamente vulnerável.

A ânsia de enfatizar a derrota deste projeto, no entanto, fez com que houvesse uma rapidez nos diagnósticos que explicam seu insucesso, e, por essa via, perdeu-se a dimensão histórica das mais diferenciadas experiências realizadas sob a égide do pensamento de esquerda. Indiscutivelmente, este tema, por si só, garante a realização de vários livros e reflexões, mas no limite desta introdução gostaria de discutí-lo à luz da atividade artística no Brasil.

Com esta perspectiva devo dizer: as peças de Oduvaldo Vianna Filho marcaram minha juventude. A minha formação acadêmica foi complementada com a descoberta da dramaturgia contemporânea (tanto brasileira quanto estrangeira). Por meio de espetáculos e de leituras dramáticas passei a conhecer textos como *Papa Highirte* e *Rasga Coração*. A estes textos podem ser acrescidos, entre outros, os de Plínio Marcos, Gianfrancesco Guarnieri, Carlos Queiroz Telles, Dias Gomes, Chico Buarque ao lado de espetáculos como *Mortos sem Sepultura* (de J.-P. Sartre, dirigido por Fernando Peixoto), *Falso Brilhante*, protagonizado por Elis Regina (direção de Miriam Muniz e Naum Alves de Souza), e *Doces Bárbaros*, estrelado por Gal Costa, Maria Bethânia, Caetano Veloso e Gilberto Gil.

Não há dúvidas: a ausência de participação e de canais para expressão eram relativizadas nas artes, e, nesse sentido, a proposta de redemocratização passou também pelo campo estético. Significativamente, apesar do autoritarismo das relações políticas e sociais, no universo do engajamento artístico a pluralidade fez-se presente, pois concomitante ao trabalho de Oduvaldo Vianna Filho houve o Teatro Oficina, em São Paulo, o Teatro Ipanema, no Rio de Janeiro, dramaturgos como Vicente Pereira, Leilah Assumpção, Isabel Câmara, Consuelo de Castro, Nélson Rodrigues, além da vinda do Living Theatre ao Brasil, bem como espetáculos que se ancoravam nas experiências teatrais do Teatro Brasileiro de Comédia, isso sem arrolar os grupos de teatro independentes.

De forma curiosa pode-se dizer, apesar de referenciais históricos, estéticos e ideológicos totalmente diferenciados, estes nomes todos podiam ser arrolados no campo da oposição, que foi múltipla e apresentou um horizonte de preocupações, contribuindo, assim, para a formação de segmentos sociais extremamente críticos.

Neste universo, Vianinha teve papel profundamente significativo. Um homem perspicaz, estudioso, ansioso pelo debate e pela participação, que contribuiu decisivamente para que houvesse vida inteligente neste país. Um indivíduo com convicções políticas, não resta a menor dúvida e, muitas vezes, intransigente em suas propostas, mas isso em nenhum momento o impossibilitou de perceber a pluralidade social e política na qual esteve inserido.

Autor dogmático? Depende da perspectiva, pois se as referências forem apenas as peças escritas no Centro Popular de Cultura, sem sombra de dúvida, encontrar-se-á um dramaturgo que transformou seu trabalho em instrumento de luta política, com o intuito de contribuir para que a tão sonhada revolução se efetivasse. No entanto, o impacto do Golpe de 1964 fez com que a necessidade de resistir ampliasse o horizonte temático. Nesse momento, encontra-se um Vianinha sensível e plural na ânsia de discutir a realidade brasileira, valendo-se de questões que ainda hoje fazem parte de nosso cotidiano.

E se não bastasse a atualidade de peças como *Corpo a Corpo*, *Nossa Vida em Família*, *A Longa Noite de Cristal*, *Allegro Desbum*, entre outras, cabe neste momento de impasse, diante do consenso cantado em prosa e verso sobre o fim da história, rever com urgência *Rasga Coração*, para estupefatamente deparar-se não com a peça símbolo da redemocratização, mas sim com os diálogos de um militante comunista com os seus críticos, e com os impasses que a militância de esquerda estava vivendo. Como se não bastasse, ao estabelecer um debate entre a tradição do marxismo-leninismo de um lado, e a contracultura de outro, Vianinha colocou-se no centro da questão ao indagar: como ter um projeto de transformação social e política se as bases em que a nova sociedade é pensada são as mesmas que sustentaram as sociedades anteriores? Qual projeto de revolução e de civilização estaria no horizonte das propostas de transformações sociais?

A partir da idéia de progresso, Oduvaldo Vianna Filho construiu, não resta dúvida, um dos mais belos textos da dramaturgia contemporânea, que por circunstâncias, também, históricas foi encoberto por interesses conjunturais. Mas vivemos um novo momento, o Brasil e o mundo mudaram e, neste contexto, *Rasga Coração* deve ser revista, uma vez que, ao contrário da opinião de muitos especialistas, a peça não é uma defesa intransigente dos valores políticos do dramaturgo, mas, pelo contrário, é uma "obra aberta" construída pela sensibilidade e pela inteligência de alguém que procurou discutir a perplexidade de seu tempo.

Em meio a estas observações, deve-se registrar que este livro tem como objetivo contribuir para elucidar as possíveis conexões entre

História e Teatro. Propõe discutir momentos de nossa história contemporânea à luz da dramaturgia de Oduvaldo Vianna Filho, partindo do pressuposto de que a produção estética e, neste caso particular, a dramaturgia são momentos constituintes do processo histórico. Partindo desta premissa, Vianinha e seus textos teatrais, primeiramente, serão analisados por meio das interpretações sobre eles elaboradas, e posteriormente discutidos no interior do processo vivenciado, com o intuito de resgatar a contemporaneidade existente nas reflexões do dramaturgo.

Neste sentido, pode-se dizer que representações específicas, leituras particulares, tentativas de reinterpretações são procedimentos inerentes ao trabalho do historiador. E estes procedimentos, sem sombra de dúvida, colaboraram para que se resgatasse a atualidade existente em Oduvaldo Vianna Filho, e a possibilidade de vê-lo encenado e/ou discutido não como a resposta aos impasses do momento, mas como contribuição ao debate. Ao mesmo tempo poderá propiciar o repensar das muitas restrições feitas a Vianinha e a seu trabalho, provenientes da explicitação de seu conteúdo político e ideológico, uma vez que estas são associadas a interpretações que acreditam que os trabalhos engajados são superados pelo tempo, ao passo que os que (pretensamente) não se comprometem com o seu presente podem almejar a perenidade. No entanto, a defesa desta opinião elidiu um aspecto importante da discussão: o fato de não assumir publicamente posição e perspectivas de análise não significa, em absoluto, ausência deles. Ao contrário, o que ocorre é a não-revelação dos princípios que nortearam a elaboração da obra[4].

---

[4] O crítico teatral norte-americano Eric Bentley ao tentar sistematizar esta discussão escreveu: "alguns tradutores de Sartre explicam que a palavra francesa 'engagement' tem duas implicações: em primeiro lugar, a de que estamos mergulhados na política, de bom ou mau grado, ou que não reconhecem que ele faça qualquer diferença. Eles se acham, por outro lado, dispostos a rejeitar uma determinada posição política em virtude de circunstâncias desagradáveis que a cercam. Os não-engajados gostam de afirmar que, ao aderir a uma causa política, qualquer pessoa se torna cúmplice dos crimes e erros de seus líderes e correligionários. Os autores engajados respondem que os não-engajados são cúmplices dos crimes e erros de todos e quaisquer líderes aos quais eles se limitaram a dar seu consentimento. Também a inação é uma atitude moral. O simples fato de estar no mundo acarreta um vínculo de cumplicidade. Os não-engajados se consideram inocentes pelo fato de não terem feito determinadas coisas. Eles se recusam a examinar a possibilidade de que a sua participação poderia ter mudado o curso dos acontecimentos para melhor. Os engajados afirmam, como Sartre na sua carta a Camus: '(...) para merecer o direito de influenciar homens que lutam, é necessário, em primeiro lugar, participar da sua luta; é preciso, em primeiro lugar, aceitar muitas coisas quando se quer

Assim torna-se plenamente justificável afirmar que, por excelência, todas as manifestações, artísticas ou não, são políticas. Elas podem ser diferenciadas pelos níveis de engajamento, mas não por meio de divisões esquemáticas como "político" e "não-político". Este livro, neste sentido, é um convite à redescoberta de Vianinha, de seu universo dramático, e das potencialidades nele contidas, uma vez que é na articulação passado/presente que projetos de participação e criação são constantemente redefinidos, principalmente à luz de novas leituras de momentos da História do Teatro Brasileiro.

---

tentar mudar algumas delas'" (Bentley, E. *O teatro engajado*. Rio de Janeiro: Zahar Editores, 1969, p. 154-5).

Capítulo 1

VIANINHA E *Rasga Coração* NA CONSTRUÇÃO DA RESISTÊNCIA DEMOCRÁTICA

> "Se o índice de liberdade de expressão no país está ainda longe de ser satisfatório (...) não há como deixar de reconhecer que pelo menos para todos nós que trabalhamos no ramo o Brasil com *Rasga Coração* livre é diferente do Brasil com *Rasga Coração* proibido." (Yan Michalski)

> "Como entender esses jornais enquanto *documento*, a ser trabalhado pelo historiador? (...). Estou diante do significado do documento enquanto sujeito. Ou melhor, essa imprensa, nesse caso, expressa a luta política, e as páginas desses diários não podem isolar-se dessa condição, eles são *prática* política de sujeitos atuantes." (Carlos Alberto Vesentini)

Censura, repressão e democracia

O ano de 1979 é considerado, por alguns setores da sociedade brasileira, um marco na trajetória das lutas contra o Estado instaurado em 1964. A oposição aos governos militares, embora tenha sido sistemática, ocorreu de maneiras diferenciadas e com distintos graus de intensidade, que foram desde a preconizada resistência democrática até à luta armada no âmbito rural e urbano. Esses governos, por sua vez, diversificaram, ao longo dos anos, os níveis de enfrentamento em relação à oposição: recorreram à censura deliberada das produções artísticas e intelectuais em geral, e, em casos extremos, à repressão organizada por meio dos grupos paramilitares[1]. Neste jogo de forças, no período do General Ernesto Geisel (1974-1979), foi anunciado o projeto de uma "distensão" lenta e gradual para a retomada da democracia no país, ao passo que os movimentos sociais clamavam pelos Direitos Humanos, pela Justiça Social e pelo Estado de Direito.

Apesar da intenção manifestada pelas autoridades, em junho de 1975, "(...) o presidente Geisel faz um discurso que foi classificado como uma verdadeira pá de cal sobre o projeto distensionista. Em julho, começam as prisões de alguns elementos ligados à ala jovem do MDB em São Paulo, Bahia, Brasília e Minas Gerais"[2]. Neste mesmo ano, o jornalista Wladimir Herzog foi morto nas dependências do DOI-CODI, em São Paulo. A este acontecimento a sociedade civil respondeu com um monumental Ato Ecumênico em frente à Catedral da Sé, na cidade de São Paulo. Na seqüência do arbítrio, em 1977, o General Geisel fechou o Congresso Nacional, baixou uma série de "Pacotes" e, posteriormente, escolheu o seu sucessor, o General João Baptista Figueiredo.

No que se refere às instituições políticas, os militares continuaram a desenvolver a sua lógica e a sua concepção de poder e de administração pública. No seio da sociedade civil os movimentos sociais ganharam as ruas. Tornaram-se cada vez mais contundentes as atuações da Comissão de Justiça e Paz e das Comunidades Eclesiais de Base. A União Nacional dos Estudantes (UNE) reorganizou-se. As greves operárias eclodiram no ABC paulista, e, segundo especialistas do tema, propiciaram o surgimento do "novo sindicalismo"[3].

---

[1] Acerca deste período da História Brasileira, existem trabalhos que são referências obrigatórias para a discussão do tema. Entre eles podem ser arrolados:
Buarque, S. et alii. *A guerrilha do Araguaia*. São Paulo: Alfa-Ômega, 1978.
Gabeira, F. *O que é isso, companheiro?*. 10.ª ed. Rio de Janeiro: Codecri, 1979.
Gorender, J. *Combate nas trevas. A esquerda brasileira: das ilusões perdidas à luta armada*. 3.ª ed. São Paulo: Ática, 1987.
Miranda, O. & Emiliano, J. *Lamarca: o capitão da guerrilha*. 12.ª ed. São Paulo: Global, 1989.
Patarra, J. L. *Iara: reportagem biográfica*. Rio de Janeiro: Rosa dos Tempos, 1992.
Ventura, Z. *1968: o ano que não terminou: A aventura de uma geração*. Rio de Janeiro: Nova Fronteira, 1988.

[2] Bittencourt, G. & Markun, P. *D. Paulo Evaristo Arns: O Cardeal do Povo*. São Paulo: Alfa-Ômega, 1979, p. 25.
Bittencourt, G. & Markun, P. *D. Paulo Evaristo Arns: o cardeal do povo*. São Paulo: Alfa-Ômega, 1979, p. 25.

[3] Acerca deste período extremamente rico da recente História Brasileira muitas reflexões foram e continuam sendo elaboradas. Dentre elas, podem ser citadas:
A greve na voz dos trabalhadores: da Scania a Itu. São Paulo: Alfa-Ômega, 1979.
Abramo, L. *O resgate da dignidade (a greve de 1978 em São Bernardo)*. Dissertação de mestrado. São Paulo: FFLCH-USP, 1986.

Em meio a este sentimento de insatisfação, o General João Baptista Figueiredo assumiu a Presidência da República Federativa do Brasil (1979) e bradou: "Eu prendo e arrebento, mas faço desse país uma democracia".

Os atores estavam em cena, as contradições afloradas, e, no desenrolar deste processo, conquistou-se a anistia para os presos e exilados políticos, mas os indivíduos que trabalhavam nos órgãos de repressão também foram anistiados. Estabeleceu-se o fim do bipartidarismo com a extinção da Arena (Aliança Renovadora Nacional) e do MDB (Movimento Democrático Brasileiro). Foram criados novos critérios para a Censura Federal e, paulatinamente, a produção artística e cultural foi sendo liberada.

Neste processo, é importante ressaltar o papel assumido por importantes órgãos da imprensa brasileira na defesa do Estado de Direito e das liberdades democráticas. No âmbito da imprensa escrita, em particular, segundo a historiadora Maria Helena R. Capelato, "muitos jornais da grande imprensa sofreram pressões da ditadura, principalmente depois do Ato Institucional n.º 5 (13/12/1968) (...). A partir dessa época teve início a censura prévia aos jornais. A imprensa alternativa e a *Tribuna da Imprensa* (sob a direção de Hélio Fernandes) conviveram com ela durante muito tempo, sofrendo punições constantes. Em vários outros jornais ela durou pouco sendo logo substituída por interdições, comunicados por bilhetes ou telefonemas. Alguns periódicos entraram

---

Antunes, R. *As formas da greve — confronto operário no ABC paulista: 1978/80*. Tese de doutorado. São Paulo: FFLCH-USP, 1986.

Bittencourt, G. & Markun, P. S. D. *Paulo Evaristo Arns: O cardeal do povo*. São Paulo: Alfa-Ômega, 1979.

Cadernos do Presente 2 — Greves operárias (1968-1978). Belo Horizonte: Aparte, 1978.

De Decca, E. S. Rebeldia e revolução na História Social. In: Bresciani, M. S. et alii (org.). *Jogos da política: imagens, representações e práticas*. São Paulo: Anpuh-Marco Zero-Fapesp, 1992, p. 13-29.

Garcia, M. A. São Bernardo: a (auto)construção de um movimento operário. *Desvios*, 1, 1982.

Marson, A. Lugar e identidade na historiografia de movimentos sociais. In: Bresciani, M. S. et alii (org.). *Op. cit.*, p. 31-49.

Munakata, K. O lugar do movimento operário. In: Casalecchi, J. E. & Telarolli, R. (org.). *Anais do IV Encontro Regional de História de São Paulo (Movimentos Sociais)*. Araraquara: Anpuh-Unesp/Araraquara, 1980, p. 61-81.

Romagnoli, L. H. & Gonçalves, T. *A volta da UNE: de Ibiúna a Salvador*. São Paulo: Alfa-Ômega, 1979.

Sader, E. *Quando novos personagens entraram em cena: experiências e lutas dos trabalhadores da Grande São Paulo 1970-1980*. Rio de Janeiro: Paz e Terra, 1988.

Weffort, F. C. Participação e conflito industrial: Contagem e Osasco — 1968. *Cadernos Cebrap*, 5, 1972.

em choque com órgãos da censura e procuraram denunciá-la através de estratagemas peculiares: *O ESP* publicou trechos de literatura nos espaços censurados; a revista *Veja* recorreu aos desenhos (de anjos e demônios) e poemas com dupla significação. Acabou sendo retirada quatro vezes das bancas"[4].

Tendo no tema da censura e do arbítrio um dos motivos mais importantes para discutir a legitimidade do Estado Brasileiro pós-64, a imprensa, na medida do possível, sempre buscou denunciar os desrespeitos aos direitos individuais, bem como discutir a atuação da Censura Federal no âmbito da cultura e das artes neste país.

A pluralidade de acontecimentos e o conseqüente universo de problematizações possibilitam que este momento da história brasileira seja resgatado sob as mais diferenciadas perspectivas. No interior desta multiplicidade temática, existe a que se refere à atuação da Censura Federal, no cerceamento das atividades artísticas e culturais.

No caso da área teatral, de acordo com as considerações do crítico Yan Michalski[5] — apesar da perplexidade, das chamas que destruíram o prédio da UNE e de todo um projeto de teatro engajado —, a temporada de 1964 não se alterou. Os anos seguintes foram marcados por alguns espetáculos contundentes como, por exemplo, *O Rei da Vela*, texto de Oswald de Andrade, direção de José Celso M. Corrêa e montagem do Teatro Oficina, em 1967[6]. Para Michalski, o marco significativo, na

---

[4] Capelato, M. H. R. *Imprensa e História do Brasil*. São Paulo: Contexto-Edusp, 1988, p. 55.
[5] Michalski, Y. *O teatro sob pressão: uma frente de resistência*. Rio de Janeiro: Jorge Zahar Editor, 1985.
[6] Embora, neste período, tenham ocorrido encenações, que entraram na História do Teatro Brasileiro como marcos importantes, a atuação da censura se fez presente. Segundo Tania Pacheco (A ação da censura no período 65-78. *Arte em Revista*, 3(6):92-6, outubro, 1981), em fevereiro de 1965, Jônatas Cárdia assumiu a chefia do Departamento de Censura, no Rio de Janeiro, com as seguintes afirmações: "'não permitirei a apresentação de peças anti-revolucionárias, como «Opinião» ou «Liberdade, Liberdade». Não tolerarei propaganda subversiva ou comunista em espetáculos'". (Ibidem, p. 92).

Ocorreram interdições sobre a dramaturgia brasileira e estrangeira. Exemplos disso foram: *Os inimigos*, de Gorki, *Tempo de guerra*, de Brecht, *Morte e vida Severina*, de João Cabral de Melo Neto e *O berço do herói*, de Dias Gomes. Em fins de 1965, *Liberdade, liberdade* iniciou as suas brigas com a Censura. Após uma série de negociações e mais de vinte cortes, *Liberdade, liberdade* estreou em São Paulo. Em 1966 a peça sofreria novos cortes. Neste mesmo ano ocorreram outras liberações com cortes.

No ano de 1967 ocorreu a invasão do Teatro Oficina, proibições, a centralização de toda censura à dramaturgia em Brasília e, segundo Tania Pacheco, "os erros crassos da Censura policialesca dos anos anteriores precisavam, entretanto, ser evitados, segundo algumas facções do Governo. Assim, coube ao Serviço Nacional de Teatro a honrosa atribuição de, ainda em março, promover um curso de Teatro para 30 censores,

trajetória do teatro brasileiro, foi o ano de 1968. "Talvez o ano mais trágico de toda a história do teatro brasileiro. A censura, seja oficial ou oficiosa, assume o papel de protagonista na cena nacional, desencadeia uma guerra aberta contra a criação teatral, torna-se incomodamente presente no cotidiano dos artistas. Já em janeiro o General Juvêncio Façanha (que no ano anterior já havia mandado aos homens de teatro e cinema o ameaçador recado: "Ou vocês mudam, ou acabam.") dá em público uma estarrecedora declaração, que define com clareza a atitude do regime em relação à atividade cênica: "A classe teatral só tem intelectuais, pés sujos, desvairados e vagabundos, que entendem de tudo, menos de teatro"[7].

A censura instaurou-se com todo vigor e capacidade destrutiva. Calou, mutilou, perseguiu e, conseqüentemente, tornou viável mecanismos de repressão[8]. Entretanto, se por um lado os seus objetivos foram atingidos, de outro lado a sua presença permitiu que bandeiras fossem levantadas, lutas fossem travadas e símbolos erigidos[9]. Dentre eles, está *Rasga Coração*, peça teatral de Oduvaldo Vianna Filho. A referida obra e seu autor são apresentados à opinião pública, por intermédio dos artigos veiculados pela imprensa escrita[10], em 1979, como dignos represen-

---

o que não impediu que, em novembro, Sófocles ('Antígona') fosse considerado perigoso para a segurança nacional: em Belém, só conseguiu estrear após severos cortes, perdendo ainda o cenário criado para o espetáculo. E o jornal *A Província do Pará* sofreu inquérito policial por publicar fotos do cenário subversivo. 'Liberdade, Liberdade' voltou a ser censurada em 1967, agora no Ceará e pelo Governador em pessoa, e 'Navalha na Carne', de Plínio Marcos, iniciou em junho seu pequeno processo kafkiano: primeiro foi proibida, com o Teatro Opinião sendo cercado pela polícia no dia da estréia para convidados; depois, liberada, em outubro, pelo Ministro da Justiça, num início de proibições/liberações que se prolongariam nos anos seguintes." (Ibidem, p. 93).

[7] Michalski, Y. *Op. cit.*, p. 33.

[8] Segundo a revista *IstoÉ*, "em quinze anos, 600 peças, 21 filmes e perto de mil músicas foram proibidos pela sofreguidão de censores preocupados em livrar o país de um inferno até agora indefinido" (Marra, A. B. & Carelli, W. Menos censura. Será? *IstoÉ*, São Paulo, 25/4/1979, p. 40).

[9] Neste período da história brasileira vários símbolos foram construídos na luta contra a opressão instaurada pós-1964. No âmbito do movimento estudantil destacou-se, entre outros, Alexandre Vannucchi Leme, aluno de geologia da USP, assassinado pelos órgãos da repressão. Outra figura importante vem a ser o ex-capitão do exército, Carlos Lamarca, que se tornou uma das referências à luta armada no Brasil. No movimento operário as mortes de Santo Dias e Manuel Fiel Filho tornaram-se bandeiras de resistência aos governos militares. Compositores como Chico Buarque de Holanda e Geraldo Vandré constituíram-se em "porta-vozes" das denúncias ao arbítrio, haja vista que músicas como *Apesar de você* e *Para não dizer que não falei das flores* foram transformadas em "hinos" da oposição.

[10] Os órgãos de imprensa são basicamente os jornais *Folha de S.Paulo*, *O Estado de S. Paulo*,

tantes da liberdade, da justiça, da arte e da cultura neste país. Com estes argumentos, esta imprensa trabalhou sistematicamente no sentido de transformá-los, autor e obra, em símbolos da "resistência democrática".

Rasga Coração interditada, premiada e censurada

Para que se possa compreender o tratamento dado a *Rasga Coração* e a seu autor, torna-se importante recuperar a trajetória da última peça de Vianinha, morto aos trinta e oito anos de idade, vítima de câncer, no dia 16 de julho de 1974. Nesse dia, aliás, os teatros funcionaram normalmente. Antes do início dos espetáculos, porém, foi lida a seguinte declaração distribuída pela classe teatral: "Hoje é um dia triste para o teatro brasileiro, porque a classe teatral perdeu um de seus membros mais representativos: o autor, ator, ensaísta e animador de teatro Oduvaldo Vianna Filho. Vianinha, como era carinhosamente chamado por todos nós, batalhou sua vida inteira para manter os teatros abertos; essa é a razão por que hoje continuaremos representando, e não cancelaremos nosso espetáculo. Mas pedimos licença ao público para dedicar o espetáculo desta noite à memória dele. Muito obrigado"[11].

Na realidade, as reportagens que noticiaram a sua morte possuíam, na maioria das vezes, um tom muito pessoal da parte de quem as escrevia, seja pelo respeito ao profissional de teatro, seja pela amizade ao homem. Estes textos procuraram fazer uma retrospectiva de sua carreira como ator, dramaturgo e agitador cultural. Situaram a sua preocupação com os caminhos da cultura brasileira. Em seu conjunto, são artigos profundamente elogiosos, lamentando sua morte prematura.

Dentre estas publicações, existem as que procuraram fazer um balanço da obra deixada pelo dramaturgo como, por exemplo, o artigo do crítico teatral Sábato Magaldi: "escrevi, há algum tempo, que Vianinha havia composto várias peças de qualidade, não tendo ainda produzido a obra-prima que se esperava dele. Talvez fosse correta a observação antes de *Papa Highirte* e de *Rasga Coração*. Nesses últimos textos, ainda inéditos no palco, Vianinha aceitou o desafio para ir mais longe, e venceu"[12].

Jornal da Tarde, Jornal do Brasil e as revistas *IstoÉ* e *Veja*. Entretanto, há que ressaltar: estes não foram os únicos que destacaram a liberação da peça *Rasga coração*, mas, com certeza, os que mais reportagens publicaram. A referência a este material será uma constante no decorrer deste livro. A lista completa está arrolada junto com os demais documentos.

[11] Oduvaldo Vianna Filho. *Jornal do Brasil*. Rio de Janeiro, 17/7/1974.
[12] Magaldi, S. Vianinha: o tempo trará mais sucesso. *Jornal da Tarde*, São Paulo, 18/7/1974.

No conjunto dos textos de 1974 ficam o artista talentoso, o homem com dignidade profissional e pessoal e o sonho de um cidadão que sempre lutou pela construção de uma sociedade igualitária. Nos últimos dez anos de sua vida, entretanto, teve de conviver com governos militares que, paulatinamente, privaram a sociedade brasileira de práticas como liberdade e participação. Foi com este sentimento de perda que o ator Carlos Vereza assim se expressou no instante do sepultamento: "Vianinha, queremos falar em nome de todos aqueles que, como você, sempre acreditaram que o homem pode tudo na Terra. Que é ele que constrói as máquinas, muda a História e luta para preservar a liberdade de todos os homens. Você foi um deles e é esta a herança que você nos deixa, que faz com que você esteja sempre entre nós"[13].

Por ocasião do segundo aniversário de sua morte, o jornal *Zero Hora* publicou um artigo denominado "Oduvaldo Vianna Filho está fazendo falta"[14], observando sua vida profissional, seu trabalho como dramaturgo, a censura impedindo a encenação de suas peças e a homenagem da classe teatral à sua memória no dia de sua morte.

A revista *Fatos e Fotos*, neste mesmo ano, ressaltou que *A Longa Noite de Cristal*, último grande lançamento do teatro brasileiro, é de Oduvaldo Vianna Filho, dramaturgo brasileiro falecido há dois anos. Esta reportagem ainda resgatou a sua trajetória, a doença e a conclusão de sua última peça, *Rasga Coração*, que, segundo sua esposa, Maria Lúcia Marins, foi uma produção muito sofrida, pois "sua maior preocupação era terminá-la antes de morrer, querendo me deixar mais alguma coisa de onde tirar dinheiro para o sustento das crianças"[15]. Por fim, esta reportagem elogiosa salientou a sua participação no Teatro de Arena de São Paulo, no CPC da UNE, no Grupo Opinião, além de seu trabalho na Rede Globo de Televisão, onde foi responsável por importantes adaptações dramatúrgicas para a linguagem televisiva[16]. Foi um dos autores de *A Grande Família*, um dos mais importantes seriados da televisão brasileira, e escreveu casos especiais[17].

Por intermédio de depoimentos de colegas de profissão evidenciou-se a riqueza de seu trabalho e o cerceamento da sua divulgação, em razão da

---

[13] Oduvaldo Vianna Filho, um grande momento do teatro brasileiro. *Zero Hora*, Porto Alegre, Caderno de Cultura, 20/5/1976.
[14] Oduvaldo Vianna Filho está fazendo falta. *Zero Hora*, Porto Alegre, 16/7/1976.
[15] Godinho Jr., I. Oduvaldo Vianna Filho. *Fatos e Fotos*, Rio de Janeiro, 24/10/1976, p. 48.
[16] Nas adaptações dramatúrgicas para a televisão destacam-se *Medéia* de Eurípides, *Noites brancas*, de Dostoievsky e *Mirandolina*, de Goldoni.
[17] Entre os especiais convém lembrar *Enquanto a cegonha não vem; Turma, minha doce turma* e *O matador*.

Censura Federal. É possível localizar, neste período, matérias jornalísticas que informavam a opinião pública sobre a trajetória de sua última peça, *Rasga Coração*, elaborada entre os anos de 1972 e 1974. O prefácio e o primeiro ato foram escritos em 1972. O segundo ato foi ditado à sua mãe, no leito do Hospital Silvestre, no Rio de Janeiro, pois o autor estava impossibilitado de escrever, em virtude da doença. Este trabalho foi concluído pouco antes de sua morte e os originais foram entregues a José Renato — diretor teatral e companheiro dos tempos do Arena — para que ele se encarregasse de acelerar a sua montagem. Entretanto, esta expectativa foi frustrada porque a peça sofreu uma interdição branca, isto é, não havia autorização para a sua encenação, nem documento que impedisse a sua apresentação pública.

A peça foi inscrita no VI Concurso de Dramaturgia do Serviço Nacional de Teatro (SNT)[18], em 1974, certame que estava suspenso desde 1968[19]. *Rasga Coração* foi considerada, por unanimidade entre os jurados[20], como a melhor peça da competição e um dos maiores textos do teatro brasileiro. Por ocasião de sua premiação pelo SNT, o *Jornal da Tarde* divulgou o resultado, o valor dos prêmios e informou que os três primeiros colocados teriam auxílio do referido órgão para a montagem[21]. Apesar de receber o prêmio do SNT, *Rasga Coração* continuou interditada até 1977, quando foi definitivamente censurada por determinação pessoal do então ministro da Justiça, Armando Falcão[22].

Nesta época, foram feitas inúmeras considerações e análises sobre *Rasga Coração* pela imprensa escrita do eixo Rio-São Paulo. Em 27/5/

---

[18] A inscrição de *Rasga coração*, no VI Concurso de Dramaturgia do SNT (1974), ocorreu por iniciativa de Maria Lúcia Marins, e seu autor apareceu sob o pseudônimo de Losada.
[19] Em 1968 a peça *Papa Highirte* de Oduvaldo Vianna Filho obteve o primeiro lugar no Concurso de Dramaturgia do SNT. Cumprindo o edital do certame, a instituição patrocinou a edição da peça, mas os exemplares foram retirados, quase imediatamente, das livrarias. A peça foi censurada e o sr. Felinto Rodrigues optou por acabar com o concurso, para "evitar problemas".
[20] O júri do SNT foi composto por Yan Michalski, Ilka Marinho Zanotto, Celso Nunes, Gianni Ratto e Hermilio Borba Filho (A última peça e o último prêmio de Vianinha. *Jornal da Tarde*, São Paulo, 1974).
[21] No VI Concurso de Dramaturgia do SNT, *Rasga coração* obteve o primeiro lugar e recebeu o prêmio correspondente a Cr$50 mil. O segundo lugar coube à peça *Invasão dos bárbaros* (Cr$30 mil), da dramaturga Consuelo de Castro, e o terceiro lugar foi obtido pela peça *Mumu* (Cr$15 mil) de Marcílio Eiras de Moraes (A última peça e o último prêmio de Vianinha. *Jornal da Tarde*, São Paulo, 1974).
[22] A justificativa apresentada para a interdição de *Rasga coração* foi a de que Armando Falcão havido sido integralista em sua juventude e, por isso, não teria gostado do tratamento jocoso que a peça dá à personagem integralista.

1977, o jornal *O Estado de S. Paulo* anunciou que o Ministério da Educação fora comunicado oficialmente da proibição definitiva da peça pela Censura Federal[23]. O jornal *Folha de S.Paulo*, da mesma data, também destacou a decisão da Censura Federal[24].

No dia seguinte, 28/5/1977, este mesmo jornal noticiou novamente a proibição definitiva da peça. Atesta que ser "forte dá nisso", pois mesmo depois de morto Vianinha continuava incomodando. O então diretor do SNT, Orlando Miranda, afirmou: "há uns três meses fui a Brasília pedir permissão para publicar a peça, mas me informaram que ela já estava proibida e, portanto, não poderia ir ao palco nem ser impressa. Quando o Ministério da Justiça proíbe alguma coisa, o que se há de fazer? Estamos atravessando uma época difícil, cheia de crises e o teatro também está sendo afetado de uma maneira ou de outra". Na sua opinião, não cabe ao SNT tomar uma atitude em relação ao fato, nem acredita que a classe teatral se manifestará expressivamente sobre o veto de *Rasga Coração*[25]. Após o depoimento de Orlando Miranda, o jornalista deu continuidade à matéria apresentando um rápido histórico da trajetória profissional de Vianinha e a seguinte observação: "o pagamento que recebeu por todo esse trabalho de discussão sobre o que seria, de fato, a cultura brasileira, foi este: a *vigilância implacável da censura e, agora, a proibição oficial de seu último texto*, que pretendia colocar no palco o problema do conflito de gerações [grifo nosso]"[26].

Yan Michalski, por sua vez, publicou um artigo indignado com a proibição definitiva de *Rasga Coração* em todo território nacional. Demonstrando perplexidade com a proibição, verificou que "os motivos da decisão escapam ao entendimento do senso comum, pois com a maior boa-fé parece impossível atribuir ao texto de Oduvaldo Vianna Filho, a não ser através de um acrobático exercício de fantasia, qualquer conotação de subversão, contestação do regime vigente ou ofensa aos bons costumes. (...). Além do rude golpe que desfechou numa admirável manifestação da inteligência nacional, a decisão da Censura deixa mais uma vez patente a inexplicável contradição de um sistema capaz de atribuir a uma obra, através de um órgão do MEC, a mais alta e honrosa premiação oficial existente no setor, para a seguir declarar a mesma obra oficialmente maldita e proscrita, através de um órgão do Ministério da

---

[23] Proibição definitiva de *Rasga coração*. *O Estado de S. Paulo*, São Paulo, 27/5/1977, p. 9.
[24] Vianinha: premiado e censurado. *Folha de S.Paulo*, São Paulo, 27/5/1977, p. 27.
[25] Santos, D. dos. Censura: depois de atacar Vianinha, ela ameaça um Rei morto. *Folha de S.Paulo*, São Paulo, 28/5/1977, p. 27.
[26] Ibidem, p. 27.

Justiça. Enquanto contradições como esta continuarem se manifestando, será difícil conferir credibilidade a todo o esforço financeiro, representando um investimento sem precedentes, que o atual Governo vem empreendendo a título de incentivo às atividades culturais"[27].

Acerca da peça, propriamente dita, Michalski assim se manifestou: "ao proibir formalmente, depois de dois anos de *suspense* e hesitações, não só a encenação como até mesmo a publicação de *Rasga Coração*, a Censura Federal assumiu perante a História da Cultura Brasileira a grave responsabilidade de vedar a toda a população do país qualquer tipo de acesso ao trabalho considerado pela unanimidade dos estudiosos e especialistas como uma das poucas autênticas obras-primas da literatura dramática brasileira. (...). O amargo e grandioso painel que o autor traçou da evolução da pequena classe média brasileira ao longo do último meio século simplesmente não se enquadra, para quem lê só o que está efetivamente escrito, neste tipo de cogitações"[28].

Dois meses depois, o jornal paulistano *Diário Popular* informou que iria ocorrer, no dia 25/7/1977, a leitura dramática da peça durante o I Seminário de Dramaturgia Brasileira, organizado pela Companhia Nacional de Teatro de Repertório do Teatro Ruth Escobar[29].

Rasga Coração **liberada: um dos símbolos da redemocratização**

Rasga Coração e Vianinha voltaram a ser presenças constantes nos noticiários de 1979. Em fevereiro deste ano, o jornal *Folha de S.Paulo* noticiou que o Teatro de Arena de Porto Alegre tinha entrado na Justiça Federal com o intuito de receber indenizações pela interdição da casa por oito dias. O motivo que suscitou tal punição foi a realização da leitura dramática da peça para convidados, em uma segunda-feira, com o objetivo de auxiliar o Grupo Teatral Alternativa que passava por séria crise financeira. A medida indignou os donos do teatro, que consideraram não haver ocorrido nenhum desrespeito à determinação oficial. Ao lado disso, salientaram os efeitos maléficos da Censura na vida cultural brasileira, especialmente nas artes e, por fim, enfatizaram o sofrimento dos artistas com relação ao arbítrio e a interdição[30].

Jefferson Del Rios, diante da possibilidade de liberação, considerou

---

[27] Michalski, Y. De rasgar o coração. *Jornal do Brasil*, Rio de Janeiro, 29/5/1977, Cad. B, p. 9.
[28] Ibidem, p. 9.
[29] Hoje à noite no Seminário de Dramaturgia a leitura da peça *Rasga coração* de Oduvaldo Vianna Filho. *Diário Popular*, São Paulo, 25/7/1977.
[30] Teatro gaúcho vai à Justiça. *Folha de S.Paulo*, São Paulo, 21/2/1979, p. 35.

importante apresentar ao leitor o que tanto assustava a Censura. Ressaltou que a última e melhor peça de Oduvaldo Vianna Filho, antes mesmo de chegar aos palcos, havia se tornado conhecida por conta de seus problemas com a Censura além de ter-se transformado, involuntariamente e após a morte de seu autor, num símbolo da arte brasileira atingida pelo arbítrio. Segundo Del Rios "*Rasga Coração* simplesmente registra a existência de um tipo de gente: os comunistas. Como, ainda, admite que existiram integralistas militantes. Quer dizer, retrata dramaticamente instantes da história brasileira. *Como o autor é um ficcionista e não sociólogo ou historiador*, evidentemente jogou os personagens em situações dramáticas, conflitos humanos que revelam outros ângulos das suas existências, como relações conjugais e atritos de gerações [grifo nosso]"[31].

O jornalista observou, ainda, que "Oduvaldo Vianna Filho, herdeiro e continuador de uma bela vocação para o palco (seu pai, Oduvaldo Vianna, foi um autor de comédias de sucesso) escreveu *Rasga Coração* às portas da morte. Sabia que estava com câncer, aos 38 anos, e esforçou-se para deixar um testemunho sério e emocionado sobre dramas e homens que viveu ou dos quais tomou conhecimento. Conseguiu uma obraprima. *Proibir a peça será uma inútil e cruel tentativa de matar a História* e fazer desaparecer uma criação artística de conteúdo humanista. É o legado de um criador talentoso que precisa chegar ao conhecimento do público. Só assim a memória de Vianinha e o teatro brasileiro não estarão ultrajados [grifo nosso]"[32].

Informações e opiniões sobre *Rasga Coração* foram sistematicamente emitidas em órgãos de imprensa como *Jornal do Brasil*, *Folha de S.Paulo*, *O Estado de S. Paulo* e *Jornal da Tarde*. O *Jornal do Brasil*, um dos mais atuantes em favor da liberação da peça, publicou, novamente, em 1979, uma carta que fora enviada ao jornal em 1977, pelo diretor teatral José Renato, por ocasião da confirmação da proibição definitiva de peça.

Nesse momento, há um duplo exercício de resgate da memória. De um lado, a atuação do *Jornal do Brasil*, que denunciou sistematicamente o arbítrio existente na proibição de *Rasga Coração*. De outro, a trajetória de José Renato, na tentativa de levar ao palco a última peça de Vianinha. Construiu-se a identidade da luta contra mecanismos repressivos e a perspectiva da liberação da peça. E, por essa via, resgatar a indignação contida na carta do referido diretor teatral, em 1979, significou dar ênfase à existência do anseio de liberação em segmentos da sociedade

---

[31] Del Rios, J. Vianninha, no coração da História. *Folha de S.Paulo*, São Paulo, 4/4/1979.
[32] Ibidem.

civil, bem como precisou o significado da peça, pois, para José Renato, "o que nos movia a essa luta era a consciência de que defendíamos a peça teatral mais importante surgida neste país depois de 1940. Se *Vestido de Noiva* fora o divisor de águas naquela década, *Rasga Coração* seria o divisor de agora, a marca inconfundível da presença de um grande dramaturgo no minguado e cerceado panorama teatral do país. Seu humanismo, sua profunda e densa compreensão do debate travado entre as gerações, seu humor tão nosso, a dignidade raríssima com que todo o assunto da peça é focalizado, a pesquisa lingüística, demonstração do obstinado gênio que esse fabuloso moço tinha, tudo isso nos enchia de orgulho e vitalizava cada instante com a esperaça de que afinal (vide *Jornal do Brasil* de 27/5/75) não seriam os homens que tutelam este país tão insensíveis a ponto de cometerem esse verdadeiro crime lesa-cultura, mantendo a proibição. Agora a certeza. A tristeza. A decepção de toda uma classe. O teatro brasileiro está de luto. Mais uma vez. O teatro, que não é condutor, mas é espelho de uma realidade; o teatro, que ri da vida e dos homens com a intenção de aprimorá-los, foi atingido gravemente mais uma vez. Será que basta o consolo de saber que, forçosamente, daqui a algum tempo, *Rasga Coração* será apresentada, que o nome de Oduvaldo Vianna Filho será lembrado com admiração e respeito, e o reconhecimento das gerações futuras haverá de recompensar o talento e o amor desse rapaz pela cultura do seu povo? Será que basta o consolo de saber que essas gerações futuras somente lembrarão o nome desses sinistros ministros pela atuação que tiveram nessa fase de obscurantismo cultural do Brasil? Será que nossa geração teatral vai morrer com esse sapo na garganta?"[33]

Estas manifestações que repudiaram a proibição da peça de Vianinha possibilitaram que fossem evidenciadas as seguintes indagações: que critérios nortearam a ação dos censores? como eles atuavam no âmbito da imprensa? Estas dúvidas tornam-se pertinentes quando se observa que *Rasga Coração* estava proibida para a encenação, publicação e divulgação pública, mas estava "liberada" para ser notícia de jornal, tornando possível observar e denunciar as atividades da Censura Federal.

Estas questões, na verdade, permitem que se vislumbre como é complexo delimitar as implicações e os espaços de resistência, em uma conjuntura marcada pelo arbítrio. O jornalista Yan Michalski, ao falar sobre o modo como a censura afetou o seu trabalho de crítico, em um depoimento

---

[33] Renato, J. Um tempo de obscurantismo cultural. *Jornal do Brasil*, Rio de Janeiro, 21/4/1979.

dado à Sonia Salomão Khéde, observou que existem "(...) alguns planos a serem distinguidos. Um, é o da censura propriamente dita, que durante algum tempo existiu na imprensa de maneira explícita, quer dizer, com a presença mesmo de censores, e que no meu caso, no caso do *Jornal do Brasil*, foi por muito pouco tempo. Depois, de maneira menos explícita através daquele notório controle: o que era permitido e o que não era permitido dizer, sem que os censores estivessem fisicamente presentes na redação. Um outro plano menos direto, mas tão grave quanto o primeiro foi a censura que se exercia sobre o meu trabalho de crítico, através da censura que era exercida sobre o teatro: *não é sobre a imprensa e sim sobre o teatro*, ou seja, limitando drasticamente o tanto daquilo que me era dado a ver. Quer dizer, o repertório, a própria linguagem dramatúrgica, a própria linguagem cênica, ou seja, eu deixei, certamente durante estes dezessete anos de criticar muitos trabalhos potencialmente de maior interesse e que teriam ampliado o ângulo do meu trabalho de crítico, caso tivessem chegado ao palco. Ainda mencionaria um outro aspecto paralelo, lateral, que seria uma certa autocensura decorrente da evidente preocupação em não vender o peixe para o inimigo. Ou seja, a gente sabe que determinados espetáculos se empenhavam em driblar através de uma linguagem mais ou menos metafórica as intenções da censura, então, denunciar isso, ou até mesmo *interpretar muito explicitamente o sentido dessas metáforas, podia corresponder a expor os artistas responsáveis por esses espetáculos a sanções graves* [grifos nossos]"[34].

Este depoimento explicitou que não se pode discutir valendo-se de balizas estanques a atuação da censura, de um lado, e a dos censurados, de outro. Acerca destas situações, que pressupõem a demarcação das áreas de atuação, Oduvaldo Vianna Filho assim se situou, em uma entrevista a Ivo Cardoso, em 1974: "você não pode ser mais letárgico, não pode ser mais cabisbaixo e aceitante, mas ter que ser interventor, *cria muitas contradições e muitas fissuras dentro do processo das classes dominantes e dos processos culturais*, o processo em geral, da sociedade subdesenvolvida e do Brasil em particular. *Eu acho que é nessas fissuras, nesses rachas, nessas incoerências, nessas incongruências, que o intelectual deve atuar e desenvolver o seu trabalho*. É claro que o intelectual, diante do sistema de poder não tem o que dizer, porque a censura não vai deixar, não vai permitir — ele não tem o que dizer, mas a censura não vai permitir o seu trabalho. Mas, diante desses milhares de problemas, que, inclusive, partem da própria insatisfação com que o Brasil hoje se olha a si mesmo,

---

[34] Michalski, Y. O palco amordaçado. In: Khéde, S. S. *Censores de pincenê e gravata: dois momentos da censura teatral no Brasil*. Rio de Janeiro: Codecri, 1981, p. 114-5.

com que os subdesenvolvidos se olham a si mesmos, *eu acho que existe um campo enorme, aí, de trabalho e de possibilidade* [grifos nossos]"[35]. Estas considerações permitiram evidenciar os níveis de complexidade envolvendo o ato de pensar e de criar cultura, em situações nas quais está ausente o Estado de Direito e, ao mesmo tempo, apresentaram o artista e o intelectual como agentes políticos de seu momento histórico. Resgataram, ao lado disso, uma perspectiva de luta tendo como pressuposto o fato de que os campos de atuação não estão divididos em blocos monolíticos. Pelo contrário, as fissuras fazem parte da própria dinâmica e, por essa via, deve o intelectual percebê-las e atuar em seu interior. Nesse sentido, tendo como perspectiva as referências analíticas presentes nesses depoimentos, foi possível observar que algum nível de fragmentação ocorreu na atuação da censura, propiciado, talvez, pelo próprio embate das forças de resistência. Esta possibilidade ganhou contornos mais nítidos uma vez que se observou o seguinte: *Rasga Coração* foi censurada, mas a sua interdição foi, incansavelmente, denunciada pela imprensa.

Em meio a estas situações de obscurantismo, os "ventos da abertura" começaram a soprar mais intensamente sobre 1979. Entre os vários temas que passaram a ocupar as discussões sobre a redemocratização, o fim da censura ganhou muita evidência. Neste momento, intensificaram-se a euforia e a perspectiva de liberação e montagem de *Rasga Coração*. Novas reportagens foram apresentadas ao público, envolvendo, também, o fim da interdição da peça *Papa Highirte*. O jornalista Ilvaneri Penteado, na revista *Fatos e Fotos*, fez uma matéria salientando o reencontro do autor com seu público, teceu considerações sobre sua trajetória profissional e reproduziu observações de Sérgio Britto, produtor e ator de *Papa Highirte*, sobre a importância das peças censuradas e em que circunstâncias o dramaturgo lhe entregou os originais para uma montagem futura[36].

O jornal *O Estado de S. Paulo* publicou uma reportagem intitulada "Há cinco anos a morte interrompia uma vocação", na qual enfatizou a importância da liberação das peças de Oduvaldo Vianna Filho e lamentou sua morte prematura. Foram apresentadas qualificações, de sua vida profissional, que o credenciaram como um dos mais importantes dramaturgos brasileiros[37]. A crítica teatral Ilka Marinho Zanotto, ao

---

[35] Vianna Filho, O. Entrevista a Ivo Cardoso. In: Peixoto, F. (org.). *Vianinha: teatro, televisão, política*. São Paulo: Brasiliense, 1983, p. 183-4.
[36] Penteado, I. Vianinha: o reencontro de um autor com seu público. *Fatos e Fotos*, Rio de Janeiro, 23/7/1979, p. 43.
[37] Há cinco anos a morte interrompia uma vocação. *O Estado de S. Paulo*, São Paulo, abril, 1979, p. 43.

elaborar um balanço da dramaturgia de Vianinha, observou: "(...) *Corpo a Corpo*, *A Longa Noite de Cristal*, *Rasga Coração* e *Papa Highirte*, verdadeiras obras-primas, sínteses estupendas de toda uma realidade, inserem-se nessa vertente mais ambiciosa da obra de um Autor que se confessava interessado no 'trânsito do novo para a superfície do real' e fiel aos 'valores de sempre como a solidariedade, o direito ao fracasso, a beleza da justiça, a igualdade dos seres humanos, o direito à busca da felicidade'. As suas peças são evidentemente engajadas na promoção de uma resistência ativa às desigualdades sociais, mas não se limitam a esquematizar as relações de poder, aprofundando as repercussões da injustiça sobre as relações humanas. É sobretudo ao sofrimento do homem que Vianinha se dirige. Poeta do amor e da morte, é tão intensa e cruamente lírico ao abordar o primeiro, como reincidente na obsessão pela segunda, sombra a perseguir os anti-heróis, que povoam suas tragédias modernas, concebidas com o senso da mais aguda teatralidade"[38].

Embora *Papa Highirte* tenha compartilhado os "ares" de 1979, *Rasga Coração* "roubou a cena" com todas as reverências dignas a um dos símbolos da "resistência democrática". Um exemplo desta opção pode ser observado na revista *IstoÉ*, que, ao discutir a possibilidade de critérios mais brandos para a censura, fez uma retrospectiva mostrando como ela tinha sido exercida e quais obras sofreram interdição, mas deteve-se analiticamente no "poderoso texto" de Oduvaldo Vianna Filho, *Rasga Coração*. Apresentou os caminhos profissionais de Vianinha, fez um resumo de enredo da peça, apresentando alguns fragmentos do texto[39].

A liberação apresentava-se como certa, e conseqüentemente provocou, naqueles que se empenharam na luta pelo fim da interdição de *Rasga Coração*, um entusiasmo singular na história do teatro brasileiro. Yan Michalski, em 21/4/1979, estampou a sua felicidade nas páginas do *Jornal do Brasil* escrevendo que "até hoje fiz poucas matérias jornalísticas com o mesmo prazer com que redijo esta nota, para comentar a liberação de *Rasga Coração*. Tendo participado do júri do Concurso de Dramaturgia do SNT de 1974/75, que revelou e premiou a obra-prima póstuma de Oduvaldo Viana Filho, *sinto-me desde então pessoalmente comprometido com essa maravilhosa manifestação de generosidade humana e artística, e pessoalmente desfeitado pela sua absurda 'proibição branca' durante dois anos e a sua proibição oficial em 1977. De todas as brigas em que me meti em 15 anos de jornalismo teatral, a luta que esta coluna sustentou em defesa de 'Rasga

---

[38] Zanotto, I. M. Vianinha: um trágico moderno. *O Estado de S. Paulo*, São Paulo, abril, 1979, p. 43.
[39] Marra, A. B. & Carelli, W. *Op. cit.*, p. 40-2.

Coração' foi uma das que mais certeza me deram de estar lutando por uma boa causa. A decisão de autorizar a encenação (e, suponho, também publicação) de *Rasga Coração é uma satisfação tardia mas bem-vinda, que o Governo dá a todos nós — e somos muitos, muito numerosos — que nunca nos conformamos com a sua interdição, transformada num símbolo dos desatinos do obscurantismo. (...) Se o índice de liberdade de expressão no país está ainda longe de ser satisfatório, e se após 15 anos de cerceamento é normal que se receba com reserva concessões isoladas ainda não amparadas numa proteção institucional adequada, não há como deixar de reconhecer que pelo menos para todos nós que trabalhamos no ramo o Brasil com Rasga Coração livre é diferente do Brasil com Rasga Coração proibido* [grifos nossos]"[40].

Michalski explicitou, de maneira inconteste, a sua alegria pelo fato de que, em breve, *Rasga Coração* poderia ser vista nos palcos brasileiros. Mas, ao mesmo tempo, fez questão de lembrar: a liberação não iria, de forma alguma, reparar o prejuízo causado ao nosso teatro, em virtude de sua proibição, impedindo que ela fosse vista no seu momento oportuno. Segundo ele, "a dramaturgia atual não busca mais, como acontecia até há pouco, o reconhecimento da posteridade: ela se realiza, e às vezes se esgota, dentro do momento histórico que a fez nascer. *A temática de* Rasga Coração *é bastante ampla para superar em parte este problema; mas pode-se recear que o seu impacto e a ressonância de algumas de suas figuras não serão hoje os mesmos que teriam sido em 1975*. A confirmar-se este receio, o ex-Ministro Armando Falcão, que obstinou-se pessoalmente em impedir o acesso da peça ao palco durante toda a sua gestão, terá de arcar, perante a história da cultura nacional, com uma responsabilidade nada invejável. E *Rasga Coração* continuará sendo, como tem sido até agora, um esclarecedor símbolo dos danos que fanatismos e irracionalismos disfarçados em axiomas de autoridade podem causar a todos nós [grifo nosso]"[41].

O *Jornal da Tarde*, por sua vez, em 24/4/1979, noticiou como praticamente certa a liberação de *Rasga Coração*, rememorou a sua premiação pelo SNT, e transcreveu comentários de José Renato sobre o seu enredo[42]. O jornal *O Estado de S. Paulo*, do mesmo dia, publicou basicamente a mesma notícia do *Jornal da Tarde*, apenas acrescentando algumas opiniões sobre a peça. Para a crítica Ilka Marinho Zanotto "(...) essa era a peça que eu gostaria de ter escrito". Segundo ela, a peça era, para os

---

[40] Michalski, Y. Símbolo de uma boa causa. *Jornal do Brasil*, Rio de Janeiro, 21/4/1979.
[41] Ibidem.
[42] *Rasga coração* quase chegando ao palco. *Jornal da Tarde*, São Paulo, 24/4/1979, p. 19.

anos setenta, o que *Eles não usam black-tie**, de Gianfrancesco Guarnieri, havia sido para os anos 50"[43]. Na mesma página, o referido jornal publicou uma reflexão da crítica e pesquisadora Mariângela Alves de Lima dizendo que "*de uma certa maneira Rasga Coração tornou-se nestes últimos anos uma peça-símbolo, uma espécie de estandarte dos homens de teatro, representando um pouco de tudo e de todos que foram silenciados pela censura*. Sua interdição é um enigma para quem conhece a peça. Mas é um enigma que, uma vez decifrado, revela muito sobre a natureza e os objetivos da censura. Não há nada na peça que seja desafio evidente à ordem e ao poder constituído. Sua maior virtude, e talvez o seu maior pecado aos olhos dos guardiões do público, é a profundidade. Sem acolher uma só obviedade, o texto de Oduvaldo Vianna Filho é uma espécie de descida dantesca ao inferno íntimo de três gerações. (...). O desafio que Vianinha propõe é, certamente, de uma natureza sutil, porque é feito ao público e não aos que governam. Investigando as atitudes e os dramas de consciência de cada geração, a peça penetra na consciência do próprio espectador, questiona a sua responsabilidade como ser humano e social. Em última análise, o que *Rasga Coração* consegue é a plenitude de uma obra de arte. Como obra de arte, *Rasga Coração* não tem endereço certo, não se dirige a esta ou aquela parcela de público. E os censores responsáveis por sua interdição devem ter sido, como todos nós, vulneráveis à comoção que a experiência da arte provo-

---

* A peça *Eles não usam black-tie* de Gianfrancesco Guarnieri estreou no Teatro de Arena, em São Paulo, em 22 de fevereiro de 1958. Na história do teatro brasileiro é considerada marco na busca de uma "dramaturgia nacional". De acordo com a pesquisadora Mariângela Alves de Lima "precariamente pode-se denominar o trabalho de Arena, a partir de 'Black-tie', como uma linha de nacionalismo crítico. Isso porque o nacionalismo, nesse caso, não tem conotação estreita de um ufanismo da coisa própria. Não se pode, portanto, desvincular o nacionalismo da crítica, na avaliação do trabalho do Arena. Grande parte dos movimentos nacionalistas da arte brasileira emergiram de uma espécie de complexo de colonizado. A descoberta da raiz brasileira foi uma forma, até certo ponto útil historicamente, que permitia ao colonizado reconhecer-se em oposição ao colonizador. Como se as diferenças pudessem garantir ao colonizado as dimensões assustadoramente grandiosas do colonizador. Sem se preocupar com esse complexo, o Arena passou a investigar a vida cotidiana da população do país. Não operou uma distinção forçada entre a pureza de uma cultura própria e a contaminação das importações. Deixou de lado, portanto, a preocupação de natureza ética em relação às origens do nacional. E procurou descobrir o país através das relações cotidianas entre o homem do povo e a organização do poder político e econômico. Nesse sentido, o Arena tomou efetivamente uma posição a favor da descolonização, uma vez que investigava as causas, e não os efeitos" (Lima, M. A. de. História das idéias. *Dionysos: teatro de arena*. Rio de Janeiro: MEC/DAC-Funarte/SNT, n.º 24, outubro, 1978, p. 45-6.
[43] *Rasga coração* vai ao palco. *O Estado de S. Paulo*, São Paulo, 24/4/1979, p. 18.

ca. Como a censura é, necessariamente, a favor da estagnação, por que haveriam de dividir conosco, público de teatro, essa experiência de sentir-se emocionado, mobilizado, instigado? [grifo nosso]"[44].

Já o cientista político Paulo Sérgio Pinheiro, que também foi à imprensa tecer considerações sobre *Rasga Coração*, revelou como era entusiástica a perspectiva de poder vê-la, sobretudo porque, segundo ele, vivia-se, naquele momento da política brasileira, uma espécie de retorno ao trabalhismo. Observou que "as periferias das classes dominantes no Brasil, que são os movimentos tradicionais de oposição das classes médias nas cidades, os intelectuais e os políticos dos circuitos convencionais se recusam a fazer acertos de contas com o passado. Naturalmente, seria demais esperar que o petebismo ou o populismo no poder depois de 1950 fosse fazer isso, visto que a herança do Estado Novo lhe fora tão proveitosa. Não havia por que acertar contas com o obscurantismo e as patacoadas do Estado Novo. Do pensamento autoritário atualizado pelos corporativismos (e pelos integralistas fora do poder) à coreografia rastaqüera dos desfiles infantis, das cerimônias cívico-religiosas, das concentrações operárias compulsórias com odes às doações do Estado Novo. Nas antípodas pouco também se poderia esperar: as forças de esquerda comprometidas na transação com os herdeiros do Estado Novo jamais se dispuseram a enfrentar face a face a sua própria história. Assim, à mistificação do trabalhismo se somava um silêncio de esquerda que jamais animou o debate sobre o passado das lutas populares no Brasil ou as opções que os partidos ligados à classe operária fizeram no passado. Discutir o passado era fazer o jogo do inimigo, era pôr em risco a frágil aliança não-escrita. A repressão desencadeada após o AI-5 foi ainda um obstáculo maior ao desejável reexame que foi adiado mais uma vez"[45].

Paulo Sérgio Pinheiro avaliou que a arte procurou enfrentar estas heranças tão caras aos políticos profissionais. Exemplos disso são a peça *Rasga Coração* e o filme *Tudo Bem*, de Arnaldo Jabor. Com relação à peça de Vianinha, Pinheiro afirmou que ela "(...) leva às últimas conseqüências essa dissecação das camadas dissimuladas da ideologia política brasileira. O debate político se dissolve num quadro de referências do vocabulário e das músicas da época, entre os quais estão disseminados os personagens-síntese das diversas camadas da prática política que se somam. Logo se vê por que *Rasga Coração* teve de ficar na gaveta da

---

[44] Lima, M. A. de. Peça-símbolo da fase de censura. *O Estado de S. Paulo*, São Paulo, 24/4/1979, p. 18.
[45] Pinheiro, P. S. Um ajuste de contas com o passado. *IstoÉ*, São Paulo, 25/4/1979, p. 49.

censura. Para os sucessores diretos do corporativismo mambembe, não compensava permitir que esse reexame fosse feito sob suas barbas. Suas origens seriam denunciadas. Por isso cabe aproveitar: *é preciso não deixar que Rasga Coração passe em brancas nuvens. Os intelectuais, as lideranças populares e aqueles que se preocupam por uma prática política das classes populares deveriam aproveitar a peça para que se desencadeie um debate implacável sobre os elementos que Oduvaldo Vianna Filho põe a nu. (...). Rasga Coração investe contra o pastiche da política dominante no Brasil e abre as possibilidades para que a oposição faça de vez a ruptura com essas heranças, reprimidas em nome da farsa do realismo* [grifo nosso]"[46].

Compartilhando a ansiedade que envolveu os dias que antecederam à liberação definitiva da peça, o jornal *Folha de S.Paulo*, no suplemento *Folhetim*, abriu espaço para destacar a sua importância histórica e política, em artigos assinados por Oswaldo Mendes e Ignácio de Loyola Brandão. Significativamente estes textos foram apresentados ao leitor por esta introdução: "(...) *Rasga Coração é o mergulho profundo naquele sentido de 'paixão pela vida humana'. Depois de longos anos trancafiada nas gavetas do arbítrio, Rasga Coração prepara-se para romper as barreiras da intolerância e, talvez já neste segundo semestre, ganhar o palco que lhe estava proibido. Significativo que Rasga Coração chegue nesse momento de renascer da sociedade civil, em que voltam as velhas contradições, momento em que o 'novo' tantos anos sufocado, arrisca-se a não refletir sobre as experiências vencidas. Rasga Coração hoje, será a possibilidade de remexer as nossas feridas e cicatrizar as nossas dores. Nesta semana recheada de mobilização social, atingindo setores os mais diversos, enquanto não podemos ter Rasga Coração nos palcos, abrindo seu vasto leque de reflexões, quem sabe ajude conhecer uma das muitas propostas de mergulho profundo feitas por Vianinha em sua última peça. Talvez ele nos reeduque a ver na história das gerações que julgamos vencidas, o caminho que conduz a 'paixão pela existência humana', única força capaz de mudar a face injusta da sociedade* [grifo nosso]"[47].

Imbuído desta perspectiva, Ignácio de Loyola Brandão iniciou seu texto afirmando que já foi dito praticamente tudo sobre *Rasga Coração*, com relação à importância histórica, ao trabalho de pesquisa, à temática, etc. Mas, ao longo desse processo, um fenômeno mereceria ser mais bem observado: pelo sistema de *xerox* foi uma das peças mais lidas dos últimos tempos. "Incrível pensar que por anos e anos nos alimentamos com as coisas que vinham, timidamente, dos porões. Cópias xerox de

---

[46] Ibidem.
[47] *Rasga coração*. Folhetim, São Paulo, 6/5/79, p. 8.

livros, peças, proibidas. Poesias mimeografadas por não encontrarem editores com audácia para publicação. Letras de músicas jamais gravadas. Fotos, revistas e jornais estrangeiros, livros que tinham escapado à apreensão. E assim por diante. Maravilhosa corrente de solidariedade se estabeleceu. Quem tinha algo proibido, não guardava cuidadosamente, na esperança do 'material' se valorizar, obter preço de mercado. A maioria das pessoas entendeu que a cultura não era coisa para bolsa de valores. Então, alguém que possuía uma cópia da *Rasga Coração*, a certa altura, mandou fazer xerox e distribuiu. Conheci muitos grupos que faziam vaquinhas, coletavam dinheiro, faziam uma cópia. Uma lista de nomes acompanha o texto. O primeiro lia, passava ao segundo. O segundo ao terceiro, até o fim da linha. Se a cópia resistia, eles procuravam outro grupo, estabeleciam novo circuito. Curioso sistema que se instalou neste país, durante quinze anos de um duro regime direitista (...) as obras proibidas a partir de 70, circularam intensamente. Não editadas, porém copiadas. O que interessa é que foram lidas. As coisas foram escritas para serem lidas. Vi nestes anos de andança pelo Brasil, centenas e centenas de cópias do meu *Zero*. E li, neste processo, a peça do Vianinha, *Rasga Coração*. Tentaram engavetá-la, ela resistiu. Era lida, discutida, comentada. Finalmente, vai poder ser representada. O destino de uma peça — olhem o chavão — é ser representada. É assim que ela existe, assim que transmite o que tem a dizer. Vai ser representada, abertamente, 'oficialmente'. Não em teatros clandestinos, em sessões escuras e receosas de porões. Mas às claras, abertamente. Para todos verem. E gostarem ou detestarem. Mas livre aberta, sem repressões"[48].

Finalmente, no dia 9/5/1979, os jornais *Folha de S.Paulo*[49], *Jornal da Tarde*[50] e *O Estado de S. Paulo*[51] noticiaram a liberação da peça *Rasga Coração*. O jornalista Hilton Viana em um texto intitulado "Símbolo da Liberdade" saudou a liberação de *Rasga Coração* e *Papa Highirte*. Ressaltou a importância do acontecimento e apresentou um histórico da trajetória profissional de Oduvaldo Vianna Filho[52]. A revista *Veja*, de 16/5/1979, noticiou a liberação das peças *Papa Highirte*, *Rasga Coração* e *Meu Querido Companheiro*, salientou o significado do ocorrido, apresen-

---

[48] Loyola Brandão, I. de. Uma das peças mais lidas dos últimos tempos. *Folhetim*, São Paulo, 6/5/1979, p. 9.
[49] Liberados. *Rasga coração*, *Zero* e *Feliz Ano Novo*. *Folha de S.Paulo*, São Paulo, 9/5/1979, p. 31.
[50] Censura libera peças de Vianinha e Polari. *Jornal da Tarde*, São Paulo, 9/5/1979.
[51] A Censura libera *Rasga coração*. *O Estado de S. Paulo*, São Paulo, 9/5/1979.
[52] Viana, H. Símbolo da liberdade. *Diário de S. Paulo*, São Paulo, maio, 1979.

tou um rápido resumo de suas trajetórias e observou que "só" estavam faltando trezentos e noventa e sete textos teatrais[53].

Sobre este acontecimento o jornalista Jefferson Del Rios — após tecer considerações sobre as possíveis liberações que estavam por ocorrer, e verificar que o teatro brasileiro fora violentamente atingido por proibições absurdas — afirmou: "escrevi há cinco dias que proibir *Rasga Coração* seria uma inútil e cruel tentativa de matar a História e fazer desaparecer uma criação artística de conteúdo humanista. É o legado de um criador talentoso que precisa chegar ao conhecimento do público. Só assim a memória de Vianinha (Oduvaldo Viana Filho, autor da peça) e o teatro brasileiro não estarão ultrajados. Ao dar essa opinião estava convencido de interpretar o sentimento dos artistas de teatro e das pessoas que se batem pela liberdade da expressão no Brasil"[54].

Rasga Coração foi *liberada*, mas a liberdade não se configurava de forma completa porque a encenação não se havia concretizado. Então, no dia 11/5/1979, os jornais *O Estado de S. Paulo* e o *Jornal da Tarde* noticiaram que a montagem da peça de Oduvaldo Vianna Filho teria patrocínio do Serviço Nacional de Teatro (SNT), devido ao edital do concurso que a premiara em 1974[55]. No dia 20/9/1979, o *Jornal da Tarde* anunciou a estréia de *Rasga Coração* em Curitiba. Segundo o diretor José Renato, esta cidade foi escolhida por dois motivos. "Em primeiro lugar, artístico, porque os grandes empreendimentos teatrais são experimentados em centros menores, para chegar aos maiores com a devida filtragem. "E como o público de Curitiba é conhecido por sua exigência, é possível que ele nos ajude na depuração do espetáculo". O segundo motivo é econômico, já que o SNT cobriu cinqüenta por cento do orçamento enquanto a Fundação Guaíra entrou com vinte e cinco por cento"[56]. O jornal *O Estado de S. Paulo* ressaltou, também, a estréia da peça no Teatro Guaíra[57].

Preparando a estréia de *Rasga Coração*, no Rio de Janeiro, o *Jornal do Brasil* abriu um espaço significativo para lembrar Oduvaldo Vianna Filho. No dia 6/10/1979 foram publicados três artigos, assinados por

---

[53] E as outras?. *Veja*, São Paulo, 16/5/1979, p. 128.
[54] Del Rios, J. Censura não mata a história. *Folha de S.Paulo*, São Paulo, 9/5/1979, p. 31.
[55] Montagem de *Rasga coração* terá patrocínio do Governo. *O Estado de S.Paulo*, São Paulo, 11/5/1979, p. 12.
   O SNT vai montar a peça de Viana. *Jornal da Tarde*, São Paulo, 11/5/1979, p. 18.
[56] *Rasga coração*. *Jornal da Tarde*, São Paulo, 20/9/1979, p. 15.
[57] *Rasga coração* das sombras à luz do palco. *O Estado de S. Paulo*, São Paulo, 20/9/1979, p. 27.

Norma Couri[58], Maria Helena Dutra[59] e Mary Ventura, além de um depoimento do governador do Paraná Ney Braga sobre a liberação da peça de Vianinha.

No texto de Mary Ventura, "A Paixão do Encontro do Intelectual com o Povo", mesclou-se o sofrimento de Vianinha, nos últimos dias de sua vida, e a criação de *Rasga Coração*, salientando o talento criador, a luta ininterrupta contra a morte e a expectativa de poder ver a encenação de sua última peça, antes do suspiro final. Observou que "(...) *Rasga Coração* tornou-se a peça mais *xerocada* e lida não somente nos meios teatrais como entre intelectuais e estudantes. (...). E na estréia nacional em Curitiba, dia 21 de setembro, provou a sua condição de uma das mais importantes obras de toda a dramaturgia nacional"[60].

Com a intenção de construir a identidade entre obra e autor foi exposta a trajetória do dramaturgo, do nascimento até à morte. Ressaltou que sua filiação lhe legou a intimidade com a carpintaria dramática[61], com o mundo intelectual, e com a militância no Partido Comunista Brasileiro[62]. Mary Ventura, ao compor a imagem de Vianinha, relem-

---

[58] O texto de Norma Couri resgatou Vianinha pela memória de sua segunda mulher, Maria Lúcia Marins, e por rápido depoimento de seu filho, Vinícius Vianna (do casamento com Vera Gertel), em que são enfatizadas a sua generosidade e a sua capacidade de não guardar ressentimentos, além de narrar como a doença o apanhou, em um momento de grande produtividade intelectual e artística (Couri, N. Vianinha em família. *Jornal do Brasil*, Rio de Janeiro, 6/10/1979, p. 7).

[59] Maria Helena Dutra, em seu artigo, comentou o trabalho de Vianinha na televisão, observou o seu não-preconceito em aderir a um veículo de massa, tanto na TV Tupi quanto na Rede Globo, bem como produziu um trabalho revestido de inteligência e sensibilidade, seja adaptando seja escrevendo textos televisivos (Dutra, M. H. Autor importante raciocínio certo. *Jornal do Brasil*, Rio de Janeiro, 6/10/1979, p. 7).

[60] Ventura, M. A paixão do encontro do intelectual com o povo. *Jornal do Brasil*, Rio de Janeiro, Caderno B, 6/10/1979, p. 6.

[61] Seus pais eram a radionovelista Deocélia Vianna e o dramaturgo e radionovelista Oduvaldo Vianna.

[62] Deocélia Vianna, em suas memórias (Vianna, D. *Companheiros de viagem*. São Paulo: Brasiliense, 1984), escreveu um capítulo intitulado "Vida política", no qual fez referências aos princípios que nortearam a opção política dos Vianna. Duas passagens serão transcritas, com o objetivo de exemplificar a afirmação.

Acerca de Luís Carlos Prestes, Oduvaldo Vianna [pai] assim se manifestou: "'no cenário político do Brasil, depois de longos anos, surgiu um homem diferente: Luís Carlos Prestes. E por tudo o que sei, desde que ouvi falar desse nome pela primeira vez, até hoje, nele eu acredito! Acredito em Luís Carlos Prestes, pela sua têmpera de lutador, pela sua sinceridade, pela sua clarividência e pelas suas idéias que também são as minhas. Acredito em Luís Carlos Prestes por esse grande amor que ele tem ao povo que trabalha, que luta e que sofre! E Luís Carlos Prestes conseguiu reunir em torno dele outros tantos homens que, como ele tocados pela mesma sinceridade, pelos

brou que "tanto quanto o cigarro Continental sem filtro, o vício do chope, a camisa social branca de peito aberto e os *jeans*, as marcas registradas, também eram características suas o gosto pelo trabalho em grupo e a necessidade de ter o seu trabalho avaliado e criticado. No Teatro de Arena, com seu Seminário de Dramaturgia, no Centro Popular de Cultura, da UNE e no Opinião, escrevia-se discutia-se reescrevia-se em busca de uma forma final que atingisse a qualidade artística e os objetivos políticos, e Vianinha sempre exercia uma forte autocrítica"[63]. Um exemplo desta perspectiva crítica pode ser evidenciada em um depoimento do dramaturgo pouco antes de embarcar para os Estados Unidos: "descobrimos que na horizontalização da cultura há necessidade, em primeiro lugar, de um trabalho de continuidade, que para nós praticamente não existia. Eu acho que realizei espetáculos teatrais em todas as favelas do Rio de Janeiro, mas devo ter realizado um ou dois em cada uma. Isso significa uma total descontinuidade e não tinha nenhum significado. Nós trabalhávamos em sindicatos, mas as condições de trabalho eram utópicas. Era a paixão pela atmosfera, a paixão do encontro do intelectual com o povo, e para nós era incandescente, mas, ao mesmo tempo, muito romântico. Informou muito mais a nós do que à massa trabalhadora. Eles continuavam com seus problemas de lutas salariais e nós, em determinado momento, descobrimos que estávamos reduzindo nossas conquistas culturais ao fato de ir para o sindicato e fazer um 'auto do *tutu* que acabou', defendendo o aumento salarial. Não era um aprofundamento dos problemas culturais da sociedade brasileira. Essa é uma visão que hoje eu repudio porque acho que o processo de aprofundamento cultural tem de ser feito diante das forças que absorvem cultura, e eu não posso inventar outros componentes que não os de nossa sociedade"[64].

Neste jogo entre o indivíduo e o coletivo, a arte e a política, Mary Ventura retomou a fala do crítico Yan Michalski, por ocasião da morte de Vianinha: "Num certo sentido, Vianinha terá sido uma personalida-

---

    mesmos ideais, pelo mesmo amor ao seu semelhante, a ele se juntaram. E surgiu o Partido Comunista do Brasil'" (p. 81).

    Outro momento significativo da relação dos Vianna com o PCB é revelado no seguinte depoimento de Deocélia, na época em que viveram em São Paulo: "nossa casa era o ponto de reunião dos dirigentes do Comitê Central (CC) e Comitê Estadual (CE): Agildo Barata, Armênio Guedes, Câmara Ferreira Pacheco, José Maria Crispim e o fabuloso João Massena. O Vianinha conversava muito com eles e adorava ouvir as histórias que contavam. Daí a dedicatória da peça 'Rasga Coração'" (p. 89).

[63] Ventura, M. *Op. cit.*, p. 6.
[64] Ibidem, p. 6.

de-chave para a compreensão dos últimos 15 anos do teatro brasileiro, na medida em que sua trajetória refletiu e exemplificou, quase como um símbolo, a trajetória de toda a sua geração de criadores teatrais brasileiros. O que nos resta dele, ao lado e acima da sua respeitabilíssima obra, é a frustrada certeza daquilo que ele poderia ter realizado e não realizou. É a lembrança de uma pessoa que participou o mais intensamente possível de tudo em que optou por se engajar. É uma lição de como enfrentar a fatalidade"[65].

Neste resgate, Oduvaldo Vianna Filho foi personagem destacada quando censura ou liberação eram temas das reportagens. *Rasga Coração* e *Papa Highirte* saíram das gavetas da Censura Federal, ganharam os palcos, e a partir delas foram retomadas várias discussões acerca da ausência de liberdade e de participação, que caracterizaram a sociedade brasileira durante os governos militares. Ao lado disso, articulou-se a trajetória profissional do autor à sua última peça. Para Sábato Magaldi, "*Rasga Coração*, a peça cujo fim Vianinha ditou no leito de morte, é seu testamento espiritual — amarga reflexão sobre as últimas décadas do País e balanço existencial e político de três gerações de uma família. A intimidade com o teatro proporcionou-lhe uma estrutura flexível, em que presente e passado se alternam e *flashes* essenciais substituem a técnica das longas narrativas. *A obra-prima que o talento de Vianinha sempre anunciou é um dos documentos fundamentais da dramaturgia brasileira de todos os tempos* [grifo nosso]"[66].

Durante as temporadas no Rio de Janeiro e em São Paulo, foram publicados inúmeros artigos que discutiram a importância política e histórica da peça. Um destes textos foi assinado pelo jornalista Alberto Dines. Ao comentar a importância de *Rasga Coração*, falou da censura, da premiação, e observou que a proibição impediu que a obra fosse posta em contato com o público no momento apropriado, embora tenha reconhecido que o trabalho de Vianinha não era circunstancial. Mesmo assim, a censura impediu uma receptividade mais ampla.

Avaliou ainda que se Oduvaldo Vianna Filho não tivesse morrido, seguramente, teria se tornado um Brecht latino-americano, e acerca de *Rasga Coração* afirmou: "Oduvaldo Viana, com seu enorme lirismo, quis sacudir aquele Brasil que tem o privilégio de ir a teatros da sua letargia e falta de solidariedade. E o conseguiu plenamente alguns pares de anos mais tarde, depois de morto. (Talvez, pelo seu poder de comunicação,

---

[65] Ibidem, p. 7.
[66] Magaldi, S. *Rasga coração*: um testamento espiritual, ditado no leito de morte. *Jornal da Tarde*, São Paulo, 14/7/1979, p. 8.

pelo seu potencial de mobilização emocional, pela sua carga de paixão inespecífica e contundente tenha sido censurada.) Não foi fortuita a utilização da canção homônima de Catulo da Paixão Cearense. Este derramamento de emoção e sofrimento, profundamente brasileiro, hoje talvez considerado de mau-gosto e impróprio pelas elites intelectuais, era exatamente o que desejava Viana ao descrever a história de um obscuro e veterano revolucionário convertido em impotente funcionário público, cujo único filho está apenas absorvido pela ecologia e a satisfação dos sentidos.

"A fusão da paixão política com o sofrimento existencial é a resposta de Viana àqueles que fizeram da defesa de seus privilégios uma ideologia. *Rasga Coração* foi escrita por um homem condenado à morte que, mesmo assim, não se deixou enredar por enredos transcendentais ou pelo fatalismo. Sua resposta à morte foi a emoção, a glorificação da vida através da luta. Não cobrou nada de ninguém, ofereceu. Na sua derradeira obra não quis esclarecer ou resolver nenhum problema fundamental. Como supremo homem de teatro, pretendeu oferecer àqueles que vão ao teatro a oportunidade elementar de emocionar-se. Rindo, e chorando, cantando e dançando como no bom 'vaudeville', Viana procurou desbastar a couraça que a classe média articulou para defender-se de sentimentos capazes de interromper sua trepidação vitoriosa. Tentou driblar a censura, mas o câncer o pegou. Rasgando corações com o seu penar, Oduvaldo Viana Filho, morto aos 38 anos, conseguiu esta façanha ímpar na pasmaceira pós-autoritária: comover"[67].

Jefferson Del Rios, por sua vez, tentando elaborar uma síntese da importância histórica, política e dramática de *Rasga Coração* e de Oduvaldo Vianna Filho escreveu que "*Rasga Coração* não é apenas um título bem achado. Ele tem a cara magra e inquieta de seu autor. Ao escrever a peça, Oduvaldo Vianna Filho, o brilhante e querido Vianinha, pretendia inequivocadamente deixar o testemunho de que a luta política, apesar das derrotas, vale a pena. Gesto repleto desse comovente calor humanista que certos homens de esquerda conservam até o fim apesar da ironia da história que, por vezes, teima em contradizer ilusões, certezas e programas ideológicos. *Rasga Coração* não é somente o balanço de vida de velhos libertários. É o grito de uma geração de artistas que teve, entre fins dos anos 50 e meados da década de 60, a sensação de participar de um determinado projeto de Brasil através de uma arte social e politicamente comprometida com as causas populares. E per-

---

[67] Dines, A. Rasgando corações: a política como arte. *Folha de S.Paulo*, São Paulo, 14/10/1979.

deu a parada. O desastre de 64 deixaria uma margem de manobra sufocantemente estreita a esses moços que não sabiam e não queriam separar o teatro da política. Oduvaldo Vianna Filho e Gianfrancesco Guarnieri são, em termos de talento e produtividade, os dois maiores representantes do grupo que Vianinha chamou de 'turma, minha doce turma'"[68].

No encaminhamento de seu artigo, Jefferson Del Rios comentou a trajetória do Arena, do CPC e das "crises" às quais a esquerda foi submetida. A época do milagre econômico e a cooptação de homens de esquerda pelo "sistema". Vianinha dividido entre os apelos da televisão e a fidelidade ideológica. Segundo o jornalista, Vianinha escreveu textos "água com açúcar", mas não comprometeu sua biografia. Tanto mais que "a fidelidade de Oduvaldo Vianna Filho às suas origens ideológicas e artísticas salta luminosa em *Papa Highirte*, história de um ditador latino-americano (em cartaz no Rio), e *Rasga Coração*, onde trata de militantes sinceros e alquebrados. O autor criou-os com fraquezas, dúvidas e esperanças e, portanto humanidade. O texto é Vianinha tentando passar adiante uma bandeira. Mesmo que alguém não concorde com as idéias ali expressas não poderá negar, em sã consciência, a maravilhosa dignidade de *Rasga Coração*, obra-prima de despedida"[69].

Quando *Rasga Coração* estreou em São Paulo, o diretor teatral Flávio Rangel, em sua coluna no jornal *Folha de S.Paulo*, comentou a importância da encenação de *Rasga Coração* de Oduvaldo Vianna Filho, e registrou que, a partir deste momento, "São Paulo ficaria mais inteligente".

Rangel iniciou seu comentário dizendo que "a publicidade de lançamento da peça dizia que a partir de sua estréia, 'São Paulo não seria a mesma'. E com certeza não será, pelo menos para aqueles que conseguiram manter a sensibilidade no espírito e a pureza no coração. Pois a obra-prima de Vianinha é um momento de pungente emoção que move seus personagens admiravelmente construídos num amplo painel social. Ele escreveu um trabalho maduro e eterno; assim como certos quadros que têm a capacidade de fixar uma época, essa peça mergulha num trecho da História do Brasil. E o revela em suas contradições e suas esperanças, suas amarguras e seus desencantos.

"Durante muito tempo, essa peça foi uma espécie de símbolo da luta dos artistas brasileiros contra a Censura. Nos negros tempos da década de setenta, onde era preciso falar sussurando e certas palavras eram

---

[68] Del Rios, J. A derrota política de uma geração. *IstoÉ*, São Paulo, 3/10/1979, p. 44.
[69] Ibidem.

anátemas, o nome *Rasga Coração* era pronunciado com carinho e devoção. Cópias circulavam de mão em mão, e várias pessoas mimeografaram a obra e a distribuíram aos amigos. Ela teve leituras para grupos, foi analisada, esmiuçada, discutida. Pensou-se em fazer uma encenação clandestina, e se não me engano um grupo de estudantes chegou a fazê-lo. Frases da peça eram ditas de memória por atores e atrizes — e num certo momento ela lembrava a histórica luta da inteligência contra a repressão. Nessa ocasião, lembrei-me de uma cena de *Farenheit 451*, onde, com seus livros queimados, intelectuais e poetas diziam em voz alta trechos de Goethe, Shakespeare, Dante — a fim de que a cultura fosse transmitida para as novas gerações pela tradição oral.

"(...). Quando a peça me chegou às mãos, dedilhei-a como se eu fora um pianista acarinhando uma partitura muito querida. Mas as últimas páginas ficaram manchadas de algumas lágrimas. A estréia no Rio de Janeiro, um acontecimento muito esperado, teve talvez a maior 'torcida' favorável que vi ultimamente no teatro brasileiro. Quase que se podia 'ver' os bons fluídos que enchiam a sala, em ondas de ansiedade, dedos cruzados e pensamentos positivos. Todo mundo queria que o espetáculo fosse sucesso; todo mundo queria que a palavra de Vianinha fosse dita e ouvida de modo claro, alto e forte.

"E foi o que aconteceu. Ao determinar, em seu leito de morte, que a peça fosse dirigida por seu velho amigo José Renato, Vianinha acertou outra vez. Pois o diretor tratou do texto com enorme respeito — o respeito que se deve a uma grande obra de arte — mas também com a intimidade de quem foi um colega de geração do autor, e que viu bem o mundo onde Vianinha viveu"[70].

Rasga Coração é liberada e encenada. Nesse sentido qual a contribuição que ela deixou para o debate teatral no país?

O crítico Sábato Magaldi, em um artigo de 10/1/1981, observou que o ano de 1980 foi um ano de testes para as intenções da abertura, uma vez que nenhuma peça havia sido censurada. Comentou uma série de espetáculos, e sobre *Rasga Coração* afirmou: "como espetáculo isolado, o grande acontecimento do ano foi *Rasga Coração*, que o Rio e Curitiba já haviam visto em 1979. *Também essa montagem é fruto da abertura*. Vencedora do concurso do SNT, em 1974, a peça de Oduvaldo Vianna Filho teve logo o veto censório. Liberada, ela se tornou uma espécie de bandeira das qualidades reprimidas nos 15 anos de ditadura. Mais uma vez, Orlando Miranda, diretor do SNT, acertou, ao assumir o patrocínio da luta em favor de *Rasga Coração*. O público sensibilizou-se com esse

---

[70] Rangel, F. *Rasga coração*. Folha de S.Paulo, São Paulo, outubro, 1980, p. 15 (Ilustrada).

painel de 40 anos da política brasileira, em que as aspirações populares sempre foram sufocadas pela direita [grifo nosso]"[71].

Yan Michalski, por sua vez, em entrevista à jornalista Helena Salem observou que "a gente viveu durante 15 anos o sonho, ou a ilusão, de que quando as gavetas da censura se abrissem iriam sair dessas gavetas centenas de obras-primas e, por outro lado, de que quando se pudesse escrever num clima mais livre, sem autocensura inclusive, fossem chover novas grandes peças. Então, as gavetas da censura se abriram e foi possível se escrever com muita liberdade, mas a realidade revelou-se muito diferente do que se esperava. Sem dúvida, saíram das gavetas da censura as peças mais importantes dessas duas últimas temporadas, como as duas de Vianinha (*Rasga Coração* e *Papa Highirte*), como a *Patética* de João Chaves e algumas outras.

"Mas hoje parece que o estoque de peças proibidas realmente significativas está chegando ao fim. Por outro lado, acho que os autores das novas peças produzidas, embora tenham a preocupação saudável de discutir aspectos da realidade brasileira do passado recente e do presente que por tanto tempo não podiam ser debatidos, ainda não conseguiram reaprender a escrever em liberdade. Essa reaprendizagem talvez seja mais longa e difícil do que se supunha. E, na verdade, creio que se repete no Brasil o fenômeno que ocorreu em vários outros países em condições semelhantes, como a Alemanha pós-nazista, e mais recentemente Portugal e Espanha.

"Parece-me, também, que as pessoas têm ânsia em discutir abertamente esses problemas que eram tabus, porém tendem freqüentemente a se descuidar da forma, ou não dominam bem a forma. Então, mesmo as peças que têm trazido uma discussão mais livre e tematicamente forte, às vezes se enfraquecem pela banalidade de sua elaboração formal e pela pouca margem que dão aos diretores para formular propostas instigantes de linguagem cênica. Diria que se recorre excessivamente ao verbalismo, deixando-se o sensorial e a criatividade teatral para o segundo plano. Na realidade, acho que a verdadeira dramaturgia da abertura ainda está por surgir"[72].

Com esta reflexão de Yan Michalski, observou-se que este movimento, em torno da liberação e encenação de *Rasga Coração*, constituiu o encerramento de um ciclo no qual as expectativas acerca do que dizer e

---

[71] Magaldi, S. O teatro em 80. Um ano de testes para as intenções da abertura. *Jornal da Tarde*, São Paulo, 10/1/81.
[72] Salem, H. Yan Michalski: à espera de sacudidelas saudáveis. *Folhetim*, n.o 204, São Paulo, 14/12/1980, p. 9.

de que maneira fazê-lo mesclaram-se às lutas pela democracia e pela restauração do Estado de Direito no país. A perspectiva de uma sociedade mais justa impulsionou artistas, jornalistas e intelectuais, entre outros, a construírem o denominado "campo democrático", que abrigou todas as iniciativas de luta e de denúncia contra o Estado de exceção vivenciado pela sociedade brasileira.

Temas, agentes e lutas

Apesar de todas as ressalvas, pertinentes ou não, ao processo de redemocratização, ocorrido em 1979, as liberdades constitucionais, paulatinamente, voltaram a fazer parte da vivência cotidiana do cidadão comum. Essa nova realidade produziu outros impasses: quais seriam as novas bandeiras de luta e de que forma encaminhá-las? Na verdade, não se pode esquecer que a dramaturgia da década de 70 foi profundamente marcada por temas e autores que, direta ou indiretamente, dialogaram com as discussões ocorridas no âmbito artístico, a partir de meados dos anos 50 e durante toda a década de 60. Não se deve ignorar que nesse universo estético e teórico surgiram dramaturgos, diretores, atores, atrizes e críticos afinados com os diversos trabalhos desenvolvidos no período[73]. Eles foram considerados, no interior da história do teatro brasileiro, como responsáveis por uma nova maneira de interpretar a realidade, bem como faziam parte de um dos momentos de tentativa de "conscientização da sociedade". Este projeto, no entanto, foi derrotado no âmbito da luta política, e a partir daí surgiram experiências qualificadas como "arte de resistência". Assim, em razão de questões conjunturais, foram produzidas peças teatrais que exaltavam bandeiras como: "liberdade", "participação", "denúncia" e "alternativas de combate à repressão".

Enfrentou-se a ação da Censura Federal, simultaneamente ao desenvolvimento desta produção, o que permitiu a construção paulatina de uma determinada forma de escrever, produzir e interpretar. Estabeleci-

---

[73] De fato, diversos profissionais de teatro dialogaram com propostas como "teatro nacional", "caráter social do teatro", entre outros temas. A título de exemplificação podem ser destacados: Gianfrancesco Guarnieri, Augusto Boal, José Renato, Nelson Xavier, Flávio Migliaccio, Miriam Mehler, Lélia Abramo, Carlos Queiroz Telles, Othon Bastos, Marta Overbeck, Fernando Peixoto, Antunes Filho, entre outros. Sobre este tema pode-se consultar:
Arrabal, J. et alii. *Anos 70 — teatro*. Rio de Janeiro: Ed. Europa, 1980.
Guerra, M.A. *Carlos Queiroz Telles: história e dramaturgia em cena (década de 70)*. São Paulo: Annablume, 1993.

do este contexto e reconhecido o referencial, aliou-se a eles a trajetória de *Rasga Coração*, pois quando se procurou resgatar esta peça, no horizonte da conjuntura de 1979, tornou-se uma estratégia, amplamente utilizada, vincular a sua elaboração à morte e às qualidades pessoais, profissionais e intelectuais de seu autor.

Neste procedimento, não se "pode" e não se "deve" esquecer: ao longo de toda sua vida, Oduvaldo Vianna Filho foi um indivíduo politicamente comprometido com os denominados "setores de esquerda" da sociedade brasileira, por intermédio das determinações do Partido Comunista Brasileiro (PCB). Após o advento dos governos militares, em 1964, e do A-I 5, em 1968, manteve-se fiel aos compromissos da "resistência democrática" em contraponto aos que buscavam soluções mais radicais para a situação política no Brasil. Construiu uma obra significativa, no universo da dramaturgia brasileira, ao mesmo tempo em que legou para a posteridade, por meio de seus críticos e colegas, a imagem de um homem íntegro, compromissado com o seu tempo e com uma perspectiva histórica que norteou tanto a sua produção quanto a sua atuação política.

Estas análises, envolvendo autor e obra, foram veiculadas por meio da imprensa escrita no período correspondente a 1979. Nesse sentido, a partir da apresentação do material, saltou aos olhos que jornais — entre eles *Folha de S.Paulo*, *Jornal da Tarde*, *O Estado de S. Paulo* e *Jornal do Brasil* — e revistas semanais — como *Veja* e *IstoÉ* — assumiram papel de combate no que se refere à denúncia do arbítrio, instaurado com o advento da censura, da interdição e posterior liberação da peça *Rasga Coração*. Nestes veículos de comunicação, evidenciou-se a atuação de determinados jornalistas que constantemente ocuparam espaços nos jornais e revistas para denunciar a proibição da referida peça, bem como informar o leitor acerca dos caminhos trilhados por este texto teatral.

Por este viés, quando a peça de Vianinha é recuperada como um dos momentos da luta contra a censura, uma vez que a sua proibição é um dos seus exemplos mais acabados, percebeu-se que o resgate ocorreu em três níveis, pelo menos. O primeiro referiu-se ao "ato de proibição" em si. O segundo envolveu o seu autor, a sua trajetória, a elaboração da peça, e esta foi encarada como síntese de um trabalho e o testamento intelectual, político e estético do dramaturgo. O terceiro apontou que, mesmo tendo sido privada de estar em cena no seu momento adequado, isto é, contemporâneo à sua elaboração, *Rasga Coração* foi qualificada como obra de arte e a "obra-prima" de Oduvaldo Vianna Filho.

Entretanto, verificou-se, também, que esta peça não obtivera espaços na imprensa apenas em 1979. Por intermédio da documentação exposta foi possível vislumbrar que, durante cinco anos, ela teve um acompanhamento sistemático, sobretudo quando da proibição oficial, ocorrida em 1977. Esta proibição, além de evidenciar uma contradição no interior do Governo Ernesto Geisel — pois o Ministério da Educação premiou, ao passo que o Ministério da Justiça censurou —, permitiu que vários jornalistas se manifestassem de forma indignada com relação a este procedimento governamental. Yan Michalski em sua coluna no *Jornal do Brasil* denunciou que a Censura Federal, com esta atitude, assumia perante a população brasileira a responsabilidade de impedir que toda a sociedade tivesse acesso a um trabalho considerado, pelos especialistas, como "uma das poucas e autênticas obras-primas da literatura dramática brasileira".

Com desta indignação, leituras dramáticas foram organizadas, ou como atestaram as palavras de Ignácio de Loyola Brandão e Flávio Rangel, a peça tornou-se conhecida, discutida e analisada por meio do "sistema xerox". O diretor José Renato, como revelou a sua carta nas páginas do *Jornal do Brasil*, tornou-se um defensor intransigente da liberação de *Rasga Coração*. Colocou-a na história do teatro brasileiro como um divisor de águas na dramaturgia brasileira, assim como o fora a peça *Vestido de Noiva* de Nélson Rodrigues[74]. Encaminhando o seu

---

[74] Para melhor situar a peça *Vestido de noiva* — encenada pela primeira vez em 1943, no Rio de Janeiro, pelo grupo teatral Os Comediantes, com direção de Z. Ziembinski e cenários de Santa Rosa — no âmbito da dramaturgia brasileira, serão resgatadas as considerações formuladas por Álvaro Lins, em 2/1/1944, no *Correio da Manhã*, Rio de Janeiro. "Li a peça 'O vestido de noiva' quando estava ainda inédita. Transmiti a Nélson Rodrigues a impressão que me dera — uma realização original e importante no teatro brasileiro — mas sem lhe esconder que o seu êxito estaria em grande parte nas condições do espetáculo. Não era para ser lida apenas, mas representada. Tivemos agora a prova da sua autenticidade teatral com a certeza de que ela causa ainda mais impressão ao espectador do que ao leitor. Levando a sua concepção para os domínios estranhos do subconsciente, fixando um drama do instinto em face da consciência, a tragédia de Nélson Rodrigues precisava de um ambiente cênico que exprimisse e comunicasse todas as fases do desenvolvimento psíquico da personagem em estado de delírio e sonho. E tanto Santa Rosa como Ziembinski tiveram da peça aquela compreensão que serviu para identificá-los com o autor e com o público no efeito da 'tensão dionísica', efeito emocional que é o destino de todo verdadeiro espetáculo de teatro. (...). Um motivo do sucesso da peça de Nélson Rodrigues está na sua integração nas modernas correntes de teatro. Ao lado do teatro de expressão social, temos hoje uma grande tendência do teatro que se destina à expressão subconsciente. Teatro de Pirandello, de Lenormand, de certas peças de O'Neill. As tendências culturais, as correntes de idéias, os movimentos artísticos encontram-se em cada época e se projetam em todos os gêneros do conhecimento objetivo ou da criação subjetiva. Lenormand explicou que não conhecia Freud quando escrevia as suas

raciocínio, José Renato atribuiu à sua "geração" a derrota pela proibição do texto de Vianinha, em um procedimento que buscou a homogeneneidade e a coesão em torno da peça como símbolo de luta, como se a luta tivesse sido a mesma, em objetivos e intensidades, para todos os setores da sociedade brasileira e, em especial, para o setor artístico.

Vários jornalistas assumiram, também, esta perspectiva de defesa inconteste da obra. O crítico teatral Yan Michalski é o exemplo acabado desta militância em prol da liberação e da encenação de *Rasga Coração*. Como ele próprio afirmou, a sua coluna transformou-se em uma trincheira na defesa da peça, denunciando, sistematicamente, o arbítrio que significava a sua interdição.

Para Michalski, a peça era um dos textos mais significativos da dramaturgia brasileira, uma "obra de arte" com todas as suas rubricas, e seu autor, Oduvaldo Vianna Filho, figura chave para compreender os últimos quinze anos da história brasileira. O referido crítico, ao formular esta conclusão, sentenciava que as reflexões que tivessem por tema a História da Cultura no Brasil, do final da década de 50 até meados dos anos 70, necessariamente teriam, em algum momento, Vianinha como interlocutor privilegiado. E, por este viés, se essa expectativa pode ser pensada em âmbito geral, no universo teatral brasileiro ele tornar-se-ia figura obrigatória das discussões .

As opiniões de Yan Michalski sobre a peça foram compartilhadas por críticos como Sábato Magaldi, Mariângela Alves de Lima, Jefferson Del Rios, entre outros. Para este último, a peça recuperou momentos da história brasileira, mas não como um sociólogo ou historiador o fariam, mas como um ficcionista que trabalha com conflitos humanos, em situações dramáticas. Esta ressalva é extremamente significativa, uma vez que pressupõe campos específicos de atuação. Este reconhecimento, todavia, não se traduziu numa discussão mais pormenorizada a respeito destas especificidades.

Intelectuais como Paulo Sérgio Pinheiro e Ignácio de Loyola Brandão, jornalistas que não são especializados em crítica teatral como Alberto

---

primeiras peças que já eram freudianas, mas o que significa isto senão que há correspondência entre a ciência de Freud e o seu tempo? Pouco importa que Proust tenha ou não conhecido a filosofia de Bergson, mas a aproximação que se pode fazer entre o romancista e o filósofo não prova que o bergsonismo reflete a atmosfera espiritual da sua época? Este movimento de idéias e culturas que apresenta, por exemplo, um Bergson ou um Santayana, na filosofia, um Freud ou um Einstein, na ciência, um Proust ou um Joyce, no romance, também deu fisionomia e caráter ao teatro moderno" (Lins, A. Algumas notas sobre "Os Comediantes". *Dionysos*. Rio de Janeiro: SNT/MEC, ano XXIV, dezembro, 1975, n.o 22, p. 63-4).

Dines, e diretores teatrais como Flávio Rangel recuperaram a importância da peça de Vianinha. A sua liberação foi interpretada como uma conquista da sociedade civil, uma vez que ela se tinha tornado uma trincheira avançada da "resistência", da "cultura", da "arte", da "história" e, nesse sentido, sua encenação pública significaria uma conquista das forças progressistas do país, no ano de 1979. Por essa via, peça símbolo, fruto do trabalho de alguém que enfrentou a opressão, a censura, a repressão, mas que, mesmo com todas essas adversidades, não se deixou abater. Acreditou na possibilidade de atuar nas "brechas", nas "fissuras" existentes em todos os níveis das relações sociais. Assim, autor e obra foram transformados em sustentáculos da luta por uma sociedade mais igualitária.

O espaço da imprensa foi utilizado para que se dissesse com todas as letras que *"Rasga Coração* não deveria passar em brancas nuvens", pois ela resgatara momentos da história brasileira que, até então, haviam sido desprezados em nome de discussões "maiores". Sem dúvida, esta peça esteve vinculada aos temas da censura e da redemocratização, entre tantos outros. Valendo-se do material apresentado, foi possível observar que a trajetória deste texto esteve intimamente comprometida com estas temáticas, bem como ele pode ser compreendido como parte integrante de um ciclo que se encerrou com a denominada "abertura política de 1979".

As informações, que permitiram a elaboração desta conclusão, foram veiculadas pela imprensa do período e, nesse sentido, torna-se bastante oportuno observar a seguinte reflexão do historiador Carlos Alberto Vesentini: "como entender esses jornais enquanto *documento*, a ser trabalhado pelo historiador? Devo *reduzi-los* apenas à condição de textos onde leio um conjunto de informações que eles me apresentam ou então descreve-os? Se o fizer, corro o risco de perder exatamente o ângulo entrevisto acima, esses jornais, em sua peculiar interação com certos intelectuais e com um certo público leitor, aparecem não como folhas mortas, mas dotados de *ação*. Estou diante do significado do documento enquanto sujeito. Ou melhor, essa imprensa, nesse caso, expressa a luta política, e as páginas desses diários não podem isolar-se dessa condição, elas são *prática* política de sujeitos atuantes"[75].

Com base nas idéias de Carlos Vesentini é possível evidenciar o nível de complexidade que envolve a documentação e a elaboração deste capítulo. É cristalino observar que os jornais trabalhados e os jornalistas, bem

---

[75] Vesentini, C. A. Política e imprensa: alguns exemplos em 1928. *Anais do Museu Paulista*, São Paulo, XXXIII, 1984, p. 37.

como os que foram à imprensa expressar as suas opiniões sobre *Rasga Coração*, estiveram imbuídos de uma dada perspecti-va que buscou definir a liberação da peça como um dos índices da redemocratização do país. Evidenciou-se que a peça não foi escolhida aleatoriamente. Ao contrário, diante de tantos textos censurados e dos mais diferenciados níveis de repressão, a última peça de Oduvaldo Vianna Filho tornou-se um objeto privilegiado de reflexão e símbolo capaz de canalizar a indignação daqueles que clamavam por "democracia já".

Esta observação possibilitou a formulação de uma série de questões. Inicialmente, em relação a Oduvaldo Vianna Filho, a maneira pela qual os jornalistas arrolados procuraram resgatar a sua trajetória, o seu trabalho e a sua existência como indivíduo. Mas, por este viés, Vianinha não foi um indivíduo isolado. Em verdade, foi contemporâneo de um momento e de uma época em que as pessoas sonharam e tornaram viáveis projetos comuns como o Arena, o Oficina, o CPC, o Opinião, etc.

Existem, neste período, obras importantes e encenações que se tornaram referências. Os agentes de 1979 tinham possibilidade de escolher Plínio Marcos, Dias Gomes, entre outros dramaturgos com peças censuradas. Vianinha, no entanto, dentre todos, foi alçado à condição de símbolo. Por que? Seria a sua morte prematura? A sua trajetória? Seu trabalho e, em especial, *Rasga Coração*? Por que não a, também premiada e censurada, peça *Papa Highirte*?

De qualquer modo, estava-se perante alguém que já havia consolidado uma obra que se tornara pública, e que poderia servir a interpretações particulares, uma vez que o autor, já morto, não comprometeria o seu "passado" a partir de "ações futuras". Vianinha não poderia externar, nesse sentido, a sua opinião acerca da redemocratização, e da condução do processo em 1979. Ele se constituiu em agente pela sua obra e pela sua trajetória, carregadas de significados, de ações e intenções, que foram resgatadas, atualizadas e reinterpretadas.

Seus intérpretes, os agentes de 1979, inseridos na luta política do período, retomaram Vianinha, recuperaram valores e motivações. Mobilizaram a idéia de "voz de autoridade", e, em um certo momento, decretaram a existência de uma "obra-prima" — embora alguns tenham observado que ela não fora encenada no momento "certo". Defenderam, de maneira intransigente, as liberdades democráticas e o Estado de Direito. Tudo isso foi feito em jornais que, tendo apoiado ou não o movimento de 1964, transformaram-se em porta-vozes da luta pelas liberdades democráticas, especialmente, pela liberdade de imprensa.

Capítulo 2

CRÍTICOS, CRÍTICA E DRAMATURGO: A CONSTRUÇÃO DA OBRA

"Oduvaldo Viana Filho entra na dramaturgia pelo grande caminho. Essa estréia é muito mais que a simples estréia de um autor talentoso: ele se coloca, desde já, na primeira linha do nosso teatro, entre os poucos dramaturgos que merecem consideração." (Sábato Magaldi)

"Como acreditar, com efeito, que a obra é um *objeto* exterior à psique e à história daquele que a interroga e em face do qual o crítico teria uma espécie de direito de exterritorialidade? Por que milagre a comunicação profunda que a maioria dos críticos postulam entre a obra e o autor que eles estudam cessaria quando se trata de sua própria obra e de seu próprio tempo?" (Roland Barthes)

Autor, obra, críticos e história

Perceber como foi construída a relação entre Oduvaldo Vianna Filho, ao longo de sua carreira, e os críticos teatrais torna-se extremamente importante uma vez que se constatou, no capítulo anterior, a intensa presença deste dramaturgo e de sua peça *Rasga Coração* nas páginas dos principais jornais do eixo Rio-São Paulo, em fins da década de 70, num processo em que autor e obra foram alçados à condição de símbolos da luta pela redemocratização do país. Esta observação sugere, quase de imediato, a seguinte indagação: quem são esses críticos teatrais? No que se refere à dramaturgia de Vianinha pode-se afirmar que, além dos que escreveram ocasionalmente sobre o seu trabalho, os que refletiram de modo mais constante sobre sua produção artística foram: Sábato Magaldi, Yan Michalski, Macksen Luiz, Jefferson Del Rios, Cláudio Pucci, Ilka Marinho Zanotto, Mariângela Alves de Lima, Flávio Marinho, Aldomar Conrado, Fausto Wolff, João Apolinário, Armindo Blanco, entre outros. Dentre estes nomes, alguns foram sistemáticos no acompanhamento do trabalho de Vianinha. Essa observação é fundamental, pois o que se pode observar, por meio da literatura especializada, é que a História do Teatro Brasileiro foi e está sendo construída a partir das reflexões dos críticos teatrais[1]. Nesse sentido, algumas discussões devem estar no horizonte da organização desta massa documental, porque não se pode ignorar que estes críticos estiveram imbuídos de idéias, projetos, concepções estéticas e políticas[2], em suas atuações profissionais.

---

[1] As referências historiográficas mais citadas na área teatral são de autoria de Sábato Magaldi (*Panorama do teatro brasileiro*. Rio de Janeiro: MEC-DAC-Funarte-SNT, s.d. e *Um palco brasileiro — O Arena de São Paulo*. São Paulo: Brasiliense, 1984), Décio de Almeida Prado (*Apresentação do teatro brasileiro moderno*, São Paulo: Livraria Martins, 1956 e *Teatro em progresso*. São Paulo: Martins, 1964), Yan Michalski (*O palco amordaçado*. Rio de Janeiro: Avenir, 1979 e *O teatro sob pressão: uma frente de resistência*. Rio de Janeiro: Jorge Zahar Editores, 1985), Alberto Guzik (*TBC: crônica de um sonho*. São Paulo: Perspectiva, 1986), Miroel Silveira (*A contribuição italiana ao teatro brasileiro*. São Paulo: Quirón, 1976 e *A outra crítica*. São Paulo: Símbolo, 1976). Ao lado desta produção intelectual, muitos deles desenvolveram (e/ou desenvolvem) trabalhos no âmbito acadêmico, por meio de aulas, orientação de dissertações de mestrado, teses de doutorado, além de suas próprias pesquisas.

[2] A elaboração deste capítulo pretende demonstrar que é necessária e urgente a realização de um um estudo sistemático e reflexivo sobre a produção dos críticos teatrais brasileiros.
   Miroel Silveira, por ocasião da publicação de suas críticas teatrais em livro, ponderou sobre a existência de uma perspectiva de análise nelas afirmando: "Décio de Almeida Prado, precisamente no período em que foram publicados estes meus trabalhos nas três *"Folhas" (da Manhã, da Tarde e da Noite)*, entre 1947 e 1957, escrevia suas críticas no *"O Estado de S. Paulo'*, agrupando-as posteriormente em dois livros, *Apresentação do moderno teatro brasileiro* e *Teatro em progresso*. São obras básicas para o conhecimento da fase de transmutação por que passou o nosso palco, em sua tentativa, quase que inteiramente realizada, de atingir os níveis culturais e técnicos das grandes cenas internacionais, ao mesmo tempo em que buscava uma afirmação mais peculiarmente brasileira. Julgou o Editor Moysés Baumstein que seria proveitoso para os estudantes e para os amantes de teatro terem também nas mãos meus trabalhos, reunidos sob o título de *A outra crítica*, porque representavam uma visão bastante diversa da exposta por aquele mestre, diversa mas de alguma forma complementadora. (...). Minha posição, algo quixotesca numa ocasião em que todas as águas corriam para o mar vitorioso do TBC, hoje me conforta pela satisfação de verificar que permaneci ao lado dos menos poderosos; que a maioria dos encenadores italianos

Escreveu-se muito a respeito de Oduvaldo Vianna Filho, bem como sobre suas peças, que foram presenças marcantes nos palcos brasileiros, desde o final da década de 50 até meados dos anos 80. Elas foram encenadas, comentadas, analisadas e divulgadas, em perspectivas que sempre buscaram vincular os textos ao autor. Na maioria das vezes, Vianinha foi apresentado como um dos fundadores do "teatro nacional", projeto que teve apoio de muitos dos que analisaram seus trabalhos.

Essas críticas, em linhas gerais, apresentam um resumo de enredo dos textos, analisam a proposta estética e histórica do autor, comentam a encenação, por vezes, ressaltando trabalhos específicos (direção, iluminação, cenografia, figurinos, direção musical, interpretação, etc.). Toda-

---

'neo-realistas' que vieram olhar com pouco caso nosso teatro, acusando-o de 'comercial' e esteticamente atrasado, essa maioria acabou fazendo aqui mesmo comediazinhas boulevardières e hoje pode ser apreciada nos canastrônicos filmes tipo 007 ou nas pornochanchadas peninsulares; ao passo que a cena brasileira, através dos caminhos de Boal, José Celso, Gianfrancesco, Lauro César Muniz, Chico Buarque, Paulo Pontes, Ariano Suassuna, Plínio Marcos, Jorge Andrade, Renata Pallottini, e tantos outros, alcançou um vigor e uma maturidade realmente admiráveis" (Silveira, M. *A outra crítica*. São Paulo: Símbolo, 1976, p. 11 e 13).

Numa outra área, a cinematográfica, Jean-Claude Bernadet desenvolveu uma reflexão extremamente instigante sobre seu trabalho como crítico de cinema. Evidenciou que esta produção está, incontestavelmente, permeada pela historicidade do momento de sua criação. Um exemplo significativo desta elaboração intelectual pode ser verificado nesta passagem: "textos recentes deixam perceber que a crítica cinematográfica brasileira está se modificando. Essa mudança já era previsível há alguns anos, antes ainda que se começasse a falar em 'cinema novo', com os primeiros trabalhos polêmicos do crítico Gláuber Rocha, que era então uma figura de vanguarda, totalmente isolada no seio da crítica cinematográfica. Hoje o movimento se alastra e atinge proporções nacionais: os críticos estão despertando e o fenômeno é generalizado" (Bernadet, J.-C. Modificação na crítica. In: *Trajetória crítica*. São Paulo: Pólis, 1978, p. 47).

Um outro aspecto que merece ser considerado (constituindo-se em tema para outras pesquisas) é a vinculação entre estes trabalhos críticos e os veículos de comunicação que os publicaram. Neste sentido, é possível constatar algumas aproximações, pois os jornais e periódicos que, historicamente, abriram espaço para reflexões sobre os trabalhos de Vianinha, bem como para ele mesmo por meio de entrevistas, atuaram durante os governos militares em prol das liberdades democráticas e do Estado de Direito.

O trabalho da historiadora Maria Helena R. Capelato analisando, com base nos editoriais, "a ideologia e a prática política dos representantes da imprensa liberal paulista de oposição (aos governos da Primeira República, na década de 20, e ao governo Vargas, no período 1930/1945)", pode ser profundamente inspirador para viabilizar a reflexão aqui proposta. Para maiores informações consultar: Capelato, M. H. R. *Os arautos do liberalismo: imprensa paulista 1920/1945*. São Paulo: Brasiliense, 1989.

via, diante da enorme quantidade de material, houve a necessidade de se realizar um recorte, pois sua análise exaustiva daria origem a uma nova série de problematizações. O procedimento aqui utilizado buscou organizar o material a partir das encenações das peças[3], com o intuito de observar como foram sendo construídas as interpretações sobre Oduvaldo Vianna Filho e sua obra. Ao lado do trabalho dos críticos, foram localizadas entrevistas de Vianinha, de seus diretores e intérpretes, que foram resgatadas com o objetivo de ampliar a dimensão do debate à época das montagens teatrais[4].

Este capítulo buscará evidenciar que Oduvaldo Vianna Filho e seus críticos partilharam uma perspectiva de transformação do teatro brasileiro. Isto deveria ocorrer a partir da elaboração de textos teatrais, que resgatassem temas pertinentes às camadas populares da sociedade. Dentro deste referencial, Vianinha e seus críticos militaram em prol de uma prática teatral ancorada, fundamentalmente, na figura do "dramaturgo/autor": aquele que, em um momento específico da história do teatro brasileiro, tivera em suas mãos a bandeira do "teatro nacional".

Boas vindas à "nova" dramaturgia brasileira

Chapetuba Futebol Clube[5] marcou a estréia de Oduvaldo Vianna Filho como dramaturgo. Os que escreveram sobre este espetáculo ressaltaram a vinculação entre a peça, o autor e o movimento do Teatro de Arena de São Paulo[6], como também detiveram-se na estrutura dramática do texto.

Um exemplo disso pode ser encontrado nas opiniões de Sábato Magaldi:

---

[3] Sobre a peça *Bilbao, via Copacabana* — escrita em 1957 e encenada em 25/5/1959, sob a direção de Fausto Fuser, no *Teatro das Segundas-Feiras do Arena* — não foram encontradas análises dos críticos teatrais da época. As primeiras referências críticas ao trabalho de Vianinha surgiram, nessa pesquisa, com a encenação da peça *Chapetuba Futebol Clube*.

[4] Cabe destacar que algumas das encenações cumpriram o circuito Rio-São Paulo, mas em outros casos ocorreram duas encenações e em períodos diferentes. Exemplos disso podem ser verificados com as peças *A longa noite de cristal* (encenada em 1970, em São Paulo, sob a direção de Celso Nunes, e no Rio de Janeiro em 1976 sob a direção de Gracindo Jr.) e *Corpo a corpo* (encenada em São Paulo, em 1971, sob a direção de Antunes Filho, e em 1975, no Rio de Janeiro, sob a direção de Aderbal Jr.).

[5] A referida peça estreou no Teatro de Arena de São Paulo, em 17/3/1959, sob a direção de Augusto Boal. Realizou temporada, também, no Rio de Janeiro e recebeu, como a melhor peça teatral do ano, os seguintes prêmios: Saci, Governador do Estado de São Paulo, Associação Paulista de Críticos Teatrais, Governador do Estado do Rio de Janeiro e Associação Brasileira de Críticos Teatrais.

[6] No que se refere a este procedimento consultar:

"nota-se que o autor se escravizou à noção de conflito, segundo a qual devem sempre estar contracenando opositores permanentes, ou ocasionais. (...). *Oduvaldo Viana Filho entra na dramaturgia pelo grande caminho. Essa estréia é muito mais que a simples estréia de um autor talentoso: ele se coloca, desde já, na primeira linha do nosso teatro, entre os poucos dramaturgos que merecem consideração. Prestigiar o espetáculo do Arena é fazer a união política elevada para a emancipação da cena brasileira. É contribuir, conscientemente, para que possamos em breve orgulhar-nos de nossa literatura dramática* [grifo nosso]"[7].

Quanto às análises propriamente ditas da peça, Bárbara Heliodora, por sua vez, avaliou que o segundo ato é o ponto alto da peça porque nele encontra-se "(...) um equilíbrio entre forma e conteúdo, entre conflito e atmosfera, entre o futebol e o problema humano; o desenvolvimento dramático dos problemas individuais e de conjunto são dinamicamente conduzidos com correspondência justa entre diálogo e ação"[8].

As análises poderiam ser diferenciadas pelos focos adotados, mas a idéia do "novo", do "comprometido" com as "aspirações populares" foram os pontos centrais destes textos. Esta perspectiva era tão forte que se manteve nos comentários feitos por ocasião da estréia de *A Mais-Valia Vai Acabar, Seu Edgar*[9]. Na análise de Paulo Francis, por exemplo, "Vianna é um autor jovem, em fase de experimento. É natural

---

[7] Magaldi, S. Problemas de "Chapetuba F.C.". *O Estado de S. Paulo*, São Paulo, 4/4/1959.
   Jafa, V. *Chapetuba F.C.*: teatro de verdade. *Correio da Manhã*, Rio de Janeiro, 6/3/1960.
   Heliodora, B. O futebol como tema dramático. *Jornal do Brasil*, Rio de Janeiro, 6/2/1960.
   Esta vinculação surgiu, também, nas análises formuladas por Patrícia Galvão, que enfatizou muito mais o projeto desenvolvido no Teatro de Arena que a peça de Oduvaldo Vianna Filho. Contestou de forma contundente o "projeto nacionalista" desenvolvido pelo referido grupo teatral, e em um debate ocorrido em 30 de abril de 1959, após a apresentação de *Chapetuba F.C.*, ela assim se manifestou: "De nossos apartes fizemos sentir a Boal que seria muito mais importante para o teatro brasileiro uma pesquisa 'artística' e não 'nacionalizadora', pois a arte salvaria o teatro brasileiro bem antes do que a pesquisa nacionalizadora sob a bandeira verde-amarela. Boal retrucou que a pesquisa artística se confinaria na realidade brasileira, o que consideramos óbvio quanto à parte humana, porquanto a arte teatral, como qualquer arte, está hoje como um capítulo da antropologia cultural. Isto não quer dizer que a procura 'intencional' de uma interpretação 'brasileira' possa dar eficiente solução ao problema proposto. A arte brasileira terá, em nosso entender, a função justa, quando um dia chegarmos a ter um caráter brasileiro, uma fisionomia própria" (Galvão, P. Em torno de uma diretriz. *A Tribuna*, Santos, 5/5/1959, p. 7).
[7] Magaldi, S. *Op. cit.*
[8] Heliodora, B. *Op. cit..*
[9] Esta peça foi apresentada no Teatro de Arena da Faculdade Nacional de Arquitetura do Rio de Janeiro, sob a direção de Chico de Assis. Este revelou, posteriormente, que

que erre muito. E, pessoalmente, *tenho simpatia pelo seu erro aqui*, pois ele ousou muito num teatro onde quase todo mundo quer jogar certo [grifo nosso]"[10].

Já na opinião de Miguel Borges, a peça era a primeira experiência bem-sucedida de um teatro político e social, porque marcava o compromisso de uma dramaturgia, perante o público, com a idéia de coletividade. "Por isso mesmo, a peça segue o caminho aberto por Brecht. Elimina o personagem. Evita os conflitos entre personalidades. Submete o enredo, a linguagem e a estrutura dramática ao critério de um contato científico e lógico com o espectador por meio dos processos não científicos e não lógicos da arte"[11].

Esta "nova proposta", a busca da inovação, do político e do "povo" nortearam outros trabalhos de Vianinha. Com este referencial, ele produziu, de maneira coletiva, vários textos e espetáculos no CPC da UNE, viajou pelo Brasil, promoveu debates, seminários e agitações. Com o golpe de 1964, a UNE foi colocada na ilegalidade, seu prédio incendiado e o projeto se esvaiu. O momento seguinte da trajetória de Oduvaldo Vianna Filho foi a criação do grupo Opinião.

Em busca do "povo" e do "popular"

Se Correr o Bicho Pega, Se Ficar o Bicho Come, escrita em parceria com Ferreira Gullar[12], inaugurou um novo momento na dramaturgia de Vianinha. Segundo os autores, a peça buscava estabelecer um diálogo com a "cultura popular"[13].

---

no dia da estréia "a crítica se dividiu e houve debate prolongado entre Paulo Francis e Miguel Borges. Mas a maioria aceitou bem o espetáculo" (Assis, C. de. A "maisvalia": pensando num mundo melhor. In: Michalski, Y. (org.). *Teatro de Oduvaldo Vianna Filho/1*. Rio de Janeiro: Muro, 1981, p. 215).

[10] Francis, P. *O afeto que se encerra*. Rio de Janeiro: Civilização Brasileira, 1980. Apud: Peixoto, F. (org.). *Vianinha: teatro-televisão-política*. São Paulo: Brasiliense, 1983, p. 43.

[11] Borges, M. Moços fazem teatro de participação. *Tribuna da Imprensa*, Rio de Janeiro, 25/6/1960.

[12] Esta peça foi encenada em 1966, cumprindo temporada no Rio de Janeiro e em São Paulo. Em 1989 ela foi remontada pela turma de estudantes de teatro da CAL (Casa das Artes de Laranjeiras) sob a direção de Amir Haddad. Em entrevista ao *Jornal do Brasil*, Haddad observou que o texto continuava atual pois os "clássicos não têm idade, não envelhecem, e este texto está se tornando um clássico". Concluiu sua reflexão dizendo: "tomara que a realidade nacional se transforme, que as coisas melhorem e a peça envelheça" (Parece que nada mudou. *Jornal do Brasil*, Rio de Janeiro, Caderno B, p. 5, 11/3/1989).

[13] Em uma entrevista Oduvaldo Vianna Filho e Ferreira Gullar expuseram as razões da

No entanto, se de um lado os dramaturgos foram a público "explicar" as suas intenções estéticas, culturais e políticas, de outro os críticos teatrais procuraram articular o texto ao momento histórico da encenação. Avaliou-se o espetáculo, discutiu-se a temática, mas, fundamentalmente, vinculou-se o trabalho à busca do "teatro nacional" no Brasil, porque vislumbrava-se em *O Bicho* a perspectiva de solidificação de um teatro brasileiro. Sob este prisma Fausto Wolff observou: "devemos atuar dentro de uma cultura nossa. O que não podemos, porém, é subverter essa nossa cultura em favor de tesezinhas politicóides, em favor de uma subversão gramatical (tu ama eu — lembram-se?) ou em favor de problemas pessoais nossos (no caso, dos autores). Para tanto é necessário que encontremos a nossa cultura e a enfrentemos, por mais elementar que ela possa nos parecer à primeira vista"[14].

Enveredando por outra linha de estudo, Yan Michalski enfatizou a estrutura dramática, pois, mesmo sem ser algo excepcional, *O Bicho* apresenta coesão e solidez. O resultado é fruto de: "romance de aventuras, literatura de cordel, sátira de costumes, sátira política, farsa rasgada, *commedia dell'arte*, comédia à la Feydeau, comédia de *nonsense*, musical, comédia poética"[15].

A interpretação construída por João Apolinário conjugou as inquietações de Fausto Wolff com as ponderações de Yan Michalski, uma vez que sua análise localiza o "povo", os ideais e os sentimentos que lhe são

---

peça. No que se refere às razões políticas Vianinha considerou que "(...) no atual Governo o que parece mais evidente é a chamada 'política de casta', ou seja, a concepção moralista da política. Vale dizer: para o Governo há setores da população que podem governar, que têm o direito moral de governar, enquanto há outros setores que não. (...). Daí é que o 'Bicho' praticamente nasceu para ser contrário a esta visão. Nasceu antiascético, aparentemente amoral. Nele os mais diferentes setores da população são nivelados, igualados do ponto de vista moral" (Azevedo, A. "Bicho" não pode ser proibido. *Luta Democrática*. Rio de Janeiro, 15/5/1966).

Sobre as razões ideológicas, Vianinha disse que "(...) tão-somente razões políticas não permitem a elaboração de obras mais férteis. É preciso uma razão ideológica, uma tentativa de ordenação dos fenômenos que se dão na realidade. O 'Bicho' talvez seja a tentativa de ordenar, de desenhar o impasse entre o ser real e a vontade de ser das pessoas, na realidade brasileira" (Ibidem). Ferreira Gullar, acerca das razões artísticas, observou que "sua fonte de inspiração é a literatura popular: a quantidade de acontecimentos sobrepujando a análise psicológica; a imaginação e a fantasia sobrepujando a verossimilhança. O modelo é o filme 'Tom Jones'" (Ibidem).

[14] Wolff, F. O Bicho: começo de arte (I). *Tribuna da Imprensa*, Rio de Janeiro, 20/4/1966.
[15] Michalski, Y. *O Bicho* que já pegou. *Jornal do Brasil*, Rio de Janeiro, 20/4/1966.

peculiares. Para ele, o "povo" está em tudo, sublimado e transcendido nos ideais que exprime e nos conflitos que representa. "A grande virtude cênica do texto está exatamente nessa expulsão que se opera: primeiro o fluxo (a magia, o encantamento, a absorção do espectador); depois o refluxo (o distanciamento, a autocrítica sarcástica, a expulsão cerce). (...). É um espetáculo vibrante, popular, de idéias-força que se manifestam sem uma deliberada dialética que esquematize as formas dos sentimentos sociais que registra, as posições ideológicas que radica ou as intenções humanas que realmente significa. Ao contrário: são os sentimentos mais espontaneamente populares que rebentam em dialética de teor medieval, brasileiro na palavra e no comportamento de personagens do povo, ou contra o povo"[16].

As considerações sobre esta peça permitiram evidenciar que, antes de qualquer premissa, buscou-se mostrar que a encenação explicitava idéias que deveriam ser defendidas, bem como propostas que poderiam ser encampadas nas discussões em torno da constituição de um "teatro brasileiro", no qual o compromisso com o "popular" teria de ser entendido não mais como a "presença das camadas subalternas" nos palcos, mas como resgate do folclore, da literatura de cordel e demais manifestações elaboradas por determinados segmentos da população brasileira.

Tendo em vista este horizonte de preocupações, credenciou-se o espetáculo como criativo e inovador, além de apresentá-lo como um salto qualitativo em relação aos textos produzidos em fins da década de 1950. Estas comparações, referências e propostas, estabelecidas pelos críticos teatrais citados, explicitaram, de um lado, as experiências anteriores de Vianinha. De outro, porém, "ignoraram" que se as proposições teóricas do autor não mudaram, o mesmo não ocorrera com as suas interpretações acerca do processo histórico, compreendido como momento de constituição de uma "frente de resistência" contra o arbítrio instaurado a partir de 1964.

Estes encaminhamentos propiciaram o resgate de manifestações artísticas, consideradas "ultrapassadas" como o Teatro de Revista, e nortearam a elaboração e encenação da peça *Dura Lex Sed Lex no Cabelo só Gumex*. Estas motivações tornaram-se públicas, em uma entrevista concedida por Vianinha ao jornal *Correio da Manhã*, em 1967. Nela o autor reafirmou a urgência em discutir o teatro brasileiro do período[17].

Durante a temporada de *Dura Lex...*, o *Jornal dos Sports*[18] publicou um

---

[16] Apolinário, J. *Se correr o bicho pega se ficar o bicho come*. Última Hora, São Paulo, 1/10/1966.
[17] A referida peça estreou em dezembro de 1967, e inaugurou o Teatro do Autor

texto vinculando a peça a trabalhos anteriores do Opinião (*Liberdade, Liberdade* e *Se Correr o Bicho Pega, Se Ficar o Bicho Come*) no âmbito ideológico. Com relação à *Dura Lex*, especificamente, avaliou que a sátira política, uma das recorrências do teatro de revista, foi aproveitada, mas o resultado não gerou nenhum impacto. Esta observação colocou em dúvida a eficácia da proposta, pois como as intenções eram conhecidas, o espetáculo não propiciou um salto qualitativo na recepção.

A discussão deste texto teatral não ocorreu apenas no plano ideológico e político. Yan Michalski, comentando o espetáculo, discutiu a concepção estética, e observou que, se houve a intenção em resgatar o Teatro de Revista, isto se mostrou frustrante, uma vez que o espetáculo destoou em relação àquela experiência teatral. Apesar disso, em momento algum colocou-se em dúvida a profecia que anunciava o talento de Vianinha porque, segundo o crítico, "(...) parece legítimo indagar se a essência do êxito do gênero revista, não está, afinal, indissoluvelmente ligada à sua vulgaridade e ao seu primarismo, não suportando, portanto, *um tratamento forçosamente mais sofisticado e intelectualizado que um dramaturgo talentoso e inteligente como Oduvaldo Viana Filho possa lhe dar* [grifo nosso]"[19].

Após este espetáculo, Oduvaldo Vianna Filho continuou a produzir textos[20] e a trabalhar como ator[21], mas seus textos só voltariam aos palcos em 1970, com a peça *A Longa Noite de Cristal*.

Brasileiro. Por ocasião desta montagem, numa entrevista, Vianinha teceu considerações sobre o momento vivido pelo teatro brasileiro. Enfatizou a desunião dos grupos teatrais. Ressaltou que afirmações como as de José Celso Martinez Corrêa que procuraram anular todas as experiências estéticas anteriores à encenação de *O rei da vela* de Oswald de Andrade foram equivocadas, porque ela integrou o constante movimento de renovação do teatro no Brasil.
Acerca desta entrevista, consultar: De Lamare, G. *Dura lex sed lex no cabelo só Gumex. Correio da Manhã*, Guanabara, 24/12/1967.
[18] Vianinha/67. *Jornal dos Sports*, Rio de Janeiro, 28/12/1967.
[19] Michalski, Y. Da Lei Áurea a "Dura Lex". *Jornal do Brasil*, Rio de Janeiro, 7/1/1968.
[20] Em 1968, Oduvaldo Vianna Filho escreveu a peça *Papa Highirte*, premiada pelo Serviço Nacional de Teatro e imediatamente censurada. Em 1969, escreveu *Brasil e cia* com Armando Costa, Ferreira Gullar e Paulo Pontes. Neste mesmo ano, elaborou *A longa noite de cristal*, que recebeu o prêmio Coroa de Teatro.
[21] Como ator, em 1968, Vianinha atuou em *A saída? onde fica a saída?* de Antonio Carlos Fontoura, Armando Costa e Ferreira Gullar. Em 1969, encenou *A comédia dos erros* de William Shakespeare e trabalhou no filme *As duas faces da moeda* de Domingos de Oliveira e Joaquim de Assis.

Questão de coerência

A Longa Noite de Cristal teve duas encenações. A primeira delas foi em São Paulo (1970), e provocou sérias divergências entre Vianinha e o elenco responsável pelo espetáculo. O dramaturgo, embora tenha reconhecido o empenho da equipe, discordou integralmente da interpretação que o diretor Celso Nunes fez de seu texto. Na opinião do autor "a peça é sobre um pequeno drama de um indivíduo e sobre a urgente necessidade de não soçobrarmos em pequenos dramas; fizeram-na um drama diluviano, quase alegórico, que vale a pena ser vivido, porque todo grande drama vale a pena ser vivido; o pequeno 'Cristal' é um personagem que se desatarrachou da vida e ainda assim é tratado por todos na ponta dos dedos; a *encenação faz de Cristal um tresloucado homem superior que é tratado a pontapés por todos*; a peça tenta amarrar os comportamentos às situações objetivas, grudá-los com cola-tudo às situações objetivas; *o espetáculo é voluntarista — as pessoas agem de tal ou qual modo porque querem* [grifos nossos]"[22].

Oduvaldo Vianna Filho, ao externar de público suas discordâncias com a montagem paulista, explicitou, pelos menos, dois aspectos que fundamentaram suas críticas: a prerrogativa do autor sobre o texto teatral e a impertinência de um teatro qualificado de "irracional" em palcos brasileiros. As opiniões de Vianinha, porém, não conseguiram mudar o espetáculo, tampouco seus propósitos, visto que diretor e atores, juntos, assumiram a responsabilidade pela encenação, defendendo-a publicamente[23].

Os críticos, tomando partido e explicitando suas opiniões, também participaram desta polêmica. Sábato Magaldi, por exemplo, considerou-a um equívoco, já que a encenação havia sido fiel ao texto[24]. Mas, para Anatol Rosenfeld, a insatisfação de Oduvaldo Vianna Filho tinha alguma procedência. As expectativas do dramaturgo em relação à montagem de *A Longa Noite de Cristal* eram de uma concepção realista, direta e singela. Já Celso Nunes optou por manter uma certa independência, contrariando o autor[25].

---

[22] Viana diz por que não gostou da encenação paulista de sua peça. *O Globo*, Guanabara, 16/9/1970.
[23] A defesa do espetáculo paulista, pela equipe responsável pela encenação, foi divulgada no "Programa" da peça *A longa noite de cristal*. São Paulo, setembro de 1970.
[24] Magaldi, S. Divirta-se. *Jornal da Tarde*, São Paulo, 24/9/1970.
[25] Rosenfeld, A. TV no palco. *Fato Novo*, São Paulo, n.º 23, outubro, 1970.

Divergências à parte, o espetáculo foi premiado e as análises da peça salientaram a importância do tema "televisão". Ressaltaram, porém, que o assunto não era inédito no teatro, pois Chico Buarque de Holanda em *Roda Viva* e Walter Georg Durst em *Dez Para Sete* já haviam dele se ocupado. Em uma análise mais ampla, Rosenfeld avaliou: "(...) deve-se reconhecer que sua crítica à TV e, em extensão, às indústrias culturais em geral, é particularmente penetrante e *abrangedora*. Sugere os mecanismos de pressão internacionais que, em muitos casos, resultam ou tendem a resultar na corrupção dos que vivem enredados na engrenagem. No caso em foco, levam ao naufrágio humano e à destruição de um telejornalista. Não surpreende que a crítica à indústria cultural ou de consciência — tal como, moldando consciências em série, é atualmente manipulada em amplas partes do mundo — possa ser feita com franqueza tão virulenta precisamente pelo teatro"[26].

Após a conturbada temporada paulista, *A Longa Noite de Cristal* teve uma leitura dramática, em 1974[27]. Nesta ocasião, o jornalista Armindo Blanco escreveu que Vianinha "não traiu a sua matéria-prima, todas as personagens têm a sua dimensão humana, não são apenas o locutor, o patrão, o colega, a esposa, a macaca de auditório, a amante oportunista, isto é, fantoches ou monstros destinados a ilustrar uma tese, uma crítica social. O locutor podia ser jornalista, técnico estatístico, ecólogo ou corretor de imóveis. Em qualquer dessas profissões teria de habituar-se a conviver com a mentira, a fraude, as cumplicidades inconfessáveis e degradantes"[28].

Neste período, Oduvaldo Vianna Filho já havia falecido. A partir deste momento, as análises, as críticas e os depoimentos não mais diziam respeito, apenas, a uma peça de Vianinha. As referências começavam a apontar para um dos "maiores dramaturgos brasileiros". Esta reverência foi observada, sobretudo, no caráter sacralizador dos que estiveram envolvidos na montagem carioca, em 1976, como o diretor Gracindo Jr., atores e críticos que analisaram o texto e o espetáculo.

Gracindo Jr. fez declarações contundentes em favor do dramaturgo, haja vista que em sua opinião "o Vianinha é um cara que sempre fugiu dos chavões de teatro de agressão, de vanguarda. E quando o acusam de melodramático, minha posição é frontalmente contra porque, na minha opinião, ele é só um dramaturgo brasileiro. Ou seja, tem uma gama de

---

[26] Ibidem.
[27] Esta leitura dramática foi promovida pelo Serviço Nacional de Teatro (SNT), sob a direção de Bibi Ferreira e protagonizada por Paulo Gracindo, que interpretou Cristal.
[28] Blanco, A. Vianinha, o melhor. *Última Hora*, Rio de Janeiro, 31/12/1974.

sentimentos muito latinos — que é uma coisa muito forte"[29]. Ao lado de suas ponderações sobre o autor, o diretor analisou a peça e o seu trabalho de direção, ressaltando que respeitou as "rubricas" do texto, apenas atualizando informações com relação à indignação diante do arbítrio, à discussão do cotidiano e à recusa da indiferença como prática social.

Salientando a contemporaneidade da temática, Yan Michalski enfatizou a questão da ética, dos valores sociais, do sucesso a qualquer custo e das relações descartáveis. Imbuído destas percepções, observou que uma das maiores qualidades das boas peças de Vianna é enfrentar as discussões propostas de maneira direta e simples. Por intermédio de um quadro de costumes, ele permite ao espectador enveredar pelos bastidores da televisão. "*A Longa Noite de Cristal* é também todo o Brasil de hoje; e é também o homem contemporâneo frente a frente com forças manipuladas por interesses ocultos, sobre as quais ele não exerce nenhum controle, e que ameaçam esmagá-lo. Todo o Brasil de hoje, na medida em que a crise de valores em que se afoga a carreira profissional e a vida particular do locutor Cristal é certamente um fenômeno nacional. Num país pressionado, de um lado, por uma explosão demográfica que joga nos mercados de trabalho multidões de jovens munidos de um código ético radicalmente oposto ao da geração anterior; num país dominado, por outro lado, por uma circulação precária de informações e esclarecimentos, que favorece a interiorização de todos os valores diante dos decisivos argumentos ditados por considerações de consumo; num país como este não é de espantar que enormes contingentes de homens de meia-idade, potencialmente em plena capacidade produtiva, sejam marginalizados, reduzidos à solidão e ao desespero, incompreendidos nos seus conceitos de honra e dignidade, resquícios de uma formação cujo sentido sofreu fulgurante processo de esvaziamento"[30].

Esta recepção emocionada da peça de Oduvaldo Vianna Filho, no entanto, não foi compartilhada pela Censura Federal. A temporada carioca sofreu, em janeiro de 1977, uma interdição de vinte dias[31].

---

[29] Marinho, F. Uma peça de Vianinha encenada com todas as rubricas. *O Globo*, Rio de Janeiro, 25/8/1976.
[30] Michalski, Y. A longa noite de uma geração acuada. *Jornal do Brasil*, Rio de Janeiro, 12/9/1976, p. 10, Caderno B.
[31] A nota da Censura Federal diz o seguinte: "'O diretor da Divisão de Censura de Diversões Públicas do Departamento de Polícia Federal suspendeu por 20 (vinte) dias as apresentações da peça de teatro 'A longa noite de cristal', de autoria de Oduvaldo Viana Filho, tendo em vista que nas representações promovidas no Rio de Janeiro, pela empresa Gracindo Junior Empreendimentos e Participações Ltda., *teve o seu texto*, após aprovado pela Censura, *modificado* e acrescido de expressões

Cumprida a suspensão, o espetáculo retornou aos palcos cariocas, para uma temporada popular, no Teatro João Caetano. Nesta ocasião, o jornalista Nelson Motta ponderou: "O que — no momento — acho injusto para com Oduvaldo Vianna Filho é *dar uma maior dimensão ao conteúdo 'político' de seu trabalho que ao seu formidável talento de autêntico criador teatral, no sentido mais amplo dessa mágica forma de comunicação humana*. Vianna *lutou sempre pelo respeito aos fundamentais direitos do indivíduo com as armas de seu ofício*, com sua sinceridade e seu talento [grifos nossos]"[32].

Como se vê, o jornalista chamou a atenção para o fato de que o "talento" de Vianinha estava sendo "esquecido" em nome da "política", e, por essa via, é possível afirmar que esta argumentação foi uma das estratégias adotadas para a construção da "unanimidade" em torno de Oduvaldo Vianna Filho, uma vez que emergiu desta crítica o dramaturgo talentoso, mergulhado nas contradições humanas, mas sempre disposto a tematizar questões candentes do Brasil contemporâneo.

Estes temas, presentes em *A Longa Noite de Cristal*, também nortearam a peça *Corpo a Corpo*[33]. Vianinha, neste texto, propunha discutir, entre outras coisas, as relações entre teatro e sociedade, porque o desdém e a agressão à platéia não lhe interessavam, ou, de acordo com suas palavras, "este tipo de teatro atrás de um novo em bruto não me interessa como autor. Interessa, isto sim, o aparecimento do novo, o trânsito do novo para a superfície da realidade, as lutas do novo para se impor, seus recuos, suas quedas, suas obscuridades. Interessa-me o novo, vivo, real,

---

ofensivas ao decoro público, não toleradas pela legislação em vigor. Brasília. DF, 27 de janeiro de 1977. Orlando Cavalarri, chefe do Serviço de Divulgação' [grifos nossos]" (*A longa noite de cristal*: vinte longas noites de silêncio. *Jornal do Brasil*, Rio de Janeiro, 28/1/1977).

Os atores e membros da equipe técnica da peça *A longa noite de cristal* repudiaram a proibição do espetáculo distribuindo um manifesto nos seguintes termos: "Rejeitando veementemente qualquer acusação que coloque em dúvida *nosso respeito pela obra de Vianninha* e pelo público que nos assiste e aplaude há cinco meses, queremos tornar pública a nossa perplexidade diante da punição [grifo nosso]" (Atores repudiam suspensão de "A longa noite". *Última Hora*, Rio de Janeiro, 29/1/1977).

[32] Motta, N. Breves e discutíveis idéias sobre um talento indiscutível. *O Globo*, Rio de Janeiro, 25/2/1977.

[33] *Corpo a corpo* teve uma trajetória semelhante a de *A longa noite de cristal*, pois a primeira vez que foi levada ao palco (São Paulo, 1971) Oduvaldo Vianna Filho estava vivo e participou intensamente do debate propiciado pelo texto. Entretanto, quando foi encenada, em 1975, no Rio de Janeiro, o dramaturgo já havia falecido e os comentários sobre a peça apontavam para reflexões do próprio Vianinha diante dos impasses vividos por ele e seus colegas de profissão, após 1964.

concreto e não o novo abstrato, retórico. Mas não posso deixar de tentar incorporar ao meu teatro esta sede de riquezas, de criatividade humana, que este outro reivindica fortemente — o lugar da capacidade criadora do homem. O problema da justa utilização ética da capacidade criadora do homem"[34].

Imbuído desta perspectiva, o autor buscou estabelecer discussões valendo-se de Vivácqua (personagem de *Corpo a Corpo*), uma vez que "as armas que ele sabe usar bem, as armas que lhe dão objetividade no mundo, que lhe dão referências, as armas que ele utiliza e através das quais ele é ser humano, é ser social, são as armas de um jogo que detesta. Agora, o que é mais importante é que as coisas são assim, mas com mil camadas intermediárias que possibilitam a liberdade humana, as decisões, e aí sim, as avaliações da personalidade. Mas o quadro em que ele existe é esse. Vivácqua, porém, não está no teatro de 'vanguarda' onde as coisas só existem no seus limites abstratos — ele está no teatro brasileiro que longamente tem perseguido a percepção dessas mediações, os claro-escuros da realidade — e nesse campo, Vivácqua decide, muda de opinião, decide de novo, redecide, revoluteia, pensa, pensa, pensa"[35].

A posição de Vianinha foi compartilhada por Antunes Filho, *diretor do espetáculo*. A defesa desta postura teve o intuito de demonstrar que o dramaturgo, com o seu trabalho, procurou enfrentar a realidade brasileira, sem subterfúgios, sem soluções mágicas, isto é, só por meio da ação concreta é possível modificá-la. Evidenciou que não conheceu na dramaturgia brasileira personagem mais rico e inquieto em suas contradições que Vivácqua, um pobre e inseguro membro da classe média. Apontou o fracasso do "irracionalismo" e do "surrealismo" junto ao público, sobretudo, nos países subdesenvolvidos. Salientou que a busca de novas linguagens deve estar norteada pela visão de mundo do artista[36].

Corpo a Corpo voltou a ser encenada no Rio de Janeiro[37], em uma conjuntura diversa da de São Paulo. O espetáculo fora a primeira montagem de um texto de Vianinha, desde a sua morte, em 1974, e a opção

---

[34] O teatro visto por um autor: Oduvaldo Vianna Filho. *A Gazeta de São Paulo*, São Paulo, 21/11/1971.
[35] Ibidem.
[36] Para maiores informações, consultar: Filho, A. A nova atitude do teatro brasileiro. In: *Programa da peça "Corpo a corpo"*, 1971.
[37] Em 1975, *Corpo a corpo* foi encenada no Rio de Janeiro, sob a direção de Aderbal Jr. e protagonizada por Gracindo Jr.

da equipe foi a de homenageá-lo. Com esse mesmo intuito, Yan Michalski construiu uma reflexão partindo da trajetória de Oduvaldo Vianna Filho. Observou que ele vivenciara indecisões e incertezas, provenientes dos embates enfrentados por aqueles que se tornaram oposição ao governo instaurado em 1964. Assim, ao articular as experiências do dramaturgo com o enredo da peça, escreveu: "a imensa distância entre a grandeza dos sonhos idealistas e a mesquinha dimensão das realizações possíveis, bem como a permanente pressão das concessões quase inevitáveis, formam a sina comum do personagem de ficção que é o publicitário Vivácqua e, na vida real, da geração de intelectuais e artistas de que Vianinha foi um dos expoentes"[38].

Após as encenações de *A Longa Noite de Cristal* e *Corpo a Corpo*, além de seu trabalho na Rede Globo, como um dos redatores do seriado *A Grande Família*, Oduvaldo Vianna Filho começou a ser identificado como um dramaturgo capaz de colocar no palco os dramas e as insatisfações da "classe média" brasileira. E, no interior deste viés temático, Vianinha construiu um drama realista examinando a questão da velhice, intitulado *Nossa Vida em Família*[39].

---

[38] Michalski, Y. A longa noite da verdade. *Jornal do Brasil*, Rio de Janeiro, 18/3/1975.

[39] A peça *Em família*, depois rebatizada de *A nossa vida em família*, foi encenada em dois momentos diferentes: em 1970, pela companhia de Eva Todor e, em 1978, numa montagem paulista. Posteriormente, o texto foi adaptado para a televisão. A Rede Globo de Televisão apresentou em seu teleteatro uma adaptação da peça *Nossa vida em família*, com o seguinte título: *Domingo em família*. Sobre este trabalho foram publicados dois textos. Eles situaram a importância de Oduvaldo Vianna Filho na cena artística brasileira, destacaram que a carpintaria teatral lhe permitiu, segundo Helena Silveira, "(...) conter as rédeas do drama. (...). Vianinha, jovem, domou esse drama de modo que o telespectador não ficou face a face a uma descabelada tragédia, mas a um cotidiano que vai acontecendo em lares e termina com frequência em asilos" (Silveira, H. Conquistar a tragédia, um segredo de Vianinha. *Folha de S.Paulo*, São Paulo, 24/6/1983, p. 34).

Por sua vez, Ricardo Kotscho foi mais enfático: "O segredo dessa obra-prima está exatamente na sua simplicidade, em não querer ser original. (...). O próprio 'Vianinha' definiu assim o grande sucesso de 'Grande família', que saiu da mesma matriz de 'Nossa vida em família': 'No fundo, é a autogozação das nossas dificuldades, mas, acima de tudo, é a crônica da família saudável. O que eu quis fazer foi uma democratização do fracasso — são os fracassos, não no sentido da derrota, mas uma solidariedade com os não-vitoriosos'. Num país em que se cultiva o livre-arbítrio dos vitoriosos, a obra de 'Vianinha' vai fundo na alma nacional, numa cirurgia de peito aberto, em que jamais se perde, por mais grave que seja o estado do doente, a esperança da vida, que se renova a cada pancada" (Kotscho, R. A obra-prima do vídeo em 33 anos. *Folha de S.Paulo*, São Paulo, 24/6/1983, p. 34).

A politização do cotidiano

Em *Nossa Vida em Família* Vianinha aguçou sua ênfase sobre a questão social e afetiva indagando: como tornar-se velho num país em que sobreviver pode ser traduzido como "um golpe de sorte"? De que maneira um país que se entende "jovem" é capaz de descartar toda e qualquer experiência proveniente dos que estão fora da esfera produtiva? Como preservar a afetividade diante do embrutecimento constante do cotidiano?

Estas motivações nortearam a crítica teatral Mariângela Alves de Lima, ao analisar o espetáculo apresentado em São Paulo, em 1978. Para ela, o dramaturgo pôs em discussão o estatuto social e afetivo dos que deixam de ser "socialmente" produtivos, já que "a sucata humana é o projeto que esta sociedade arquiteta para si mesma, no curto espaço de uma geração. Quem deixa de 'produzir' é destituído dos direitos mais elementares"[40].

Após a encenação de três dramas, que resgataram mazelas vivenciadas pelo Brasil contemporâneo, estrearam, na seqüência, dois textos de Vianinha que não abandonaram a temática, mas a tratarem sob um outro gênero: a comédia. As peças teatrais, em questão, foram *Mamãe, Papai Está Ficando Roxo*[41] e *Allegro Desbum*[42].

Por que não a comédia?

Durante a encenação de *Allegro Desbum*, Vianinha, mais uma vez, ao ser entrevistado, explicou as intenções presentes em uma peça de sua autoria. Realizou defesas do gênero "comédia", bem como declarou que o espetáculo teatral deve ser fruto de um trabalho conjunto, envolvendo autor e diretor.

Era quase inevitável que, neste momento, o dramaturgo recordasse seus dissabores com a encenação paulista de *A Longa Noite de Cristal*.

---

[40] Lima, M. A. de. A tragédia, em partes iguais. *O Estado de S. Paulo*, São Paulo, 16/5/1978.

[41] Em 1973, foi encenada, no Rio de Janeiro, a peça *Mamãe, papai está ficando roxo* de Oduvaldo Vianna Filho. Em verdade, esta peça é uma adaptação de *O homem que nasceu duas vezes* escrita pelo dramaturgo Oduvaldo Vianna, pai de Vianinha.

[42] *Allegro desbum* foi montada no Rio de Janeiro, em 1973. Sob a direção de José Renato, estreou em São Paulo em 1976. Em 1987, a peça foi novamente montada em São Paulo, sob a direção de Silnei Siqueira.

Revelou que o diretor do espetáculo, Celso Nunes, não tivera nenhum interesse em conversar com ele, o autor, sobre a montagem. Em sua opinião, a conseqüência desta atitude fora um desrespeito às suas intenções. Por isso enfatizou: "se o produtor não fosse o Maurício Segall, um cara que eu respeito, teria recorrido à SBAT*, exigindo a interdição do espetáculo. *Todo autor deveria fazer isso. Não é justo que um diretor demonstre tanta falta de respeito pelo trabalho de um autor* que sofreu e se esgotou para realizá-lo. Não gostou da peça? Então recuse a direção [grifo nosso]"[43]. Para justificar esta perspectiva, Vianinha aprofundou sua ponderação: "*o diretor deve ser criativo, mas a partir da matéria-prima, que é o pensamento do autor*. Uma vez Flávio Rangel me disse que existem 345 interpretações diferentes de Hamlet. Tá legal, não dá para convocar Shakespeare e perguntar qual é a dele. *Mas com o autor vivo, falando, se mexendo, isso é possível. É só o diretor bater um fio e tudo se esclarece na hora* [grifos nossos]"[44].

A montagem de *Allegro Desbum*, em 1973, foi a última peça de sua autoria que Vianinha viu no palco. Após sua morte, pode-se perceber que o tratamento dado a ele, pelos críticos, vai se alterando, sobretudo, em virtude da interdição da peça *Rasga Coração* pela Censura Federal. Além disso, é preciso notar um outro aspecto relevante: Vianinha, quando vivo, interferira diretamente nas interpretações de seus trabalhos, por meio de entrevistas e polêmicas, colocando-se no plano dos críticos nos comentários e análises de sua dramaturgia.

Nesse sentido, pouco a pouco, o dramaturgo, ensaísta, ator e animador cultural saía de cena. Começava a surgir o autor "calado" pela censura em sua "obra-prima". Um exemplo disso pode ser observado na encenação de *Allegro Desbum*, em 1976/1977. O espetáculo foi analisado por alguns críticos com base nos padrões estéticos e políticos presentes em outros trabalhos de Vianinha, como, por exemplo, *Rasga Coração*. Com esta perspectiva, Jefferson Del Rios observou: "(...) *trata-se de uma obra menor* de Oduvaldo Vianna Filho, *produção de circunstância*. O verdadeiro brilho deste excepcional animador do teatro prematuramente desaparecido está em trabalhos anteriores. Na sua *obra-prima* concluída já no leito de morte: 'Rasga Coração' [grifos nossos]"[45]. A mesma opinião foi compartilhada por Yan Michalski, ao dizer: "não deixa de ser uma

---

* Sociedade Brasileira de Autores Teatrais.
[43] Conrado, A. Vianninha, em ritmo allegro de desbum. *Diário de Notícias*, Rio de Janeiro, 22/8/1973.
[44] Ibidem.
[45] Del Rios, J. O "allegro desbum" no palco, um erro. *Folha de S.Paulo*, São Paulo, 19/3/1976.

injustiça que *a memória de Oduvaldo Viana Filho esteja sendo cultivada através de uma peça tão menor como é 'Alegro Desbum'*, o último dos seus trabalhos a encontrar o caminho do palco, enquanto as suas duas obras-primas, *Papa Highirte* e *Rasga Coração*, permanecem sonegadas ao público pelos castradores critérios da Censura [grifos nossos]"[46]. O mesmo princípio norteou Sábato Magaldi ao afirmar que *"diante de 'Rasga Coração'*, que permanece inédita, ou mesmo de *Corpo a Corpo*, cujo protagonista é também um publicitário, *'Allegro Desbum' parece um exercício virtuosístico sem compromissos* [grifos nossos]"[47].

Após *Allegro Desbum*, os textos de Oduvaldo Vianna Filho deixaram os palcos e ganharam as páginas dos jornais. *Papa Highirte* e *Rasga Coração* estavam proibidas pela Censura Federal, e constantemente este arbítrio foi denunciado à opinião pública. Neste contexto, as peças de Vianinha voltaram à ribalta em 1979.

Agitam-se as bandeiras da liberdade e da democracia

A liberação de *Papa Highirte* tornou-se uma das referências para a abertura teatral em 1979[48]. Nélson Xavier, diretor da encenação brasileira, numa entrevista, afirmou que a peça é "a reconciliação da divergência cultural" dos que foram derrotados em 1964, conscientizaram-se de

---

[46] Michalski, Y. "Allegro": consumo anticonsumista. *Jornal do Brasil*, Rio de Janeiro, 3/5/1977.

[47] Magaldi, S. O alegre repouso de Vianninha. *Jornal da Tarde*, São Paulo, 24/3/1976, p. 24.

[48] De acordo com o jornal *Folha de S.Paulo* (São Paulo, 22/2/1979, p. 43), em fevereiro de 1979 *Papa Highirte* foi transmitida por uma rádio francesa, mais precisamente pela Radio France-Culture, em uma versão adaptada por Jacques Thieriot, ex-diretor do teatro da Aliança Francesa em São Paulo, que também promoveu, pela mesma rádio, a representação das peças *Dois perdidos numa noite suja* de Plínio Marcos e *Marly Emboaba* de Carlos Queiroz Telles. Apesar de escrita e premiada pelo SNT (Serviço Nacional de Teatro) em 1968, *Papa Highirte* nunca foi repertório de companhias profissionais brasileiras. Teve apenas uma encenação, em 1976, pelo grupo de teatro amador das Ciências Sociais da USP. A peça foi programada no "Novo Repertório Dramático" produzido por Lucien Attoun. Este programa é considerado um dos pontos de destaque permanentes da rádio e televisão estatal. O vespertino *Le Monde* e o semanário *Le Nouvel Observateur* destacaram *Papa Highirte* como uma das melhores programações desses dias, e, além disso, publicaram uma biografia de Oduvaldo Vianna Filho. A sonoplastia da peça foi feita por Teresa Thierot, que selecionou músicas argentinas, chilenas e centro-americanas. A matéria foi encerrada com a informação de que as transmissões em ondas médias da rádio francesa não são captadas no Brasil.

seu erro e, portanto, devem testemunhar suas experiências para resgatarem a vitalidade[49].

Já o protagonista do espetáculo, Sérgio Britto, em várias entrevistas, externou a seriedade do texto ao discutir temas como ditadura, democracia, repressão e torturas, procurando construir interpretações sobre a América Latina. Para o ator, mesmo tendo sido escrita em 1968, *Papa Highirte* ainda é um mergulho nas discussões contemporâneas, uma vez que "(...) não é apenas a biografia de um ditador, mas a história de toda a América Latina de 1968, mas quanto mais a gente pensa em 68 mais a peça fica atual. Isto é, com abertura ou não, a situação total da América Latina é a mesma. Eu por exemplo, que faço o 'Papa Highirte' lembro do Somoza toda vez que me vejo no espelho com esse bigodinho. Isto porque a peça fala da nossa derrota diante dos 'Papa Highirtes' que estão aí, com forma de governo que tem dizimado as possibilidades da América Latina viver. Nesse ponto, a peça é nítida, clara. Ela fala de um momento, 68, das impossibilidades que havia nesse momento e, infelizmente, continuam existindo. Pode ser que agora haja melhores cabeças, menos dissidências, uma maior esperança de que o caminho se abra. Mas as impossibilidades ainda são muito grandes"[50].

Vários especialistas escreveram sobre esta peça. Acentuaram a importância histórica do texto. Verificaram a sua contribuição ao propiciar uma reflexão sobre o teatro latino-americano, bem como evidenciaram que a escolha de uma temática "política" não invalida as possibilidades artísticas de um trabalho. Entre os que mais escreveram sobre esta peça está Macksen Luiz, do *Jornal do Brasil*.

Este crítico produziu várias análises, articulando considerações sobre o texto com ponderações sobre o talento e a importância de Oduvaldo Vianna Filho para a cultura brasileira. Entre seus inúmeros artigos observou que o texto é uma investigação dos mecanismos de poder nos países subdesenvolvidos, bem como salientou a sensibilidade do autor no registro de comportamentos sociais[51]. Ao lado destes aspectos, comentou as técnicas dramatúrgicas utilizadas por Vianinha, os *flash-*

---

[49] Luiz, M. "Papa Highirte" em cena, cinco anos depois da morte de Vianinha. *Jornal do Brasil*. Rio de Janeiro, 13/7/1979.
[50] Cambará, I. Vianna, liberado, encara a opressão. *Folha de S.Paulo*, São Paulo, 15/7/1979.
[51] Estas reflexões de Macksen Luiz encontram-se nos seguintes artigos:
Luiz, M. Highirte, o ditador liberado. *Jornal do Brasil*, Rio de Janeiro, 6/7/1979, p. 4.
Idem. "Papa Highirte" em cena, cinco anos depois da morte de Vianinha. *Jornal do Brasil*. Rio de Janeiro, 13/7/1979.

backs, salientou que, mesmo durante a censura, o dramaturgo sempre foi muito atuante.

Em síntese, para Macksen Luiz, "nunca será suficientemente destacado o papel que Oduvaldo Viana Filho desempenhou na cultura brasileira. *À proporção que o distanciamento temporal e o afrouxamento da Censura permitem uma clarificação maior da sua obra, constata-se que Vianinha foi bem mais do que um autor teatral bem-sucedido, mas um intelectual exemplar que refletia sobre o seu universo cultural sem desvincular o pensamento da ação (da obra)*. Papa Highirte é prova dessa unidade entre a reflexão e a ação, testemunho de uma visão coerente do processo político latino-americano e, acima de tudo, obra de um criador, de um grande alquimista da palavra, de um homem de pensamento integro. *As acusações de que obras políticas se esvaziam nas próprias circunstâncias a partir das quais são geradas só se tornam verdadeiras quando não ultrapassam os estreitos limites do panfletário e do maniqueísmo social*. O caso de 'Papa Highirte' está longe de se enquadrar nessa categoria [grifos nossos]"[52].

Estas manifestações foram reiteradas por Sábato Magaldi e Luís Carlos Maciel. Para o primeiro "embora preciso, claro e lúcido, o perfil psicológico de Highirte não é o que importa. Ele se inscreve num macrocosmo revelador. (...) *'Papa Highirte' já é obra da maturidade*, consagrando um dos talentos mais legítimos da dramaturgia brasileira [grifo nosso]"[53]. Maciel, por sua vez, considerou que "(...) temos, aqui, uma visão clara e aguda, sem preconceitos, da aventura política da América Latina. Através de *eficientes recursos dramáticos e poéticos*, a peça evidencia a essência dessa aventura, no conflito entre aspiração subjetiva e os mecanismos objetivos que determinam, na prática, o poder político [grifo nosso]"[54].

Já Yan Michalski vai além das análises constituídas sobre *Papa Highirte*. Em suas considerações, a peça surgiu como uma "obra síntese" da recente história latino-americana, uma representação arquetípica do jogo político na América do Sul, tornando-se efetivamente latino-americana. "Desde a colonizadora presença do grande capital estrangeiro até as principais tendências da resistência armada, *a romântica e a estratégica*, passando pelas várias nuanças de paternalismo autoritário que se revezam no Governo, divergindo apenas nos pretextos ideológicos, mas

---

[52] Idem. Em *Papa Highirte* o testemunho de uma prática cultural. *Jornal do Brasil*, Rio de Janeiro, 18/7/1979, p. 1, Caderno B.
[53] Magaldi, S. *Papa Highirte*: dança a chula, embriaga-se, ama. Um velho ditador vive seu ocaso. *Jornal da Tarde*, São Paulo, 14/7/1979, p. 8.
[54] Maciel, L. C. Claro e agudo: um texto de Vianinha trazido à luz. *Veja*, São Paulo, 25/7/1979, p. 69.

igualando-se num mesmo desprezo e insensibilidade aos interesses mais legítimos do povo. (...). A peça permanece inconfundivelmente latino-americana, porque *num golpe de grande maestria dramatúrgica* Vianinha conseguiu fazer com que os seus personagens fossem não apenas sínteses didáticas de forças políticas, mas também seres humanos em carne e osso, dotados de características psicológicas magnificamente plausíveis; características estas marcadas por um denominador comum, que decorre precisamente de sua origem continental comum [grifo nosso]"[55].

É evidente que os textos apresentados explicitaram opiniões semelhantes, no que se refere à importância histórica e estética de *Papa Highirte*. Mas, ao lado destas observações, é preciso assinalar que as críticas teatrais, mais que uma análise do espetáculo, resgataram o autor e seu texto, bem como a censura e as expectativas advindas com o processo de redemocratização de 1979.

Embora *Papa Highirte* tenha monopolizado muito das atenções dos críticos especializados, *Rasga Coração* indiscutivelmente foi a peça de Vianinha que maior relevo teve na imprensa. Vários jornalistas, intelectuais e artistas manifestaram-se sobre este texto, tanto em sua liberação quanto em sua encenação. Sobre este evento, o diretor José Renato afirmou que : "esta não é apenas mais uma simples peça, onde *o encenador, de acordo com uma concepção própria, independente, cria à vontade* [grifo nosso]"[56]. Nesse sentido, os preparativos para a chegada de *Rasga Coração* ao palco foram cercados de todos os cuidados. No entanto, todo o zelo que norteou a apresentação em Curitiba, não conseguiu impedir uma série de constrangimentos, envolvendo autoridades e artistas locais, que viram preteridos seus projetos de trabalho, em favor de grandes produções oriundas de outras regiões do país[57].

---

[55] Michalski, Y. *Papa Highirte*: uma obra continental. *Jornal do Brasil*, Rio de Janeiro, 15/8/1979, p. 1, Caderno B.

[56] Cambará, I. Estréia, enfim, "Rasga coração". *Folha de S.Paulo*, São Paulo, 21/9/1979, p. 37.

[57] No Estado do Paraná, ocorreram divergências entre a Secretaria de Estado da Cultura e os artistas locais, por causa das verbas destinadas a *Rasga coração*. Discordou-se da maneira pela qual o Estado estava esmerando-se em atenções a este espetáculo, em detrimento de outros. Todavia, deve-se destacar que o presidente da Associações dos Produtores, José Maria Santos, preservou Oduvaldo Vianna Filho das críticas dizendo: "Vianinha, se soubesse de tudo isso, provavelmente recusaria as tardias homenagens. Mas, infelizmente, agora só suas peças podem protestar" (Bastos, M. M. & Chagas, A. E. Mea maxima culpa. *IstoÉ*, São Paulo, 3/10/1979, p. 41).
 Estas questões também foram abordadas na seguinte reportagem:
Passos, M. M. O governo escolheu Vianinha para a sua abertura teatral. *Jornal de Curitiba*, Curitiba, setembro, 1979.

Estas manifestações, em nenhum momento, ofuscaram a estréia nacional de *Rasga Coração* que, sob a ótica de Ilka Marinho Zanotto, é a autêntica "obra-prima" da dramaturgia contemporânea. Para ela, a peça colocou em cena a resistência a quinze anos de opressão cultural. Evidenciou, também, a "catarse" preconizada por Aristóteles "quando 'Manguari', definitivamente encarnado por Raul Cortez, parado, mão no ombro dolorido atacado pela artrite, entoou sussurrando as estrofes finais da canção de Catulo da Paixão Cearense, o teatro Guaíra veio abaixo com uma das mais estrondosas ovações já ouvidas em nossos palcos. (...). Enervado, brilhante e derramado como o próprio talento do autor, abrindo-se como a diástole de um grande coração pulsante sobre os painéis que sintetizam épocas ou fechando-se em *close* emocionado e alento sobre a vivência cotidiana do cidadão comum"[58].

Entre 1979 e 1980, *Rasga Coração* tornou-se um dos mais importantes eventos teatrais do país[59]. Sobre este acontecimento muito se falou. Os atores, protagonistas do espetáculo, ao serem entrevistados, comentaram, quase sempre de maneira minuciosa, as dimensões históricas, políticas e dramáticas da peça de Oduvaldo Vianna Filho, bem como reafirmaram, à exaustão, o compromisso existente entre teatro e sociedade[60].

Entre os críticos, Yan Michalski foi, talvez, aquele que mais escreveu acerca deste evento cultural e político, acompanhando, sob vários aspectos, a trajetória de *Rasga Coração*, e construindo significativas pondera-

---

[58] Zanotto, I. M. "Rasga coração", montagem à altura desta obra-prima. *O Estado de S. Paulo*, São Paulo, 23/9/1979, p. 50.

[59] Após as apresentações em Curitiba, a peça estreou no Rio de Janeiro. Na seqüência realizou apresentações em Campinas, Londrina e cumpriu temporada em São Paulo. Após um ano e dois meses da estréia no Rio de Janeiro, a peça voltou a ser apresentada nesta cidade, com elenco renovado e com os cenários simplificados, mas ainda sob a direção de José Renato.

[60] Os depoimentos dos atores sobre a importância de *Rasga coração* podem ser encontrados nas seguintes reportagens:
 Alencar, M. O ato definitivo de Oduvaldo Vianna Filho. *Jornal do Brasil*, Rio de Janeiro, 6/10/1979.
 Marinho, F. Raul Cortez analisa o sucesso teatral do ano: Por que tantas lágrimas e palmas para "Rasga coração"?. *O Globo*, Rio de Janeiro, 9/12/1979.
 Xexéo, A. & Camargo, L. No centro do palco. *Veja*, São Paulo, 6/2/1980, p. 57.
 Pucci, C. Raul Cortez, coração para o herói anônimo. *Folha de S.Paulo*, São Paulo, 15/11/1980, p. 25, Ilustrada.
 Novaes, D. Quatro décadas da história brasileira em *Rasga coração*. *Folha de Londrina*, Londrina, 26/9/1980, p. 13.
 Rasga coração: a esperança no fundo do poço, persistindo ainda. *Diário do Grande ABC*, Santo André, 26/10/1980.

ções sobre o papel social do teatro[61]. Transformou sua coluna em um espaço permanente de defesa da peça, interveio no processo, apontou significados políticos, resgatou o potencial artístico do texto, qualificando-o como uma das "obras-primas" da dramaturgia brasileira, bem como "explicou", a seus leitores, a "história" retratada por Oduvaldo Vianna Filho. Além disso, cabe acentuar que, para ele, *Rasga Coração* talvez tenha sido "*a obra mais virtuosisticamente construída de toda a dramaturgia brasileira*. (...). Como a ação é extremamente fragmentada e, por outro lado, o pano de fundo histórico abrange um período de mais de 40 anos, é importante que se entenda bem o artifício da convenção elaborada pelo autor, uma espécie de quebra-cabeça cujas peças se encaixam com impecável lógica. (...). A ação direta distribui-se entre dois planos temporais, o presente e o passado. (...). Não há nada de arbitrário no aparente virtuosismo dessa carpintaria dramatúrgica. Pelo contrário, a concepção formal da peça nasce espontaneamente, *com a única possível das imposições do seu conteúdo* [grifos nossos]"[62].

---

[61] *Rasga coração*, em sua temporada carioca, gerou profunda insatisfação em Michalski com relação ao tratamento dispensado, pelos produtores da peça, à campanha de popularização do teatro. O espetáculo, em cartaz no Teatro Villa-Lobos, teve uma pequena quantidade de ingressos destinados à campanha, o que desagradou profundamente o crítico que, explicitamente, defendeu que fazer teatro não deve ser confundido com a "abertura de um balcão de botequim". Em seguida completou sua afirmação avaliando: "(...) no caso de 'Rasga Coração', peça que representa uma bandeira das reivindicações mais legítimas do povo brasileiro: que foi montada graças a generosos financiamentos e subvenções saídos do bolso do povo brasileiro; e que está sendo apresentada num teatro público construído com o dinheiro do povo brasileiro. É chocante que num momento em que o teatro, como instituição, lança uma campanha que pretende aproximá-lo das faixas populares de menor poder aquisitivo, justamente este espetáculo participe da promoção a título pouco mais do que simbólico. Ainda mais quando se sabe que o produtor, que acaba de ganhar uma pequena fortuna com uma coisa chamada 'Camas redondas, casais quadrados', não deixará de ganhar uma fortuna incalculável com 'Rasga coração', que já se firmou como um dos maiores fenômenos de bilheteria da recente História do Teatro Brasileiro. Assumindo perante a opinião pública a imagem de uma espécie de herdeiro espiritual de Oduvaldo Viana Filho, José Renato lutou bravamente pela liberação de 'Rasga coração' enquanto a peça esteve proibida, e montou-a com uma louvável fidelidade, seriedade e emoção. O espírito dentro do qual ele agora se nega a engajar uma parcela mais razoável do seu lucro numa promoção de cunho social não condiz, decidamente, com essa imagem. Mas contribui para reforçar, perante a mesma opinião pública, a atual imagem do empresariado teatral carioca, cada vez mais desviado, por uma ganância obsessiva, da responsabilidade social que o seu compromisso profissional encerra" (Michalski, Y. Coisas que incomodam. *Jornal do Brasil*, Rio de Janeiro, 18/12/1979).

[62] Idem. Brasil, 1930/1972: como acompanhar o quebra-cabeça. *Jornal do Brasil*, Rio de Janeiro, 6/10/1979.

Macksen Luiz, na mesma linha de raciocínio, afirmou: "(...) mais do que uma delicada homenagem ao homem brasileiro e comovente análise do surrado choque de gerações, *é uma bela construção dramatúrgica*. O texto não fica contido pelas amarras da análise política, muito menos restrito a banalidade de psicologismos. Situa-se no plano mais amplo do painel social, dentro do qual os indivíduos procuram justificativas para seus comportamentos [grifo nosso]"[63].

Rasga Coração continuou obtendo, ao longo de sua trajetória, todas as referências dignas a um "símbolo de liberdade". Nesse sentido, a temporada paulista não foi diferente, haja vista que a publicidade do espetáculo teve como uma de suas pilastras a seguinte frase: "A partir de amanhã, São Paulo não será mais a mesma: Manguari vai apaixonar a cidade". A imprensa paulistana, como as demais, esmerou-se em considerações sobre a importância do espetáculo e, sobretudo, do texto e do autor. Para Cláudio Pucci "esse último trabalho representa seu *amadurecimento como dramaturgo*, que estava conseguindo, talvez melhor do que ninguém (e este é apenas um aspecto do seu valor), fazer a síntese da comédia de costumes brasileira como um gênero de teatro que conhece e procura desvendar os mecanismos e as contradições sociais e políticas que conduzem, mais que outra coisa, a vida do homem num ou noutro sentido. Por tudo isto é obrigatório 'debruçar sobre a vastidão' desse depoimento de vida que Vianinha nos deixa em *Rasga Coração* [grifo nosso]"[64].

Em outra oportunidade, Pucci voltou a enfatizar a importância do texto, e, ao lado disso apresentou um perfil pungente de Oduvaldo Vianna Filho, bem como comentou o "mal-estar" proveniente do fato de que *Rasga Coração* fora patrocinada por aqueles que censuraram o seu autor[65], além de observar que a peça é um dos melhores momentos do

---

[63] Luiz, M. Explode coração. *Jornal do Brasil*, Rio de Janeiro, 12/12/1980, Caderno B, p. 7.
[64] Pucci, C. Com a palavra, o Vianinha. *Folha de S.Paulo*, São Paulo, 13/10/1980, p. 26.
[65] Sobre a inauguração do Teatro Sérgio Cardoso, pela encenação de *Rasga Coração*, Cláudio Pucci afirmou: "nem falo do sentimento esquisito, também inevitável, de estar ali diante do trabalho de Viana exibido num teatro construído pelo mesmo regime que o reprimiu, a ele e a tantos, e que agora se serve do Magrão para fazer (parafraseando o próprio Viana) de seu faraonismo autoritário um espetáculo de democracia. Nem falo do sentimento contraditório de perceber que todo o trabalho de Viana, feito de luta e resistência em espaços pequenos, em cima de caminhões, em tablados de praça, ganha agora um espaço artificial, concedido, como essa abertura política (com pressões, mas estrategicamente concedida). Nem falo disso porque pode parecer reacionário, compromisso com a pobreza, com o sufoco" (Pucci, C. "Rasga coração" além da ressaca ideológica. *Folha de S.Paulo*, São Paulo, 23/10/1980, p. 34).

teatro brasileiro, e o "testamento" do dramaturgo. Ressaltou ainda que, antes de qualquer comentário, deve-se dizer que Vianinha "não é, segundo uma compreensível ironia malcriada ouvida dia desses num debate sobre teatro, *um 'santinho' para ser adorado*. (...). Ele foi ainda assim um dos nossos *maiores dramaturgos*, um bom ator e uma pessoa muito querida. (...). Emoção e carinho são portanto sentimentos inevitáveis quando se fala de Vianinha e seu teatro. E isso não impede a objetividade, ao contrário. Subjetiva é essa frieza crítica, tecnocrática e estéril, que durante tanto tempo, e até agora, serviu (serve) ao medo neste País. Claro, ninguém é obrigado a assinar embaixo o *testamento do dramaturgo*. Mas é obrigatório ouvir sua palavra no meio dessa confusão existencial e ideológica em que vivemos. Estão na peça o comunismo, o integralismo, a História do Brasil, o país agrícola e o industrial, o sindicalismo, o anarquismo, o hippismo, a porralouquice, a ecologia, o desbunde, a contracultura, a classe média, o proletariado, o conflito de gerações; e *ninguém há de se queixar de falta de atualidade* [grifos nossos]"[66].

Do mesmo modo, Jefferson Del Rios ocupou com relevo os jornais para analisar *Rasga Coração*, e tecer opiniões acerca dos caminhos profissionais de Vianinha, construídos em momentos nos quais política e convicção ideológica não se deixavam corroer pelo "gradualismo" e "pragmatismo". Especificamente sobre a peça afirmou: "*Rasga Coração* é, também, uma delicada história de amor e amizade entre as pessoas. (...). *O que se poderia discutir na obra é a visão do dramaturgo* ao mostrar o homem de idéias libertárias dentro de um círculo pessoal excessivamente medíocre. Ao fazê-lo, Vianinha pretendeu homenagear 'o lutador anônimo', que crê em Marx sem poder se afastar do cotidiano da repartição pública, do dinheiro trocado para o ônibus e das contas da feira. (...) *Rasga Coração* é bonito e emocionante porque traz em cada diálogo as angústias e esperanças de três gerações. Oduvaldo Viana Filho tenta ser isento, e consegue parcialmente embora conceda, ao fim, sua solidariedade mais íntima ao alquebrado e rotineiro comunista classe média [grifo nosso]"[67].

Sábato Magaldi, por sua vez, enfatizou a estrutura dramática e a maneira pela qual o dramaturgo articulou "ficção" e "história". Em sua ótica, houve o imbricamento do macrocosmo com o microcosmo de modo tão perfeito que um parece reflexo do outro, além de projetar os dramas individuais num pano de fundo fazendo com que a história

---

[66] Pucci, C. "Rasga coração", além da ressaca ideológica. *Folha de S.Paulo*, São Paulo, 23/10/1980, p. 34.
[67] Del Rios, J. Beleza e emoção na obra-prima de Viana. *Folha de S.Paulo*, São Paulo, 21/10/1980.

esteja exemplarmente encarnada no indivíduo. "As personagens beneficiam-se de uma grande verdade, certamente porque Vianninha não utilizou modelos abstratos, mas foi buscá-los na sua experiência pessoal. Por isso, embora Manguary Pistolão (Custódio Manhães Jr.) seja um militante político de esquerda, o autor colocou-o na classe média e não no proletariado. Operário, Manguary corria o risco de falar por clichês, bebendo nos tradicionais esquemas das lutas de classes. (...). A peça não toma partido: ilumina por dentro todas as criaturas, para que elas se desenhem com absoluta nitidez. O próprio Manguary absorve até características menores, como a de ver pela janela uma vizinha que se despe, excitando-se com o voyeurismo"[68].

Vários textos foram produzidos enfatizando as qualidades de *Rasga Coração* e a importância histórica e política de sua encenação, em uma conjuntura que acenava com promessas de democracia. Se no interior deste processo viveu-se a "consagração" do texto, presenciou-se, também, a "sacralização" de Oduvaldo Vianna Filho, que foi alçado à condição de "porta-voz de uma geração". Nesse sentido, as suas idéias deveriam ser conhecidas, as suas peças encenadas e discutidas. No impacto destas questões, foram montadas duas peças, até então, inéditas: *Moço em Estado de Sítio* e *Mão na Luva*.

Angústias e desafetos do intelectual em *Estado de Sítio*

Moço em Estado de Sítio veio a público logo após a temporada de *Rasga Coração*[69]. Em razão destas circunstâncias, a peça foi analisada valendo-se dos parâmetros das "obras-primas" de Oduvaldo Vianna Filho. Um exemplo disso pode ser encontrado na reflexão elaborada por Yan Michalski. Para ele, as peças escritas anteriormente por Vianinha foram exercícios para o domínio das técnicas do ofício de dramaturgo, pois "em comparação com o acervo anterior, *Moço* é uma obra de ruptura, prova de um espantoso amadurecimento, e abertura de um caminho

---

[68] Magaldi, S. *Rasga coração*, um momento de perfeição do nosso teatro. *Jornal da Tarde*, São Paulo, 29/10/1980.

[69] A peça foi escrita em 1965 e encenada em 1981, sob a direção de Aderbal Jr., numa temporada que abarcou o eixo Rio-São Paulo. Sobre esta encenação Yan Michalski afirmou: "Aderbal Júnior e o seu elenco abordaram o texto com um comovido e comovente respeito pelo pensamento do autor, sabendo porém que tal respeito não implica qualquer limitação à auto-expressão e criatividade" (Michalski, Y. Longa jornada estado de sítio adentro. *Jornal do Brasil*, Rio de Janeiro, 30/11/1981, p. 2, Caderno B).

novo, *que anos depois vai desembocar na grande explosão criativa de Rasga Coração*, com cujas idéias, temas e forma ela apresenta nítido parentesco.

A tardia encenação da peça deixa patente que se *Rasga Coração* não existisse, *Moço em Estado de Sítio* ficaria provavelmente como a obra-chave de Vianinha, a que mais nitidamente (e com maior impulso dramatúrgico) delineia a sua posição e as suas dúvidas diante do mundo. Quase um testamento existencial e político, por estranha que possa soar esta expressão aplicada a uma obra escrita aos 29 anos de idade. Entre o acervo anterior e *Moço em Estado de Sítio*, o divisor de águas de 1964. (...). Mas a visão do Brasil que a peça transmite incorpora claramente o impacto da implantação do regime militar e das suas primeiras conseqüências. Em vez do Vianinha impaciente agente de um processo de transformação revelado pelos trabalhos anteriores, um Vianinha esmagado pela sensação de impotência, pela derrocada das antigas ilusões, e dolorosamente empenhado em extrair um sentido da sua própria complexidade e da do seu meio-ambiente [grifo nosso]"[70].

Se Flávio Marinho, por sua vez, não encarou *Moço em Estado de Sítio* como um exercício de aprendizagem, não deixou de utilizar, porém, as últimas peças encenadas como balizas e referências. Em sua opinião, *Moço...* constituiu-se como um marco divisor para a "maturidade artística" de Oduvaldo Vianna Filho, porque não simplificou as coisas, pelo contrário, demonstrou o jogo de forças existente entre sistema e indivíduo, como também apontou que a partir deste texto viriam duas "obras-primas", *Papa Highirte* e *Rasga Coração*[71].

Da mesma forma, Cláudio Bojunga em sua análise sobre *Moço...* buscou situá-la em um diálogo com os trabalhos anteriores de Vianinha. Nesse sentido, observou que *Moço...* "marca com nitidez a passagem do esquematismo ideológico de suas produções anteriores para uma visão mais matizada e madura das fraquezas humanas — que o autor, morto de câncer em 1974, aos 38 anos, *desenvolveria melhor ainda em Rasga Coração* [grifo nosso]"[72].

Com o crítico Macken Luiz[73] o esquema volta a se repetir. Ao debru-

---

[70] Michalski, Y. Longa jornada estado de sítio adentro. *Jornal do Brasil*, Rio de Janeiro, 30/11/1981, p. 2, Caderno B.
[71] Estas idéias encontram-se nos seguintes artigos:
Marinho, F. O desabafo de quem vive em estado de sítio. *O Globo*, Rio de Janeiro, 2/12/1981.
Idem. Pessoal e geral: o tema básico de Vianninha. *Visão*, São Paulo, 28/12/1981.
[72] Bojunga, C. Novo Vianninha: uma geração de perdedores, de JK a João Goulart. *Veja*, São Paulo, 9/12/1981, p. 140.
[73] Neste artigo do *Jornal do Brasil*, o jornalista Macksen Luiz anunciou a premiação da peça *Moço em estado de sítio* com o Molière referente à temporada de 1981. O júri foi

çar-se sobre o trabalho de Vianinha, o fez de tal maneira que o seu "olhar" sobre *Moço em Estado de Sítio* foi mediado pela existência de *Rasga Coração*. Na verdade, em suas ponderações, Macken Luiz "só" conseguiu ver na peça "(...) *uma antecipação de Rasga Coração*, já que contém, explicitamente, os mesmos temas como o choque de gerações, a questão da participação política, o conflito direto da ascensão social, tudo sob o pano de fundo da história política brasileira. *Moço em Estado de Sítio* tem sua ação passada antes do movimento de 1964 e traz, como em *Rasga Coração*, uma desassombrada intenção de analisar a evolução política brasileira através, não de agentes de transformação (os políticos), mas de pessoas comuns [grifo nosso]"[74].

Neste contexto, a análise de Sábato Magaldi pode ser entendida como uma "síntese" das interpretações anteriores. Se, por um lado, reconheceu neste trabalho uma "promessa" que se comprovaria em textos posteriores, de outro, circunstanciou-a em relação aos textos anteriores de Vianinha. O dramaturgo a ser comentado, porém, não é meramente o autor de *Moço em Estado de Sítio*, mas o de *Papa Highirte* e *Rasga Coração*. Ou, nas palavras de Magaldi, "Vianninha, *como comprovou em textos posteriores (Papa Highirte* e *Rasga Coração*), tinha enorme gosto pela inscrição do indivíduo em amplos painéis históricos. Dotado de lucidez, atento aos fluxos sociais de seu tempo, esse indivíduo, contudo, não sufoca os traços psicológicos, prontos a situá-lo como qualquer mortal. (...). Em *Moço*, assiste-se à dolorosa passagem do idealismo da juventude para o realismo da maturidade, com seu séquito de frustrações, sordidezes e compromissos inglórios. Biografia simbólica não só do intelectual, mas também de parcela ponderável do profissional liberal brasileiro. Quem sabe do mundo. (...). O que dá grandeza à

---

formado por Armindo Blanco *(O Dia)*, Cláudio Bojunga *(Veja)*, Flávio Marinho *(O Globo)*, Kátia Muricy *(IstoÉ)*, Macksen Luiz *(Jornal do Brasil)*, Maria Teresa Amaral *(Última Hora)* e Wilson Cunha *(Manchete)* sob a presidência de Joseph Halfin da Air France. A peça foi eleita com seis votos e uma abstenção. "'Moço em estado de sítio' é o segundo prêmio póstumo de Oduvaldo Vianna Filho. Há dois anos, quando o filho mais velho de Vianna Filho, o sociólogo Vinícius, foi ao Teatro Municipal receber o prêmio oferecido a seu pai contou à platéia um dos últimos diálogos entre eles. Vianna Filho dizia a Vinícius que apesar de todas as dificuldades de mostrar os seus textos, se ele não acreditasse numa transformação da realidade não teria escrito nada mais. Vinícius apontava, então, o Molière como uma evidência de que seu pai estava com a razão. Este ano as palavras de Oduvaldo Vianna Filho se provaram, mais uma vez, verdadeiras" (Luiz, M. Muitas gerações no palco dos vencedores. *Jornal do Brasil*, Rio de Janeiro, 18/3/1982).

[74] Ibidem.

peça é a sua isenção. Lúcio aparece iluminado por dentro. A postura de Vianninha supõe uma funda compreensão do homem. Ele não o superestima ou degrada, em razão de uma ideologia. Debruça-se sobre o universo de cada um, extraindo a pátina de humanidade de que se fazem as criaturas vivas. Vianninha pertence à melhor tradição humanista da História do Teatro [grifo nosso]"[75].

Após as premiações e as interpretações de *Moço em Estado de Sítio*, dois anos se passaram até que, em 1984, veio a público a última peça inédita de Vianinha: *Mão na Luva*[76]. Evidentemente, este texto também foi objeto de análise da crítica especializada. Norma Couri, por exemplo, após qualificar Vianinha como um autor irreverente, classificou *Mão na Luva* como uma "peça de amor"[77]. Aimar Labaki, por sua vez, apontou o ineditismo do texto, considerando-o, porém, inferior a *Rasga Coração* no acabamento, visto que "há cenas que remetem a situações-clichê e o final deixa a nítida impressão de ser uma solução provisória, *rascunho da idéia do autor. Aliás, o fato de tê-la mantido inédita leva a acreditar que ele não a considerava obra acabada* [grifo nosso]"[78].

É significativo observar como *Rasga Coração* passou a constituir-se numa espécie de "padrão de qualidade" para a análise dos trabalhos de Vianinha. Com efeito, a partir desta peça, muitos críticos passaram a comentar seus outros textos pela premissa de que toda a sua dramaturgia levaria, necessariamente, à confecção de *Rasga Coração*. Estabeleceu-se, assim, um paradigma e, em seu interior, buscou-se a unidade da obra. Com isso, elidiram-se circunstâncias, debates e propostas.

---

[75] Magaldi, S. Uma peça obrigatória para quem ama o teatro. *Jornal da Tarde*, São Paulo, 20/8/1982, p. 17.
[76] Escrita em 1966, *Mão na luva* teve duas encenações. A primeira, em 1984, dirigida por Aderbal Jr., que recebeu os originais "(...) diretamente das mãos da mulher de Vianninha. Assim que terminou de ler, imediatamente constatou que se tratava de mais uma obra-prima da dramaturgia" (Duelo de paixão, segundo Vianninha. *O Estado de S. Paulo*, São Paulo, 12/9/1984, p. 17). Os protagonistas desta montagem foram os atores Marco Nanini e Juliana Carneiro da Cunha.
Em 1988, em São Paulo, aconteceu a segunda encenação de *Mão na luva*, sob a direção de Amilton Monteiro e protagonizada por Fabianne Telles e Paulo César Barbosa. Este espetáculo teve repercussão limitada na imprensa, recebendo comentários que o compararam com o espetáculo dirigido por Aderbal Jr.
[77] Couri, N. O amor, a outra militância de Vianinha. *Folha de S.Paulo*, São Paulo, 10/9/1984, p. 19.
[78] Labaki, A. Falta alguma coisa à "Mão na luva". *Folha de S.Paulo*, São Paulo, 30/3/1988, p. A-36.

Os críticos em busca da unidade da obra

O contato com esta documentação, produzida pelos críticos teatrais, revela que Vianinha foi presença constante na cena cultural brasileira, num período que abarcou quase duas décadas, isto é, de 1959 a 1974. Após sua morte, o ato de mantê-lo vivo na memória coletiva transformou-se numa das bandeiras na luta contra o arbítrio instaurado a partir de 1964. Estas observações e as indagações explicitadas pelo capítulo anterior, ganharam contornos mais definidos, a partir do contato com este material, sobretudo, no que se refere às relações estabelecidas entre o autor e aqueles que, na qualidade de críticos, detiveram-se sobre sua dramaturgia.

Para melhor perceber as vinculações construídas, optou-se, neste capítulo, por respeitar a cronologia das publicações, com o intuito de verificar como foram vistos os textos de Vianinha. Foi possível, dessa forma, observar que suas peças foram comentadas e analisadas à luz de uma perspectiva teórica e política, haja vista que sua estréia como dramaturgo ocorreu no quadro das atividades do Teatro de Arena.

Percebeu-se que houve, por parte dos que analisaram *Chapetuba Futebol Clube*, uma premissa que significava situar-se diante dos princípios estéticos e políticos defendidos por este grupo teatral[79]. Ao lado disso, anunciou-se um talento que a trajetória "posterior" viria "confirmar". Cabe ressaltar, contudo, que um dos aspectos mais significativos deste "talento" é que ele estava comprometido com uma "causa justa": a constituição de uma "dramaturgia brasileira".

A idéia segundo a qual Vianinha estava a serviço de uma proposta no âmbito do teatro brasileiro permeou muitos dos comentários relativos aos seus trabalhos posteriores como, por exemplo, *A Mais-Valia Vai Acabar, Seu Edgar* e *Se Correr o Bicho Pega, se Ficar o Bicho Come*, porque constantemente procuraram-se as idéias, os temas e os propósitos presentes em seus textos teatrais.

Este procedimento evidenciou um outro aspecto que merece ser

---

[79] O Teatro de Arena de São Paulo já havia encenado a peça de Gianfrancesco Guarnieri *Eles não usam black-tie* que, aos olhos dos especialistas, havia-se tornado um marco na História do Teatro Brasileiro. Nesse sentido, o projeto de um "teatro nacional", interpretado como o que se mostra comprometido com as camadas subalternas da população caminhava a "passos largos" na realização de seu "papel histórico". Entretanto, a garantia desta realização passava pela conquista de "aliados" que fizessem a defesa deste projeto e, neste luta, os *críticos teatrais* que apoiaram a proposta tornaram-se fundamentais.

avaliado: os textos críticos sobre encenações das peças de Vianinha geralmente foram elaborados com base na perspectiva de que se estava analisando não o conjunto da encenação, mas o modo como um TEXTO de Oduvaldo Vianna Filho fora encenado. Aqueles, portanto, que comentaram o trabalho de Vianinha o fizeram sob ótica do autor.

Com relação ao autor, existe um outro aspecto de fundamental importância: Oduvaldo Vianna Filho teve seus pontos de vista amplamente divulgados pela imprensa, por meio de entrevistas e depoimentos dados por ele à época de cada encenação. Isto permitiu a Vianinha "explicar" os significados de suas peças, cobrar dos diretores a "encenação correta" dos textos, divergir, publicamente, de interpretações diferenciadas de seus trabalhos, e, sobretudo, reafirmar a primazia da interpretação do dramaturgo sobre a do diretor, ou demais profissionais envolvidos na montagem das peças.

Esta postura do autor, bem como a dos críticos em relação aos textos e à sua pessoa, permitem dizer que Oduvaldo Vianna Filho foi um dos mais ilustres representantes de um teatro brasileiro ancorado na dramaturgia. Mais especificamente de uma dramaturgia que buscou sua renovação na elaboração de peças teatrais que resgatassem experiências de camadas populares da sociedade brasileira, tanto urbanas quanto rurais. Pode-se dizer, nesse sentido, que o TEXTO TEATRAL tornou-se o grande índice de renovação e, por este viés, é possível perceber que estas experiências estéticas, e este conjunto de dramaturgos (Oduvaldo Vianna Filho e Gianfrancesco Guarnieri, entre outros) construíram, de forma significativa, manifestações que podem ser denominadas como "Teatro de Autor".

No horizonte destas perspectivas, Vianinha protagonizou embates em prol de um teatro brasileiro, que deveria apresentar-se como resposta a uma concepção "alienada" de teatro. Esta "alienação" teatral deve ser interpretada como sinônimo de encenação de autores estrangeiros pelo TBC[80]. Para tanto, conclamou artistas e críticos a se engajarem no

---

[80] Em um texto de 1958, Vianinha tentou sistematizar a sua opinião sobre as experiências estéticas do teatro brasileiro. Para ele, "o violento aguçamento das contingências sociais e econômicas que agitam o país não poderia deixar de alcançar o teatro. *Desde 1945, nosso teatro vem se desenvolvendo um pouco à margem da realidade social brasileira.* Um pequeno laboratório, de curto alcance, importante para a afirmação do teatro mas ainda limitado na contribuição cultural que trazia para o povo brasileiro. Diretores estrangeiros trouxeram um salto na concepção do teatro. A elaboração do espetáculo como arte instalou-se na consciência do homem de teatro. Surgiram autores, atores, que determinaram uma nova forma de espetáculo. Mas, ainda pesquisas tateantes, sem bases intelectuais mais sólidas e, principalmente, sem uma urgência humana que, se não justificasse, pelo menos compensaria a debilidade de nosso teatro. Desenvol-

projeto de construção de um "teatro nacional". Buscou estabelecer um coletivo em suas proposições e, nesse sentido, parece que foi atendido, tanto mais que os críticos teatrais conclamaram o público a prestigiar o Arena e a sua proposta de trabalho, construída em torno da busca de uma nova dramaturgia e de um novo teatro.

A perspectiva de transformação fora dada pela dramaturgia, e com ela o autor ganhou no interior da prática teatral um espaço significativo para "determinar" a interpretação, e tornar-se referência na constituição dos "marcos cronológicos", que passaram a definir as rupturas do teatro brasileiro.

Este procedimento, aceito pela maioria dos que analisaram as encenações de suas peças, reafirmou a opção pelo "Teatro de Autor" no Brasil. E, neste caso, Oduvaldo Vianna Filho tornou-se exemplo lapidar, pois, basicamente, o que norteou a reflexão dos críticos foi o trabalho do dramaturgo. Assim sendo, procurou-se de maneira incessante uma "matriz" do trabalho de Vianinha.

Oduvaldo Vianna Filho foi um dramaturgo que possuía idéias a serem divulgadas, temas a serem defendidos e, para tanto, fez opções estéticas no interior do Realismo. Buscou uma coerência temática que foi interpretada por seus analistas como um eixo a ser "perseguido" no seu trabalho. Vianinha era sensível, inteligente e talentoso, além de estar

---

vendo-se mais e mais, o teatro foi se ligando ao público. A pesquisa, a procura, o estudo foram se firmando como fundamentais para a possibilidade de novos passos. E o ator, o diretor, o autor, o crítico vão deixando a simples inspiração, vão cuidando de apurar a sua forma, vão reconhecendo suas enormes debilidades. A pretensão dos espetáculos diminui, os espetáculos melhoram. Nada mais é última palavra. E a necessidade do humano, da criação de um repertório, que possibilitasse algo mais que uma simples bela realização artística de quatro paredes, vai tomando forma, vai se agigantando.

"O teatro, com o seu próprio desenvolvimento, ligando-se ao público, criando escolas, sofrendo todo o processo de conscientização dos problemas brasileiros que atravessa o nosso povo em geral, nossa cultura em particular, chega a um momento capital: definir-se. Definição. Ou a agora cômoda realização de espetáculos muito bem montados, *partindo de peças absolutamente alienadas para o povo brasileiro*, de mau gosto literário, com um estilo de interpretação ainda baseado na superficialidade da emoção. Um teatro *alienado* que vai se requintando em pseudobeleza plástica, em pseudograndes interpretações e grandes montagens, carregadas de vazio e pretensão; ou a realização de espetáculos, onde a procura do autêntico, do humano, do urgente mesmo, *estabeleça a ligação imediata do teatro com a vida que vivemos?* Um teatro comercial ou um teatro brasileiro, com raízes na nossa vida e na nossa cultura, que é o único que pode sobreviver, criar e tornar-se um verdadeiro teatro? A resposta vem dos jovens na sua maioria, e são os jovens que compõem a maioria do teatro brasileiro: um *teatro nacional* [grifos nossos]" (Vianna Filho, O. Momento do teatro brasileiro. In: Peixoto, F. *Op. cit.*, p. 23-4).

permanentemente preocupado com os descaminhos da cultura brasileira, sobretudo no plano teatral. Este perfil propiciou a construção de um referencial para "enquadrá-lo", a saber: "teatro político" e/ou "teatro social".

Definido o lugar de sua dramaturgia, coube a ele seguir a trajetória de todo artista: construir a "obra-prima". E, por essa via, qual seria o parâmetro?

Este parâmetro seria dado pelo seu trabalho ao longo do tempo. A comparação da peça analisada em relação às anteriores. Observar se o autor incorporou novas técnicas à confecção de seu texto, se os seus personagens estão constituídos de maior ou menor verossimilhança, bem como perceber se a estrutura dramática propiciou o pleno desenvolvimento da temática tratada pelo dramaturgo.

Sistematicamente, a "obra de Oduvaldo Vianna Filho" foi sendo "construída" por seus críticos e, neste contexto, entendendo a obra como aquele conjunto de trabalhos que carregam as marcas do dramaturgo, como garantia de identidade e de autoria. Esta busca, entretanto, teria de convergir para a "obra-prima" e, em determinado momento, no caso de Vianinha, elas foram localizadas: *Papa Highirte* e *Rasga Coração*.

A partir do instante em que seus críticos localizaram-nas como "obras-primas", elas tornaram-se as balizas para a análise dos trabalhos anteriores de Vianinha, nos quais o dramaturgo "exercitava" as técnicas ou, então, estava em busca da realização plena de sua obra. Um exemplo lapidar deste procedimento com relação a Oduvaldo Vianna Filho pode ser encontrado na seguinte ponderação de Sábato Magaldi: "uma obra extensa e variada, para quem não viveu quatro décadas. *Talvez, por isso, não fosse injusto eu ter sempre elogiado a dramaturgia de Vianinha, mas observando que lhe faltava escrever a obra-prima, à maneira de seus companheiros de geração.* Vianinha considerava Papa Highirte *a semidefinitiva e o empenho com que concluiu* Rasga Coração *no leito de morte, prova que ele acreditava demais no seu alcance. Já condenado pelo câncer, sem que os amigos soubessem, ele promoveu numa madrugada a leitura do primeiro ato, no Teatro Paiol, para ouvir se valia ou não a pena continuar o trabalho. O estímulo recebido deve ter sido animador, porque todos elogiamos a parte pronta e exigimos que ele terminasse* Rasga Coração [grifo nosso]"[81].

Valendo-se desta percepção apresentada por Magaldi, foi possível observar que, muitas vezes, as análises realizadas posteriormente voltam-se para o início da carreira de Vianinha, e lá localizam indícios da confecção de trabalhos que seriam realizados tempos depois. Ou, em

---

[81] Magaldi, S. Vianinha volta ao palco. *Jornal da Tarde*, São Paulo, 14/7/1979, p. 8.

outras palavras, o analista, conhecedor do conjunto da dramaturgia, torna-se "demiurgo", ao possuir informações que o próprio Vianinha desconhecia ao escrever suas peças de teatro.

Num outro "lugar" e tratando de outro tema, Marilena Chauí afirmou: "estamos habituados, de longa data, a assumir que o conhecimento é a apropriação de um objeto graças à apreensão de todas as suas determinações, de sorte que um objeto conhecido é um objeto completamente determinado. Essa verdade possui um estranho efeito retroativo. Se conhecer é alcançar um objeto completamente determinado, isto implica em que o ponto inicial do conhecimento, ou seja, a situação que exige de nós o esforço para conhecê-la, há de ser uma situação que nos apareça como indeterminada. Ora, retroagindo sobre o ponto de partida, a visão de um objeto completamente determinado tende a anular a indeterminação inicial, isto é, aquilo que, ignorado pelos agentes sociais, ao tornar-se conhecido pelo intérprete, leva-o a colocar no ponto de partida o que só foi alcançado no ponto de chegada. A determinação é tida como igualmente completa *antes* e *depois* do trabalho do conhecimento. (...). A passagem do que sucede no real para o que sucede no trabalho do conhecimento, ao se realizar sob a égide da determinação completa, leva a anular a indeterminação do ponto de partida. Assim em lugar de assumirmos a indeterminação inicial pela qual haverá processo, supomos que no ponto de partida do caminho histórico e do trabalho teórico tudo já está determinado, restando-nos apenas a tarefa de articular os dados esparsos para recuperar o caráter plenamente determinado da situação. Porém, justamente porque no ponto de partida há indeterminação e a ocultamos graças aos resultados determinados obtidos no ponto de chegada, a conseqüência é inevitável: 'determinamos' o indeterminado. Como o fazemos? Apelando para as idéias de vazio, atraso, tardio, desigual, imaturo, importado"[82].

À luz destas idéias, é possível perguntar: o que se entende por "obra-prima"? Existe um único critério para aplicar o conceito? Este conceito varia de autor para autor? Na realidade, com base na observação das análises feitas pelos críticos, que comentaram a obra de Vianinha, percebeu-se que a "obra-prima" foi localizada mediante a comparação de seus trabalhos.

Por intermédio das críticas teatrais percebeu-se que, pouco a pouco, elaborou-se uma interpretação acerca do dramaturgo Oduvaldo Vianna

---

[82] Chauí, M. Apontamentos para uma crítica da Ação Integralista Brasileira. In: Chauí, M. & Franco, M. S. C. *Ideologia e mobilização popular*. 2.ª ed., Rio de Janeiro: Paz e Terra-Cedec, 1985, p. 28-9.

Filho. A apresentação exaustiva dos fragmentos mais significativos destes textos convergiu para a seguinte conclusão: *Vianinha é genial*. Verifica-se esta idéia, também, quando se está em contato com os trabalhos de pesquisa produzidos sobre Vianinha. Observa-se que o material elaborado pelos críticos teatrais são os documentos utilizados como "vozes de autoridade" para justificar e, posteriormente, CRISTALIZAR determinadas interpretações[83].

Nesse sentido, pode-se dizer que, na maioria das vezes, o trabalho do crítico indica os "temas" e os "lugares" em que a História do Teatro deve ser pensada. Ele realiza, além disso, uma seleção estabelecendo o que deve figurar para a posteridade ou não. Talvez este seja o grande impasse para o historiador que se propõe a pensar as produções artísticas como documentos de pesquisa, sem que com isso ele aniquile o trabalho do crítico, haja vista que, de acordo com o historiador Robert Paris, a nossa "primeira dificuldade, aliás é de ordem literária. À diferença do seu colega que exuma uma peça inédita de arquivo, o historia-

---

[83] A título de ilustração serão transcritos dois trechos de trabalhos referentes à História do Teatro Brasileiro, com o intuito de evidenciar que as interpretações críticas, na maioria das vezes, orientam outras reflexões. A primeira é de autoria de Yan Michalski que, além de crítico teatral, foi um dos mais importantes historiadores do teatro brasileiro. Situando a peça *Rasga coração* na História da Encenação ele afirmou: "Mesmo na montagem grandiloqüente, mas que contava com a forte presença de Raul Cortez no principal papel, o texto-testamento de Vianinha revelava a profundidade do seu engajamento humano e político, e a complexidade dos problemas que ele aborda com admirável honestidade e calor. O protagonista Manguari Pistolão, antigo militante da esquerda, agora reduzido a um medíocre cotidiano da pequena classe média, com tudo que este cotidiano tem de conservador nas suas relações com o filho 'hippie', com a mulher, com o trabalho, mas que assim mesmo preserva dentro de si a sua essência de lutador por um mundo melhor, entrou de imediato para a pequena galeria de personagens antológicos do teatro brasileiro. E no pano de fundo da história da família o público recebia, através de uma virtuosisticamente construída estrutura de 'flash-backs', uma fascinante análise de 40 anos de História do Brasil. A generosidade do texto era convenientemente transmitida pelo espetáculo e intensamente captada pelo público" (Michalski, Y. *O teatro sob pressão: uma frente de resistência*. Rio de Janeiro: Jorge Zahar Editor, 1985, p. 80-1).
Outro trabalho que vale a pena ser destacado é o do italiano Mario Cacciaglia que sobre *Rasga coração* disse o seguinte: "A obra mais madura de Vianinha talvez seja 'Rasga coração' (1972). A intenção do autor é mostrar que o que é revolucionário nem sempre é novo e o que é novo nem sempre é revolucionário. É a história de Manguari Pistolão, velho militante político, que após quarenta anos de luta por uma nova ordem mais justa é acusado pelo filho de ser conservador, velho, anacrônico. A peça relembra a história do Brasil, desde o integralismo até os movimentos da década de 30, e até os recentes 'hippies'. No fim, o verdadeiro revolucionário é Manguari Pistolão, em sua luta contra a realidade de todos os dias" (Cacciaglia, M. *Pequena história do teatro no Brasil*. São Paulo: T.A. Queiroz-Edusp, 1986, p. 129).

dor, aqui, não é nunca o primeiro leitor do documento. Ele aborda esse documento através de uma escala, um sistema de referências, uma 'história da literatura', que já separou o joio do trigo hierarquizando as escritas, as obras e os autores. Portanto, é necessário, sem ocultar o valor estético das obras, lhes creditar *a priori* uma igual carga documental, sujeita à verificação posterior"[84].

A partir destas considerações alguns problemas se apresentam. O primeiro foi estabelecer que o trabalho de Oduvaldo Vianna Filho inseriu-se na História do Teatro Brasileiro por intermédio das encenações, propiciando o surgimento de interpretações que circunstanciaram autor e obra conforme a conjuntura, em que estiveram em evidência. O segundo problema que merece ser observado é o fato de que este material crítico foi forjado no interior de uma proposta estética e política de Teatro. E, caso esta hipótese seja pertinente, pode-se dizer que da mesma maneira que a dramaturgia pode ser considerada "ultrapassada", a proposta de crítica que surgiu e se consolidou em consonância com esta dramaturgia também faz parte dos "anais" da História da Crítica no Brasil. Por essa via, dramaturgo e críticos compartilharam de referenciais semelhantes, daí a possibilidade de construção da identidade, e igual perecimento.

Sábato Magaldi, em 1979, afirmou: "ironicamente, Vianinha não viu a montagem de suas duas obras-primas. Poucos autores, porém podem considerar-se tão vivos, porque só agora nosso teatro está maduro para recebê-las e elas por certo abrirão novos caminhos para a dramaturgia brasileira"[85]. O que se esperava desta dramaturgia, contudo, não se configurou. As preocupações que nortearam estes trabalhos foram interpretados como "superados", uma vez que, a pouco e pouco, os críticos teatrais foram sendo "renovados", as expectativas dos diretores, atores e dramaturgos não mais se coadunavam com as anteriores.

Para melhor elucidar o que está sendo dito, é importante recordar que, em 1989, o grupo uruguaio El Galpón abriu a Mostra Internacional de Teatro de São Paulo, apresentando nos dias 8 e 9 de julho a peça de Oduvaldo Vianna Filho. Por ocasião do evento o jornalista Marco Veloso publicou no jornal *Folha de S.Paulo* a seguinte consideração: "nada mais oportuno do que a Mostra Internacional de Teatro ter sido aberta pela apresentação do grupo uruguaio El Galpón. Trazendo a São Paulo uma

---

[84] Paris, R. A imagem do operário no século XIX pelo espelho de um "vaudeville". *Revista Brasileira de História*. São Paulo-Rio de Janeiro: Anpuh-Marco Zero, vol. 8, n.º 15, setembro, 87-fevereiro, 88, p. 84.

[85] Magaldi, S. Vianinha volta ao palco. *Jornal da Tarde*, São Paulo, 14/7/1979, p. 8.

montagem de *Rasga Coração*, de Oduvaldo Vianna Filho (1936-1974), o El Galpón presenteia esta cidade com uma rara oportunidade de refletir sobre os desafios do teatro brasileiro. *A primeira constatação diante deste texto é a de sua superação histórica. Interessado em flagrar a atualidade dos conflitos sociais, Rasga Coração está vinculado aos seus próprios dias. Não sendo certo que a arte aspire à eternidade, essa é tanto a virtude quanto a desgraça comuns a toda a chamada 'dramaturgia política' produzida naquele período.* (...). Ninguém conseguiu provar que alterar um texto seja a melhor saída diante da passagem dos tempos. Todavia, os novos movimentos políticos pela democracia, cuja imagem mais acabada ocupou a praça da Paz Celestial em Pequim, apontam uma nova conjuntura no jogo político, marcada pelo fim das velhas organizações da militância e pela urgência da crítica pura [grifo nosso]"[86].

Ironicamente, idéias como "obra-prima" e "plenitude da obra de arte" foram substituídas pela "superação histórica". Palavras de ordem como "redemocratização", "anistia ampla, geral e irrestrita", "pluripartidarismo" e "eleições diretas" cederam espaço aos acontecimentos da Praça da Paz Celestial, salientando, assim, a existência de uma mudança conjuntural. E, nesse momento, surge uma questão extremamente importante, a ser discutida neste trabalho: existem obras artísticas produzidas fora dos processos históricos? A partir de que instante se pode dizer que estes processos estão encerrados?

Indagações como estas permeiam todo o desenvolvimento deste trabalho, pois os historiadores não podem e nem devem furtar-se à evidência de que uma das perspectivas de seus trabalhos é construir diálogos com agentes e documentos de luta. E, valendo-se desta premissa, é possível afirmar que tanto o dramaturgo quanto os que escreveram sobre ele, ou sobre seu trabalho, estão, consciente ou inconscientemente, comprometidos com o texto produzido, isto é, há uma historicidade que propiciou a sua confecção.

Verifica-se que esta discussão é, sem dúvida, extremamente ampla, e possui em seu interior várias possibilidades de análises. No entanto, quando o pesquisador se depara com as interpretações acerca de Oduvaldo Vianna Filho e de sua dramaturgia tem-se, de imediato, a impressão de que elas estão definidas, as reflexões foram feitas, e a "história" já lhes reservou o "lugar adequado". Este lugar permitiu que o autor e a sua obra fossem cultuados por muitos contemporâneos, bem como fossem considerados "ultrapassados" por aqueles que, tempos depois,

---

[86] Veloso, M. "El Galpón abre mostra de teatro com texto ultrapassado pelo tempo". In: *Folha de S.Paulo*, São Paulo, 10/7/1989, p. E-3 (Ilustrada).

não se identificaram nem com as suas propostas estéticas, nem com os seus compromissos políticos. Enfim, tudo parece indicar que, a partir de determinado momento (1989), a dramaturgia de Vianinha passou a repousar tranqüilamente no seio de um "passado" cujas UTOPIAS não são mais compatíveis com as aspirações do "momento atual".

Diante do exposto, e partindo da premissa de que "obra-prima" é um atributo estabelecido historicamente, parece oportuno indagar: o conjunto da dramaturgia de Vianinha não suscitaria outras interpretações? O trabalho artístico que assumiu "explicitamente" seus compromissos históricos está fadado a não possibilitar novas análises?

Capítulo 3

TEATRO E POLÍTICA:
A HISTORICIDADE DA DRAMATURGIA
DE ODUVALDO VIANNA FILHO

"Ora, por uma mutação que não data de hoje, mas que, sem dúvida, ainda não se concluiu, a história mudou sua posição acerca do documento: ela considera como sua tarefa primordial, não interpretá-lo, não determinar se diz a verdade nem qual é seu valor expressivo, mas sim trabalhá-lo no interior e elaborá-lo: ela o organiza, recorta, distribui, ordena e reparte em níveis, estabelece séries, distingue o que é pertinente do que não é, identifica elementos, define unidades, descreve relações." (Michel Foucault)

"Os documentos que descrevem ações simbólicas do passado não são textos inocentes e transparentes; foram escritos por autores com diferentes intenções e estratégias, e os historiadores da cultura devem criar suas próprias estratégias para lê-los. Os historiadores sempre foram críticos com relação a seus documentos — e nisso residem os fundamentos do método histórico." (Lynn Hunt)

Interpretações acerca do ator e de sua obra

*E*m seu conjunto, as críticas relativas a Oduvaldo Vianna Filho e a sua obra permitiram verificar, no capítulo anterior, como foi construída uma determinada interpretação. Com base neste material, publicado nos jornais, foram realizadas pesquisas acadêmicas, uma biografia e alguns ensaios que tiveram como propósitos básicos analisar esta dramaturgia no interior do cenário teatral brasileiro. Neste contexto, devem ser apreciados os trabalhos de Carmelinda Guimarães, Maria Sílvia Betti Caumo, Leslie Damasceno, Dênis de Moraes, Edélcio Mostaço e Tânia Brandão.

No que refere à pesquisa de Carmelinda Guimarães[1], esta teve, particularmente, o mérito de ser a primeira a organizar informações e referências bibliográficas sobre Oduvaldo Vianna Filho, sobretudo as críticas teatrais. Mesclando biografia e produção artística, embora faça referências à formação política e à militância do dramaturgo, a autora elaborou sua análise tendo como pressuposto a "autonomia da obra de arte" em relação ao momento histórico em que foi produzida. Vinculado a uma interpretação extremamente favorável, este trabalho ancorou-se em depoimentos de pessoas que conviveram e/ou trabalharam com o artista e nas análises de suas peças feitas pelos críticos. Elaborou uma narrativa na qual esta documentação tornou-se "voz de autoridade" sobre o tema tratado e, por essa via, as conclusões de sua pesquisa reforçaram as opiniões de setores da crítica teatral que estiveram em consonância com as propostas defendidas e instauradas por Vianinha. Cabe salientar, ainda, que a autora dividiu esta dramaturgia em duas grandes fases, a saber: "teatro político" e "crítica social".

Maria Sílvia Betti Caumo[2], por sua vez, teve como proposta básica discutir os textos teatrais de Oduvaldo Vianna Filho valendo-se de seu conteúdo ideológico. Justificou sua opção pelo fato de o dramaturgo ter sido uma das grandes referências do teatro brasileiro, e uma das figuras centrais da vida intelectual de sua época. Procurou, de um lado, apresentar o trabalho de um "dramaturgo em progresso", e, de outro, um homem interessado nas circunstâncias sócio-históricas de seu tempo. Sistematizou, exaustivamente, as idéias de Vianinha, e expôs de maneira minuciosa seus textos teóricos. Apresentou resumos detalhados das peças. Em alguns capítulos, situou, conjunturalmente, questões relativas à posição do dramaturgo em momentos como 1964 e 1968, mas em outros privilegiou uma perspectiva autônoma dos textos, como o capítulo "Peças de Heróis Divididos", quando sob o tema generalizante dos limites da "clas-

---

[1] Trata-se de uma dissertação de mestrado, defendida no Departamento de Artes Cênicas da Escola de Comunicações e Artes da Universidade de São Paulo, sob a orientação do Prof. Dr. Sábato A. Magaldi, e publicada com o título *Um ato de resistência: o teatro de Oduvaldo Vianna Filho* (São Paulo: MG Editores Associados, 1984).

[2] Caumo, M. S. B. *Evolução do pensamento de Oduvaldo Vianna Filho*. São Paulo, 1984. Dissertação de mestrado em Letras Clássicas e Vernáculas, apresentada à Faculdade de Filosofia, Letras e Ciências Humanas, Universidade de São Paulo.
Dando continuidade à sua pesquisa, Maria Silvia Betti, em 1994, defendeu o seu

se média" analisou personagens de diferenciadas peças, construindo equivalências de trabalhos e discussões distintas.

Cabe mencionar, por fim, o trabalho de Leslie H. Damasceno[3]. A autora apresentou a biografia de Vianinha, enfatizando sua proximidade com o PCB, e comentou algumas de suas peças. Este procedimento é resultado da metodologia e da teoria escolhidas, porque, excetuando-se *Rasga Coração*, foram analisados apenas os textos encenados, imediatamente, após terem sido escritos. Comentou os trabalhos do dramaturgo, desvinculando-os do processo histórico, pois a história surgiu, nesta reflexão, como "pano de fundo" para inserir a atividade teatral. A exceção feita a *Rasga Coração* ocorreu porque, para Leslie Damasceno, é a "maior obra" de Oduvaldo Vianna Filho, embora a trajetória da peça não atenda aos requisitos impostos pela metodologia, tampouco os critérios que fundamentaram tal carga valorativa tenham sido explicitados. Para a análise deste texto teatral, a autora dedicou um capítulo apresentando resumo de enredo e as personagens, buscando dados autobiográficos na peça, bem como expôs as opiniões de Yan Michalski e Edélcio Mostaço, sem explorar, no entanto, as diferenças de tratamento presentes nestes textos.

Feito o balanço da produção universitária, observam-se algumas semelhanças. Isto pode ser dito tanto com relação à documentação (peças, críticas, textos de Vianinha, entrevistas com familiares e amigos) quanto no que tange ao tratamento metodológico. Houve, portanto, uma aceitação inconteste das interpretações e hierarquizações dos textos dramáticos, presentes no *corpus* documental.

No âmbito das biografias, deve ser ressaltado o trabalho de Dênis de Moraes[4]. Valendo-se de depoimentos de amigos, familiares e jornalistas, além das críticas teatrais, o autor realizou uma pesquisa evidenciando aspectos particulares da vida de Oduvaldo Vianna Filho, ao lado de sua produção artística e de seus embates políticos. Justificou o seu trabalho a partir da trajetória do dramaturgo, e de seu papel no meio teatral e político, na década de 60. Portanto, Dênis de Moraes, metodologicamente, aproximou-se das demais pesquisadoras, uma vez que construiu a bio-

---

doutorado *Resgate de imagens: Uma abordagem da dramaturgia de Oduvaldo Vianna Filho*. Este trabalho foi publicado pela EDUSP, sob o título *Oduvaldo Vianna Filho*.

[3] A autora apresentou, em 1987, ao Program in Romance Linguistics and Literature, na UCLA, sua tese de doutorado, que foi publicada, no Brasil, com o seguinte título *Espaço cultural e convenções teatrais na obra de Oduvaldo Vianna Filho* (Campinas: Editora da Unicamp, 1994).

[4] O jornalista carioca publicou, além da biografia de Oduvaldo Vianna Filho (*Cúmplice da paixão*. Rio de Janeiro: Nórdica, 1991), os seguintes livros:
Moraes, D. *A Esquerda e o golpe de 1964*. Rio de Janeiro: Ed. Espaço e Tempo, 1989.
Moraes, D. & Viana, F. *Prestes: lutas e autocríticas*. Petrópolis: Vozes, 1982.

grafia de Vianinha com base em depoimentos e textos que corroboraram interpretações já consolidadas sobre o autor e seu trabalho.

Não é isso, porém, o que se observa em outras análises que tiveram como preocupação elaborar uma "reflexão crítica" sobre Vianinha e suas peças.

Edélcio Mostaço, nesse sentido, ao realizar um balanço da trajetória de Oduvaldo Vianna Filho, salientou que, no conjunto, a sua dramaturgia foi irregular e marcada por diferentes fases. Enfatizou a presença de "compromissos" de época, responsáveis pelos "piores momentos" do autor, uma vez que tentou encontrar formas dramáticas para as "verdades ideológicas" defendidas. Por isso, seus "melhores momentos" foram aqueles em que "(...) se desliga momentaneamente do programa, da plataforma, recorrendo ao *background* radionovelesco herdado de seu pai (Oduvaldo Vianna), à chanchada da Atlântida, ao repertório circense melodramático que tanto admirava, e à arte dos comediantes populares como Dercy Gonçalves ou Oscarito"[5]. Acentuando de forma negativa o engajamento, que "justificou" a opção estética e política de Vianinha, Mostaço "definiu" o conjunto do trabalho valendo-se de categorias como "particular típico". Classificando esta dramaturgia como resultado da "repetição", o crítico não revelou de que maneira este conjunto de peças pode ser reduzido a esta definição, tampouco explicitou o que vem a ser "invenção".

A crítica teatral e pesquisadora Tânia Brandão, por sua vez, adotou procedimento semelhante ao de Mostaço. Para ela, nas obras do dramaturgo "a sofisticação formal significa apenas passar do *retrato da miséria à reflexão didática* sobre o desespero dos que tentam viver do mito de fazer a revolução redentora que vai salvar o país amanhã. De *Chapetuba Futebol Clube* até *Rasga Coração* a trajetória é esta, e mesmo na comédia *Alegro Desbum* existe um certo *prazer amargo* em sugerir que as *camadas médias*, conscientizadas de sua vida mesquinha, *podem ser revolucionárias* [grifos nossos]"[6].

Os comentários de Edélcio Mostaço e Tânia Brandão partem da mesma premissa. Desqualificam, na verdade, as opções estéticas e políticas do autor. Classificam-nas de "equivocadas", sem levar em conta o processo histórico e as lutas nas quais o dramaturgo e sua obra estiveram envolvidos. Utilizam-se de um procedimento que pressupõe projetar sobre o "passado" expectativas e discussões pertinentes ao momento da escrita dos comentaristas, e das quais o dramaturgo e seu trabalho não fizeram

---

[5] Mostaço, E. Um teatro de repetição. *Folha de S.Paulo*, São Paulo, 10/9/1984, p. 19.
[6] Brandão, T. Elites falidas. *Folhetim*, São Paulo, 15/7-84, p. 4.

parte. Mobilizaram um referencial teórico que, em contato com o objeto analisado, suscitou uma relação de "estranhamento", que só confirmou o "equívoco histórico" de Oduvaldo Vianna Filho.

Após a apresentação destas interpretações, percebe-se que neste debate estético existem duas posições básicas com relação ao autor e à sua obra.

A primeira diz respeito aos que se identificaram com a proposta desenvolvida pelo dramaturgo. Ao longo dos textos, construíram uma cumplicidade com o objeto. Nesse sentido, os que professaram identidade elaboraram reflexões nas quais Vianinha, suas peças e escritos foram objetos de elogios intensos, aparentando unanimidade e consonância assustadoras.

A segunda refere-se às análises que divergiram do trabalho realizado por Vianinha em todos os aspectos, a saber: estético, político, ideológico, entre outros. Fizeram-no partindo de pressupostos teóricos e estéticos externos às propostas que nortearam o autor em sua trajetória artística, pois os comentários formulados pelos textos discordantes revelam, fundamentalmente, uma cobrança muitas vezes não assumida pelos intérpretes: Por que foi dessa maneira e não de outra? Por que houve uma explicitação das intenções políticas em suas peças? É possível observar que as divergências e a acidez crítica não estão voltadas somente para Oduvaldo Vianna Filho. Na realidade, o dramaturgo é apenas um alvo no interior das análises sobre teatro, porque o que se nota é uma disputa entre os diversos comentaristas: a quem caberá as melhores interpretações acerca do Teatro Brasileiro?

As premissas que nortearam os textos são semelhantes. No caso de Oduvaldo Vianna Filho, tanto os que se declararam de maneira incontestade a favor de seu trabalho, quanto os que o recusaram de forma extremada, buscaram incessantemente analisar suas peças como um CONJUNTO HOMOGÊNEO. Em outras palavras, os textos dramáticos não foram pensados à luz de seus momentos históricos. Ambos os lados teceram comparações entre as diferentes peças, apontaram "defeitos", evidenciaram "qualidades" sem informar ao leitor, porém, o lugar específico da análise e quais parâmetros foram eleitos para selecionar os conceitos estéticos usados. Um exemplo disso pode ser encontrado ora na busca de uma "evolução" na dramaturgia de Vianinha, ora na afirmação de que seu teatro é uma "repetição". É possível afirmar, por este motivo, que tanto os que exaltaram quanto os que criticaram suas concepções estéticas e políticas construíram procedimentos semelhantes. Mudaram as citações de notas de rodapé, mas mantiveram-se fiéis ao mesmo método: situar-se como advogado de acusação ou de defesa. Com isso, suprimiram, talvez, um dos elementos mais enriquecedores do trabalho de Oduvaldo Vianna Filho:

a sua historicidade, ou mais especificamente, de que modo o dramaturgo se inseriu nos debates e lutas de sua época.

Registrada a maneira como a dramaturgia de Vianinha tem sido analisada, este capítulo, com o intuito de escapar das armadilhas criadas pelos que "julgaram" os temas e os recursos técnicos do dramaturgo, buscará discutir historicamente a produção destes textos, respeitando suas opções teóricas e ideológicas.

Arena e CPC: diferentes estratégias para um mesmo projeto

Oduvaldo Vianna Filho iniciou suas atividades teatrais, como ator e dramaturgo, em meados da década de 50, tendo como prioridade trazer para o palco conflitos inerentes à sociedade brasileira e entendendo a arte como instrumento de luta, de intervenção política e conscientização de grupos sociais[7]. Partindo deste pressuposto, Vianinha elaborou uma interpretação da trajetória do teatro brasileiro neste século, na qual matizou o processo. Inseriu o TBC no debate estético e político, e apontou suas "deficiências"[8] em relação às necessidades de nossa sociedade. Realizou uma periodização das experiências teatrais no Brasil, entendendo-as como constituintes de uma realidade social específica.

---

[7] Uma das referências fundamentais para o trabalho de Vianinha foi Ruggero Jacobbi, o mais politizado encenador italiano contratado pelo TBC. No interior do Teatro Paulista do Estudante (TPE), "(...) Jacobbi convenceu Vianinha e Guarnieri a retomarem as leituras interrompidas pela militância, enfatizando a necessidade de uma boa formação cultural" (Moraes, D. de. Op. cit., p. 43). Ao lado da defesa da formação política e cultural dos membros do TPE, Ruggero Jacobbi escreveu "(...) alguns livros no Brasil, tratando de aspectos estéticos da literatura dramática e de outros problemas correlacionados. Carla Civelli, sua esposa, foi diretora do Teatro Paulista do Estudante. (...) Ali ela pôde trabalhar com alguns bons textos do repertório internacional e abrir as páginas de Hegel, Gramsci e Marx para o grupo, apontando caminhos estéticos e políticos renovados em relação ao pensamento corriqueiro que circulava então" (Mostaço, E. Op. cit., p. 20).

[8] Em um ensaio intitulado "Uma crise preparada há quinze anos" Vianinha enfatizou a ausência de perspectiva crítica, uma vez que as encenações teriam um conteúdo mais moralizante (exemplo Deus lhe pague, de Joracy Camargo). Em um segundo momento, analisou os trabalhos do TBC e, mesmo reconhecendo sua importância, Vianinha os entendeu como "inadequados" a uma sociedade que está se modernizando. Segundo seu raciocínio, o TBC cumpriu um papel historicamente determinado, mas, ao não propor um debate crítico sobre a sociedade brasileira, limitou o seu papel no interior do processo histórico. Para aprofundar esta discussão, consultar: Vianna Filho, O. Uma crise preparada há quinze anos. In: Peixoto, F. (org.). Op. cit., p. 31-4.

Baseando-se nestas premissas, pode-se dizer que sua dramaturgia possui, em seu interior, marcos oriundos das propostas localizadas em conjunturas específicas, no âmbito político e teórico (décadas de 50, 60 e início da de 70), sobretudo sob a ótica do Partido Comunista Brasileiro, ao qual o dramaturgo esteve vinculado. Pode-se apreender, nas produções dramatúrgicas anteriores a 1964, princípios apresentados pela "Resolução do C.C. do PCB sobre os ensinamentos do XX Congresso do P.C. da U.R.S.S" (1956). Este documento, depois de salientar os grandes avanços do mundo socialista, avaliou que "no Brasil, também estão-se operando importantes modificações econômicas e sociais. São melhores as condições que permitem modificações na correlação de forças políticas favoravelmente à democracia, à independência e ao progresso. Tendem a unir-se as amplas forças patrióticas e democráticas, desde a *classe operária até importantes setores da burguesia*. Vai-se isolando e reduzindo a minoria de reacionários e agentes do imperialismo norte-americano, que luta desesperadamente contra as aspirações de nosso povo e os supremos interesses nacionais. (...). *Através de campanhas patrióticas em defesa das riquezas nacionais, por uma política brasileira sobre o petróleo* e a energia atômica, nosso povo alcançou grandes vitórias. As lutas pelas liberdades democráticas se desenvolveram e atingiram considerável amplitude na campanha da anistia e no atual movimento contra a nova lei de imprensa. A conquista de novos níveis de salário mínimo foi uma importante vitória das massas trabalhadoras. Amplos setores da população unem seus esforços na luta contra a carestia da vida. (...). O fortalecimento da unidade da classe operária, o desenvolvimento e consolidação da *aliança operário-camponesa* são fatores decisivos para garantir a estabilidade e a ampliação da frente única. *As reivindicações específicas da pequena burguesia, da intelectualidade e da burguesia nacional devem merecer da parte dos comunistas a maior atenção*. Em relação aos grandes capitalistas brasileiros, nosso ataque deve ser dirigido somente contra aqueles que *traírem os interesses nacionais, pondo-se do lado dos imperialistas ianques*. Mesmo em relação aos *latifundiários, nossa posição deve depender de suas atitudes concretas* diante da luta pelas reivindicações e direitos de nosso povo. Concentrando sempre o fogo *contra os imperialistas norte-americanos e seus agentes no Brasil,* nosso dever é cooperar com todos os que desejam lutar pela soberania nacional, pelas liberdades democráticas, por melhores condições de vida para o povo, por um Brasil próspero e independente [grifos nossos]"[9]. Assim, à luz destes

---

[9] Projeto de Resolução do C.C. do P.C.B. sobre os ensinamentos do XX Congresso do P.C. da U.R.S.S. (20/10/1956). In: Carone, E. *O P.C.B. (1943/1964)*. São Paulo: Difel, 1982, p. 144-8.

referenciais, Vianinha realizou, no período anterior a 1964, a defesa de um "teatro nacional", que deveria compatibilizar-se com as necessidades mais imediatas do país, ao lado de uma produção dramatúrgica estruturada em um ideário que identificou como "progressista" a união das "forças nacionais" em defesa do desenvolvimento, da independência diante dos setores internacionais, além de formular críticas às perspectivas individualistas.

Como dramaturgo integrante do Teatro de Arena, Oduvaldo Vianna Filho escreveu duas peças: *Bilbao, Via Copacabana* e *Chapetuba Futebol Clube*. A primeira, escrita em 1957, é uma comédia em um ato, que atualiza cenicamente os pequenos golpes dados por um suposto vendedor nos moradores de um prédio de "classe média" em Copacabana. O texto, basicamente, trabalha com as expectativas de ascensão social. Diferentemente de *Bilbao...*, *Chapetuba Futebol Clube*, escrita em 1959, é um drama realista, estruturado em três atos. Partindo de uma experiência comum à sociedade brasileira, o futebol, expõe uma série de conflitos, com a intenção de apresentar as contradições inerentes ao processo vivenciado, a partir da expectativa da véspera, da traição de Maranhão, e da derrota do time *Chapetuba Futebol Clube* para o *Saboeiro*, porque os interesses econômicos assim determinaram. Este texto, um dos primeiros resultados dos Seminários de Dramaturgia do Teatro de Arena, foi elaborado a partir das expectativas geradas pela montagem e pelo sucesso da encenação de *Eles Não Usam Black-Tie* de Gianfrancesco Guarnieri. Neste sentido, em uma perspectiva realista (parte integrante do projeto teatral defendido pelo Arena), Vianinha pôs em cena uma situação de opressão, imposta pelo interesse dos setores dominantes (na peça representado pelos cartolas) contra as legítimas aspirações da população/torcedores. Redigiu os diálogos desrespeitando as regras gramaticais, com o objetivo de colocar no palco a "linguagem" do "povo", a exemplo do que fizera Guarnieri em sua peça de estréia.

Além de dramaturgo e ator, Vianinha também refletiu acerca das experiências teatrais do Arena, tanto que, em 1960, produziu um relatório buscando compreender os acontecimentos ocorridos no interior do grupo. O texto apontava para a necessidade de se manter a união, apesar dos obstáculos. Procurou contribuir para a permanência de projetos e de atividades artísticas do grupo, e, desta perspectiva, resgatou as motivações que propiciaram a formação do Arena, enfatizando que as relações entre o homem e a arte não deveriam ser pensadas fora da história[10].

---

[10] Com o propósito de sistematizar suas idéias, Vianinha evidenciou o fato de que a temática, bem como as opções estéticas e dramáticas de um texto mantêm um diálogo

Ao lado disso, apresentou momentos da história do teatro no Brasil. Ressaltou que as manifestações teatrais anteriores aos trabalhos de Ziembinski e do TBC (teatro brasileiro de Joraci Camargo e Oduvaldo Vianna, por exemplo) poderiam ser qualificadas como "antimetropolitanas", porque não representavam as expectativas de uma sociedade que se modernizava[11]. Vianinha procurou, enfim, de modo constante periodizar o teatro brasileiro, com a intenção de demarcar o lugar e o significado do projeto estético e político, do qual foi parte integrante.

Entretanto, se por um lado a defesa constante do projeto do Arena era necessária, de outro tornava-se fundamental discutir estratégias que visassem à conquista de espaços na sociedade e nas instituições, porque estratégias para garantir a existência da atividade teatral deveriam ser pensadas. Com este intuito, considerou como solução "(...) a imediata ligação do Teatro de Arena a entidades que facilitem e ampliem a capacidade administrativa do Arena. Não imediata — de hoje para amanhã — mas feita de estudo, de relações, de ligações lentas e necessárias. ISEB, FAU, sindicatos, partidos políticos que expressem ou procuram expressar sua intervenção política na realidade — da mesma maneira que nós queremos intervir culturalmente. *Não digo que o Teatro de Arena deva ser subsidiário do Partido Comunista. A ligação porém seria fecunda — mantidas as independências. Os contatos seriam abertos por ele. Ele auxiliaria a administração do Arena. É preciso um grande plano de reformas radicais na estrutura do teatro brasileiro* [grifo nosso]"[12].

A prática teatral articulada às discussões presentes na sociedade brasileira continuou a ser o seu parâmetro de atuação. Neste contexto, a maneira como as atividades estavam sendo desenvolvidas no Arena

---

extremamente frutífero com o momento histórico que propiciou o seu surgimento. Por isso, afirmou: "Shakespeare tirou sua expressão artística de uma série de sensações que aquela realidade lhe trazia, e procurou na essência das coisas — manifestando-a na sua forma de expressão, traduzindo-a em forma que expressava sua atitude diante da realidade. O mundo feudal se desagrega — a luta é violenta, o sangue corre com vontade. A ambição desenfreada — sem controle da própria necessidade — faz surgir o homem diante de si mesmo. Dominado por si mesmo. Lutando contra si mesmo. (...). As condições sociais mudam, surgem novas formas de arte — usando os instrumentos antigos — novas, qualitativamente novas. A nossa época é outra. O homem no mundo, na sociedade — seu existir —, tornou-se a principal preocupação do artista. A solidão apareceu terrível – 'sou apenas o sorriso no rosto de um homem cansado'" (Vianna Filho, O. O artista diante da realidade (um relatório). In: Peixoto, F. (org.). *Op. cit.*, p. 70-1).

[11] Esta discussão pode ser encontrada no seguinte texto: Vianna Filho, O. O artista diante da realidade (um relatório). In: Peixoto, F. (org.). *Op. cit.*, p. 74-7.
[12] Ibidem, p. 78.

mostrava-se ineficaz, já que um teatro de cento e cinqüenta lugares "(...) não atingia o público popular e, o que é talvez mais importante, *não podia mobilizar um grande número de ativistas para o seu trabalho. A urgência de conscientização, a possibilidade de arregimentação da intelectualidade, dos estudantes, do próprio povo, a quantidade de público existente, estavam em forte descompasso com o Teatro de Arena enquanto empresa.* Não que o Arena tenha fechado seu movimento em si mesmo; houve um raio de ação comprido e fecundo que foi atingido com excursões, com conferências etc. Mas a mobilização nunca foi muito alta porque não podia ser muito alta. E *um movimento de massas só pode ser feito com eficácia se tem como perspectiva inicial a sua massificação, sua industrialização* [grifos nossos]"[13]. Assim, em 1960, mesmo compartilhando do projeto estético e político do Arena, mas discordando do modo como o trabalho estava sendo efetuado, Vianinha desligou-se do grupo e retornou ao Rio de Janeiro.

A necessidade de ampliar o contato com um número maior de setores da sociedade fez com que o dramaturgo analisasse os pressupostos teóricos e estéticos que embasaram seu trabalho[14]. Concluiu, neste sentido, que "o realismo brasileiro ainda tem o sabor de revolta e protesto. Levantou-se diante da cultura importada que somente esclarecia e afirmava nossa natural e necessária e folclórica inferioridade. O realismo brasileiro surge para modificar esta posição e tentar caracterizar nossa realidade como resultado desse servilismo absurdo, da imensa irresponsabilidade cultural, da exploração violenta de um povo, de sua desfiguração progressiva. *As peças são primárias, mas estão do nosso lado; não são obras-primas da irresponsabilidade.* (...). É preciso uma outra forma de teatro que expresse a experiência mais ampla de nossa condição. Uma forma que se liberte dos dados imediatos, que organize poeticamente valores de intervenção e de responsabilidade. Peças que não desenvolvam ações; que representem condições. Peças que consigam unir, nas experiências que podem inventar e não copiar, a consciência social e o ser social mostrando o condicionamento da primeira pela última. *Isto não será mais um teatro apenas político embora o teatro político seja fundamental nas atuais circunstâncias* [grifos nos-

---

[13] Vianna Filho, O. "Do Arena ao CPC". In: Peixoto, F. (org.). *Op. cit.*, p. 93.
[14] De acordo com suas observações, no Arena, além do "Seminário de Dramaturgia", criou-se o "Laboratório de Interpretação" no qual se desenvolvia o "(...) estudo da interpretação teatral. O processo de Stanislavsky é discutido e aprofundado. O ator procura sentir, cada vez com mais profundidade, com um contexto humano cada vez maior, a emoção específica que vai gerar símbolos que, organizados, vão transmitir a mesma experiência ao espectador" (Vianna Filho, O. Teatro de Arena: histórico e objetivo. In: Peixoto, F. (org.). *Op. cit.*, p. 28.

sos]"[15]. Ao realizar estas ponderações, o dramaturgo propôs uma reflexão valendo-se da linguagem estética utilizada para a confecção de um texto teatral, expondo os motivos que fundamentaram a opção pelo realismo, que possibilitou legitimar a presença das camadas populares nos palcos do Arena. Por essa via, revelando, nitidamente, o compromisso político de seu trabalho, explicitou também a necessidade e a urgência em tornar viável um TEATRO ENGAJADO em torno de projetos e/ou lutas, que propiciassem a politização cada vez maior da sociedade brasileira.

Neste horizonte, Vianinha escreveu *A Mais-Valia Vai Acabar, Seu Edgar*. Trata-se de um musical que, por meio do humor, desenvolve a condição de explorador do capitalista e a situação de espoliado do operário, no âmbito material, moral, emocional, sexual, etc. No desenrolar do espetáculo, os operários passam a conhecer sua situação por meio da "teoria da mais-valia", que possibilitará a tomada de consciência e a organização da classe, permitindo, no futuro, sua emancipação. A atualização cênica da "teoria da mais-valia" não se realizou pelo desencadeamento de ações dramáticas. As personagens são categorias sociais (os Desgraçados e os Capitalistas), que vivenciam, no palco, por intermédio de "esquetes", situações nas quais a opressão se manifesta didaticamente. Vianinha, para tanto, lançou mão de vários recursos técnicos (projeção de *slides* e cartazes para comentar ou ilustrar as situações apresentadas no palco) que foram desenvolvidos no teatro de agitação de Erwin Piscator, na Alemanha dos anos 20[16], e que hoje fazem parte da história da encenação ocidental. Resgatou, também, a presença do "coro" comentando a peça. Procurou romper alguns dos limites estabelecidos entre palco e platéia, além de utilizar, na composição das personagens, "gestos" que se tornaram clássicos no que se refere às proposições do "teatro épico"[17].

Convencido cada vez mais da urgência de promover debates e propiciar

---

[15] Vianna Filho, O. A mais-valia tem que acabar, seu Edgar. In: Michalski, Y. (org.). *Teatro de Oduvaldo Vianna Filho* — vol. 1. Rio de Janeiro: Ilha, 1981, p. 220-1.

[16] Fernando Peixoto, em depoimento a Jalusa Barcellos, informou que "o CPC nasceu muito sobre o signo de Piscator. a gente andava com o livro 'Teatro Político' de Piscator debaixo do braço o tempo todo. Afinal, ele propunha um teatro de agitação, deliberadamente proletário, que procurava levantar as massas. (...). Não estou querendo reduzir o CPC a Piscator, mas sim querendo dizer que essa noção meio sectarizada, meio dogmática que o Piscator tinha, penetrou muito no CPC. Piscator foi a primeira Bíblia de teatro político que caiu nas nossas mãos" (Barcellos, J. *CPC: uma história de paixão e consciência*. Rio de Janeiro: Nova Fronteira, 1994, p. 203).

[17] Enquanto representa, o ator pisca para a platéia, evidenciando a farsa, como pode ser observado no fragmento transcrito abaixo:
"Vendedor *(Canta)* — Cavalheiro com prazer, / O senhor pode escolher, / Este é bom pra correr, / E é melhor pra pegar mulher.

a conscientização política e social do país, Oduvaldo Vianna Filho com Leon Hirszman e Carlos Estevam Martins, entre outros, fundou em 1961, no Rio de Janeiro, o Centro Popular de Cultura (CPC), órgão da União Nacional dos Estudantes (UNE)[18]. No interior deste projeto, Vianinha muito escreveu, interpretou e agitou. Elaborou textos teatrais coletivamente, sobretudo "esquetes" que deveriam ser levados às ruas[19].

No entanto, ao lado destes trabalhos coletivos, Vianinha escreveu peças individualmente. A primeira (1962) intitulou-se *Brasil — Versão Brasileira*. É um texto que põe em discussão dois pontos fundamentais do debate político do período: combate ao imperialismo e a defesa da indústria brasileira articulados à proposta de aliança entre trabalhadores e empresários. Com um tratamento realista, desenrola-se a ação dramática, utilizando *slides* e cartazes. As personagens dirigem-se ao público de

---

D 4 — Quero o mais veloz.

Vendedor — O mais velozzzs? Velostec! Velostec nunca parte — sempre — já chegou! Zummm... já chegou! Vou pra Santos agora, dona Cora... zuummmm... já voltou!

D 4 — Quero um velostec.

Vendedor — É claro que já chegou! *(D4 tira uma cartinha do bolso. Pisca para o público)* (sublinhado nosso)".

(Vianna Filho, O. *A mais-valia vai acabar, seu Edgar.* In: Michalski, Y. (org.). *Op. cit.*, p. 255).

[18] A criação do CPC foi inspirada nas atividades desenvolvidas pelo MCP (Movimento de Cultura Popular), em Pernambuco, embora os dois Centros Populares possuíssem concepções diferenciadas de "cultura popular" e de "politização das classes trabalhadoras". Sobre o MCP consultar: Que foi o MCP. In: *Arte em Revista.* São Paulo: Kairós-Fapesp, ano 2, número 3, março de 1980, p. 67.

Com relação à história, aos pressupostos teóricos, estéticos e políticos, bem como no que tange às atividades desenvolvidas pelo CPC muito já foi escrito e debatido, haja vista que uma das balizas fundamentais deste momento da arte engajada no Brasil, o conceito de nacional-popular, foi tema de discussões promovidas pela Funarte.

Com base nas reflexões de Marilena Chauí (*Seminários.* 2.ª ed., São Paulo: Brasiliense, 1984) foram feitas várias pesquisas tratando do conceito de "nacional-popular" no Teatro, no Cinema, na Música, na Literatura, nas Artes Plásticas e na Televisão, todas publicadas pela Brasiliense. Especificamente, sobre o CPC destacam-se:

Arte em Revista, n.º 1 e n.º 3. São Paulo: Kairós, 1979, 1980.

Berlinck, M. T. *O Centro Popular de Cultura da UNE.* Campinas: Papirus, 1984.

Peixoto, F. (org.). *O melhor teatro do CPC da UNE.* São Paulo: Global, 1989.

[19] Dentre os textos, escritos coletivamente, um dos mais conhecidos é o *Auto dos 99%*. Seus autores são: Antônio Carlos Fontoura, Armando Costa, Carlos Estevam, Cecil Thiré, Marco Aurélio Garcia e Oduvaldo Vianna Filho. Elaborado em março de 1962, teve como proposta colocar em discussão o tema da Reforma Universitária, que seria debatido no II Seminário Nacional de Reforma Universitária, em Curitiba. O texto percorreu todas as capitais brasileiras, e pela primeira vez levantou o problema da Universidade no Brasil, de maneira ampla.

maneira explícita. O autor pôs em cena vários conflitos, com o objetivo de, ao final do espetáculo, promover a síntese dramática e política. Estabelecidas as questões, deflagrada a greve e apresentado o isolamento do empresário brasileiro, por meio de personagens esteriotipadas são expostos vários níveis de conflitos. Na verdade, embora o espetáculo apresente a contradição capital-trabalho, o foco privilegiou as cisões existentes no interior das classes: empresários comprometidos com o capital internacional *versus* empresários nacionais; operários comunistas *versus* operários anticomunistas e operários comunistas ortodoxos *versus* operários comunistas dispostos ao diálogo. Após o de- sencadeamento dos conflitos, que se manifestaram das mais diversas formas, discute-se também se a greve prejudica ou não a indústria nacional, e se ela estiver identificada com os interesses do empresário brasileiro, deve ou não ter o apoio deste. Assim, a solução dos impasses, pelo menos naquela conjuntura, apontou a seguinte alternativa: *a união dos setores nacionais, em defesa da economia brasileira, dos monopólios, do desenvolvimento nacional em oposição aos grupos estrangeiros.*

Depois de *Brasil — Versão Brasileira* Vianinha escreveu *Quatro Quadras de Terra* (em 1963) e *Os Azeredo mais os Benevides* (em 1964). Nestas duas peças, o dramaturgo tratou da questão rural e da necessidade de organização dos trabalhadores do campo. Em *Quatro Quadras de Terra*, o conflito se estabelece quando os lavradores começam a ser expulsos da fazenda em que trabalham. São expostas a necessidade de organização no campo e a impossibilidade de realizar alianças com os proprietários. Por isso, a peça conclama para a formação de cooperativas e de sindicatos, de modo que o trabalhador rural garantisse seus direitos. Ao lado disso, apresenta a desorganização e a desinformação dos trabalhadores como responsáveis pela busca de soluções individuais, que, na maioria das vezes, impedem a construção da unidade e do movimento. Dando continuidade a esta preocupação temática, Vianinha escreveu em janeiro de 1964 a peça *Os Azeredo mais os Benevides*, na qual expõe a impossibilidade de construção de uma aliança entre o latifundiário e o trabalhador rural, e reafirma a necessidade de organização da categoria rural, a partir da exposição dos fracassos e derrotas promovidos pela desunião e individualismo dos trabalhadores rurais.

Assim, após a sistematização das peças escritas por Vianinha, no período anterior a 1964, observa-se que organização, solidariedade e atividades conjuntas, na cidade e no campo, foram os temas tratados e discutidos por ele.

No entanto, houve um tratamento distinto dado ao campo e à cidade. Nos textos em que as ações eram desenvolvidas na cidade observou-se, de um lado, a urgência em impulsionar a organização e a consciência da população, e, de outro, dever-se-ia atentar para a necessidade de se estabelecer alianças com os setores dominantes comprometidos com os "anseios nacionais". Em tramas ambientadas no campo, em contrapartida, encontrou-se também a defesa da organização de cooperativas e sindicatos. Não houve, porém, a defesa de possíveis alianças com os latifundiários, porque as lutas em prol dos interesses nacionais e do desenvolvimento, no campo, deveriam ser prerrogativa dos trabalhadores rurais organizados e comprometidos com os "setores progressistas" urbanos.

A observação destas temáticas na produção de Vianinha (década de 50 e início da de 60), evidenciou a construção e a divulgação de um ideário em torno de uma noção de "progresso" que se tornou a pilastra sobre a qual propostas, interpretadas como distintas, estiveram ancoradas. Desde a euforia presente nos anos JK, até a perspectiva revolucionária que permeou os últimos tempos do governo Goulart, temas como industrialização, organização de setores so-ciais, em especial os que diziam respeito à classe trabalhadora, soberania nacional e independência perante o capital estrangeiro foram palavras de ordem que alimentaram projetos, sonhos e ações de parcelas significativas da sociedade brasileira.

Neste contexto, Oduvaldo Vianna Filho assumiu posturas e propostas. Defendeu posições e se engajou em torno de palavras de ordem e de estratégias de luta. Desenvolveu uma prática teatral comprometida com o momento histórico, na busca de uma "dramaturgia nacional". De maneiras diferenciadas procurou colocar no palco representações da sociedade brasileira, evidentemente, articuladas no interior do modo de produção capitalista.

Em *Bilbao, Via Copacabana* desenvolveu-se de maneira bem-humorada temas que revelaram a expectativa de ascensão social de "setores médios" da população, representada por símbolos e objetos indicativos de mudança de *status* social. A compra de um faqueiro importado, revelando o anseio de se identificar com hábitos construídos historicamente (etiqueta), a projeção para a filha de uma educação que contenha todos os ícones do "bem-educar" (aprender "balé") possibilitaram que a farsa se realizasse dramaticamente, pois só a credulidade da Patroa permitiu que a trama ocorresse. Em meio a esta comédia "despretensiosa", só um "olhar" descomprometido com estes valores, no caso o da empregada Rainha, poderia desconfiar do "golpe" que estava sendo aplicado. Neste viés, a construção desta trama revelou que a perspectiva crítica das relações sociais estaria sob a égide das camadas populares, não contaminadas pela idéia de consumo e de ascensão.

Por sua vez, a denúncia das aspirações individuais, em detrimento dos interesses coletivos, o desrespeito à solidariedade e as motivações presentes em uma manifestação popular como o futebol orientaram a confecção de *Chapetuba Futebol Clube*. Os jogadores do *Chapetuba*, à exceção de Maranhão e Durval, são jovens bons e honestos. Têm firmeza de propósito e de caráter. Pensam coletivamente e não buscam apenas o benefício material. Pelo contrário, almejam a alegria e o sucesso em comunhão com o outro. Surgem como o esteriótipo do "povo bom" que precisa apenas de consciência para vencer. A mesma construção não caracterizou, porém, personagens como Durval e Maranhão. Durval é o símbolo do fracasso, do homem que foi devorado pela máquina. Seu talento foi sugado, e a partir do momento em que não tinha mais nada a oferecer passou a ser um peso morto. Diante desta situação, o medo da decadência e da indigência passam a compor o seu imaginário. Maranhão, por sua vez, personifica o individualismo, aquele que trai o coletivo em nome de seus problemas particulares. Está ficando velho e precisa de dinheiro. Já tivera o mesmo comportamento, quando fora goleiro do *Saboeiro*, porque a perspectiva individual falara mais alto. Nesse sentido, apesar da tristeza, em nenhum momento o remorso fez com que abandonasse sua perspectiva individual.

Vianinha utilizou suas peças para denunciar mazelas sociais. Para ele, todavia, o teatro não deveria apenas denunciar, mas transformar-se em instrumento de intervenção concreta na luta política, capaz de suscitar a agitação e o debate. Em textos que conclamaram à participação, à organização, à sindicalização e à defesa dos interesses "nacionais", o dramaturgo, indiscutivelmente, instrumentalizou seus trabalhos teatrais[20] e envolveu-se em polêmicas[21].

Seus textos teatrais foram, deliberadamente, subordinados às discus-

---

[20] Na entrevista concedida a Ivo Cardoso Vianinha resgatou expectativas que nortearam a atuação do CPC. Em sua avaliação "esses intelectuais de alguma maneira, acharam que deviam se incorporar a essa luta, levando a esses setores de vanguarda e de luta da massa trabalhadora novos instrumentos culturais, desde a informação social, desde o estudo social, até as manifestações artísticas, teatro etc... A idéia era essa. A mobilização era sempre permanentemente feita em torno disso. Passava a ter inclusive o objetivo de atingir o camponês. O que ela caracterizava, eu acho, era uma condição cultural característica ao período anterior a 64, que era a possibilidade do contato entre as classes, que nunca foi tão fervente nunca foi tão 'trânsito', quer dizer, ao mesmo tempo que nós bebíamos das classes trabalhadoras todas as informações sobre a sua situação, sobre as suas condições de lutas, sobre as suas aspirações (e essa era uma coisa não literária, mas vivida, uma coisa real), nós tínhamos possibilidade de tentar levar a eles os instrumentos culturais que são privilégio de setores minoritários na sociedade. Então, o objetivo do CPC era esse. Como a realidade tratou desses objetivos e como os deformou, como os enriqueceu, isso eu acho que é um outro processo" (Vianna Filho, O. Entrevista a Ivo Cardoso. In: Peixoto, F. (org.). *Op. cit.*, p. 174).

[21] Uma das polêmicas mais famosas em que Oduvaldo Vianna Filho se envolveu

sões políticas, aliás, em diversas oportunidades, Vianinha explicitou o seu compromisso com a agitação e a propaganda. Para realizar seus propósitos, usou técnicas dramatúrgicas que tornassem as mensagens mais eficazes. Esteticamente, ora vinculou-se ao drama realista, ora optou por textos estruturados em situações dramáticas independentes, uma vez que a temática e a mensagem nela contida deveriam ser prioridades, e não os recursos artísticos. Dessa forma, quando o tema requisitou o desencadeamento de um conflito em cena, o drama realista surgiu como a solução mais adequada (*Chapetuba Futebol Clube* e *Quatro Quadras de Terra*). Em outras circunstâncias, para instigar o público, o autor recorreu a recursos consagrados pelo teatro de agitação, até mesmo assumindo o espetáculo como tal, na tentativa de realizar uma cumplicidade explícita com a platéia (*A Mais-Valia Vai Acabar, Seu Edgar*).

Em outras peças mesclou as técnicas dramatúrgicas. Isto pode ser observado em *Brasil — Versão Brasileira*, peça na qual se encontram tanto recursos advindos do teatro de agitação (*slides* e voz em *off*) quanto uma estrutura dramática que desencadeou conflitos e se articulou em torno de uma idéia central: a defesa da indústria nacional e o combate ao imperialismo norte-americano. A utilização de *slides* também foi adotada em *Os Azeredo mais os Benevides* para ilustrar a ação, mostrando o trabalho na fazenda dos Azeredo. Por sua vez, *Quatro Quadras de Terra* tem estrutura de drama realista, com um conflito central desencadeando a ação dramática: o direito à terra e os projetos individuais e coletivos para obtenção de sua posse. Diferentemente de suas peças escritas no Arena, esta apontou algumas propostas, que passavam pela sindicalização e pelas cooperativas.

Por outro lado, as personagens não foram construídas com base em motivações particulares, tampouco ancoradas em perfis psicológicos que possibilitam o delineamento de angústias interiores (dramas pessoais), conflitantes com motivações particulares de outras personagens. Vianinha, pelo contrário, elaborou personagens que representaram esteriótipos ou forças sociais. Em *Bilbao, Via Copacabana* a utilização de tipos sociais sustenta a efetivação da farsa. Em *Chapetuba Futebol Clube* não é dado a conhecer ao espectador/leitor as motivações particulares de Maranhão, nem as de Durval, Zito, Cafuné, entre outros. Parte-se do princípio de que as relações sociais estimulam o individualismo e a

---

refere-se às respostas que ele deu aos ataques que recebeu de Nélson Rodrigues, em razão do seu engajamento e das suas constantes cobranças com relação à arte progressista. Momentos dessa polêmica como o texto de Vianinha intitulado "Aves, galinhas e conselhos (carta a um avicultor)" e o de Nélson Rodrigues intitulado "Drácula ou passarinho?" foram publicados em Peixoto, F. (org.). *Op. cit.*, p. 83-8.

competição, e que o ser humano só está apto a jogar este jogo, quando tem poder de barganha. A partir do momento em que foi sugado, ou derrotado, ele está fora do mercado e da disputa. Maranhão e Durval representam esta derrota, e com isso perderam sua identidade. Diante da situação apresentada, Maranhão só consegue encarar a solução de seus problemas a partir da ótica individual, em contraposição aos demais membros da equipe de *Chapetuba*. Todos são nascidos na cidade, mantêm uma estreita relação com a comunidade e acreditam que a solução de seus problemas seria possível apenas com a vitória coletiva. Neste momento, um dos temas apresentados por Vianinha, mas não trabalhado diretamente, é o do desenraizamento, com a perspectiva de que, com a perda dos referenciais sociais e culturais, o indivíduo fragiliza-se e, por isso, não consegue resistir ao rolo compressor da sociedade moderna.

Esta mesma orientação está presente nas personagens de *A Mais-Valia Vai Acabar, Seu Edgar* que não possuem nenhuma identidade individual (eles nem sequer têm nomes). São categorias sociais apresentadas ao público. Não há um conflito dramático a ser resolvido, mas uma exposição das contradições inerentes ao modo de produção de capitalista. Em *Brasil — Versão Brasileira* as personagens são representações da luta política: o empresário representando o capital nacional; o governo identificado como as forças antinacionalistas; os operários apresentados em três dimensões: o sindicalista "pelego" que não tem consciência política, e que vê o sindicato como recreação e assistencialismo; o operário conscientizado, membro do PCB, mas que tem uma prática sectária e isolacionista; e uma outra facção do PCB, consciente mas que percebe a necessidade de realizar alianças para organizar o movimento operá-rio e, ao mesmo tempo, lutar pelos interesses nacionais, representando, deste modo, a interpretação que o Partido tinha do momento político em que a peça foi escrita.

Nas peças de temática rural, as personagens são representações do latifundiário e do trabalhador rural, chamando a atenção do espectador/ leitor para a necessidade de organização, com o intuito de alterar as condições de vida do setor rural. Em *Quatro Quadras de Terra*, por meio da personagem Demétrio, salienta-se o fato de que o trabalhador rural tem de aprender a lidar com a terra, isto é, ele não conhece as técnicas, não sabe usar os recursos disponíveis, apresenta, assim, a idéia de modernização no campo. Como se vê, a motivação que orienta estes textos é o atraso existente no campo, e, por essa via, aponta, mesmo que indiretamente, para a aliança campo-cidade.

Um outro aspecto que merece ser observado com relação a essas peças é a existência de um otimismo em relação às possibilidades de transformação no futuro, apresentado de forma didática com o objetivo de suscitar processos de conscientização. Trabalhando com estes temas e com estes encadeamentos de idéias, Vianinha, em suas peças, construiu interpretações acerca do momento presente, apontando-o como um processo de acumulação de forças com a finalidade de desencadear um movimento revolucionário de transformação da estrutura socioeconômica do país. Esta compreensão permeou, aliás, o pensamento dos comunistas no período. Luís Carlos Prestes, em março de 1964, publicou no jornal *Novos Rumos* considerações sobre os encaminhamentos da luta pelas reformas de base no governo Goulart. Avaliou que este governo tinha aspectos positivos: garantia as liberdades democráticas e compreendia a necessidade de reformas, mas, na maioria das vezes, fora impedido por um Congresso em sua maioria conservador e por aqueles que, deliberadamente, estavam comprometidos com os interesses estrangeiros. No âmbito desta análise conjuntural, Prestes conclamou "a unidade de todos os patriotas e democratas, a unificação de todas as forças interessadas no progresso do Brasil é condição precípua para que se concretizem as reformas de base necessárias à completa emancipação nacional. Esta a posição clara e definida dos comunistas. Lutamos pela unidade, sem discriminações, de todos os partidos e democratas e damos por isso particular importância às gestões iniciadas pelo sr. Santiago Dantas na qualidade de coordenador político do presidente da República"[22].

Neste contexto, as divisões não deveriam ser compreendidas a partir das "classes sociais", mas com base no nacionalismo e patriotismo. Acreditando na possibilidade de o "capital" ter pátria, estabeleceu-se uma interpretação otimista profunda em relação ao momento vivido. As análises realizadas ancoravam-se em concepções de história segundo as quais o processo caminhava orientado pela idéia de modernização e desenvolvimento.

No horizonte desta perspectiva, Vianinha continuou a produzir para a televisão e para o teatro[23]. A viabilidade do projeto de "modernização" do país, no entanto, não tinha apenas um único caminho disponível, e, como "raio em céu límpido", a deposição de João Goulart, com o apoio de grupos da sociedade civil, desorganizou as interpretações existentes acerca da realidade brasileira.

---

[22] Prestes, L. C. Os comunistas e os entendimentos políticos. *Novos Rumos*, 6 a 12/3/1964. In: Carone, E. *Op. cit.*, p. 266.
[23] Em 1964, Vianinha escreveu para a televisão as peças *O matador* e *O morto do encantado saúda e pede passagem*. Anteriormente, em 1961, ele já escrevera a peça *Cia Teatral Amafeu de Brusso* para a extinta TV-Excelsior. Ainda em 1964, no período anterior ao golpe, fundou o Grupo Opinião ao lado de Denoy de Oliveira, Armando Costa, Ferreira Gullar, Thereza Aragão, Pichin Plá, Paulo Pontes e João das Neves.

O golpe de 1964: Vianinha entre a perplexidade e a resistência

Os *Azeredo mais os Benevides* estava sendo ensaiada pelo Teatro da UNE. Com a invasão, os ensaios foram interrompidos, o prédio incendiado e a UNE colocada na ilegalidade[24]. Uma tentativa de responder ao golpe de 64 foi o *show* Opinião[25], que fez ecoar por todo Brasil o seguinte refrão: *"Podem me prender,/podem me bater/que eu não mudo de opinião"*[26]. Neste contexto, porém, Vianinha escreveu a peça *Moço em Estado de Sítio* (junho de 1965). Ao apresentar considerações significativas sobre o sentimento de impotência que se abateu sobre a militância de esquerda[27], este texto tornou-se representativo da perplexidade instaurada com os acontecimentos de abril de 1964. As percepções localizam-se

---

[24] Carlos Vereza, acerca do ocorrido em 1/4/1964, deu o seguinte depoimento, transcrito no livro de Deocélia Vianna: "'saímos pelos fundos da UNE. E uma imagem muito forte que ficou na minha cabeça, é que nós saímos pelo quintal, que era ladeado por dois prédios e dos dois lados pessoas gritavam. Enquanto um deles dizia: 'Foge que eu quero ver, comunista', do outro lado diziam: 'Não foge, não, menino, nós estamos do lado de vocês. Vocês têm toda a razão'. (...). E nós, enquanto víamos o prédio ser tomado, pulamos o muro dos fundos e saímos numa tinturaria. Pegamos um táxi, que deu a volta pelo Aterro, e em lágrimas, vimos o nosso prédio pegando fogo — eu, Vianinha, João das Neves e acho que Milani'" (Vianna, D. *Op. cit.*, p. 171).

[25] Além das intenções de resistência democrática, o espetáculo procurou valorizar a música brasileira como representação de anseios sociais. Ao lado disso, Vianinha buscava restabelecer o "teatro de autoria brasileira", não apenas no que se refere ao dramaturgo, mas no resgate do "homem de teatro brasileiro". "'Opinião' não era a 'salvação da lavoura', segundo ele, mas um caminho a se experimentar. Não se podia mais, em face das restrições determinadas pelo golpe, privilegiar o político da forma como exigia o CPC. 'Não tinha mais sentido nem cabimento encenar peças de denúncia em caminhões', ponderaria Vianinha na entrevista a Werneck Viana" (Moraes, D. de. *Op. cit.*, p. 139).

[26] A música *Opinião*, que deu título ao espetáculo, é de autoria de Zé Keti, e foi gravada por Nara Leão.

[27] No cinema brasileiro, especificamente no Cinema Novo, o golpe de 64 também repercutiu. Segundo Ismail Xavier, "a partir de abril de 64, a nova conjuntura política incide diretamente no trajeto do CN; exige resposta, redefinição de caminhos. Surge, de um lado, a preocupação de alguns autores em fazer um diagnóstico, expressar sua perplexidade, em face do desafio dos acontecimentos; temos os filmes cujo tema, de forma velada ou não, é a atualidade política, o golpe militar, a derrota das esquerdas – 'O desafio'/Saraceni/65, 'A derrota'/Mário Fiorani/67, 'Terra em transe'/Glauber/67, 'Fome de amor'/Nelson Pereira/68, 'O bravo guerreiro'/Gustavo Dahl/68. E, de outro lado, a investigação da realidade e consciência do oprimido continua,

tanto na temática quanto no aspecto formal. As personagens surgem fragilizadas, diante das multifacetadas situações do presente, em contraposição aos estereótipos dos textos anteriores.

Assim, diante da perplexidade e das incertezas do protagonista (Lúcio Paulo), o espectador/leitor depara-se com o teatro didático, com os anseios e frustrações da classe média, com o ceticismo e o sofrimento de Jean-Luc, e com a primazia da estética na obra de arte defendida por Estelita. O universo no qual Lúcio transita é matizado, e com ele surge o grande conflito do protagonista: o que fazer? O pai cobra-lhe o exercício da profissão de advogado, mas Lúcio está impotente para decidir qualquer coisa. Entra em crise. Junto com Jean-Luc toma uma série de atitudes "inconseqüentes". Finalmente, aceita o emprego que o pai lhe havia arrumado. No entanto, nada é definitivo. Lúcio escreve uma peça, mas não sustenta a discussão no interior do grupo teatral. Passa a fazer parte da equipe que irá fundar um suplemento literário. Abandona o emprego. Rompe com a família e inicia um romance com Nívea, irmã de Galhardo, dono do jornal. Pouco a pouco, começa uma trajetória carreirista. Jean-Luc acelera seu processo de autodestruição e comete suicídio. Os amigos do teatro estréiam uma peça no circuito comercial, e fazem sucesso. O grupo inicial do suplemento literário desarticula-se. Lúcio recebe o convite para dirigir uma revista anticomunista. Confuso, procura os amigos do teatro. Tenta resgatar perspectivas perdidas. Foge de uma passeata, diante do iminente confronto com a polícia. Em casa, ouve o telefone tocar. Nívea atende. Do outro lado da linha, Galhardo cobra uma decisão. Lúcio atônito vê o cerco se fechar ao seu redor: está completamente sitiado.

As incertezas e fragilidades de Lúcio vêm ao palco por meio de uma narrativa fragmentada, na qual a iluminação assume função dramática. Além disso, o autor recorre à metalinguagem para discutir o teatro feito no

---

agoraem filmes preocupados com a passividade política do povo — como é o caso do gênero documentário no estilo cinema-direto, cujo exemplo mais importante é 'Viramundo'/Geraldo Sarno/65 —, ou empenhados em abordar em tom menos agressivo os mesmos temas da militância pré-64, dentro da geografia de sertão e favela, da problemática da pobreza, da migração, do marginalismo, como acontece em 'A grande cidade'/Diegues/65. Há uma autocrítica no CN que procura encaminhar uma política profissional de viabilização de um cinema crítico na conjuntura adversa, cinema mais atento à comunicação, cujo nacionalismo se expressa no diálogo com a tradição cultural erudita ou com a comédia popular, e define uma postura de análise do social não mais tão ansiosa pelos efeitos imediatos de conscientização para a luta revolucionária" (Xavier, I. Do golpe militar à abertura: a resposta do cinema de autor. In: Xavier, I. et alii. *O desafio do cinema: a política do Estado e a política dos autores*. Rio de Janeiro: Jorge Zahar Editor, 1985, p. 14).

início dos anos 60. Os diálogos desencadeiam conflitos, provenientes das possíveis opções no interior das relações sociais. Este procedimento marca uma ruptura significativa com concepções anteriores, nas quais os conflitos estavam localizados no processo histórico e na estrutura social, independente das personagens, porque elas ilustravam, no palco, questões que só poderiam ter resolução fora dele. As personagens em *Moço...* não são estereótipos, nem foram definidas pela classe social. Elas possuem dúvidas e angústias diante das alternativas que, neste momento, não se reduzem mais ao "nacionalismo" *versus* "imperialismo".

Esta peça constrói, em verdade, um diálogo com o intelectual de classe média que, em momentos anteriores a 1964, apresenta-se como "porta-voz" das camadas populares da sociedade e interpretou essa experiência dentro de uma perspectiva revolucionária. Nesta situação (pós-golpe), a PERPLEXIDADE veio tomar o lugar da CERTEZA. Ao lado disso, surgia a pergunta: de que forma a sua atuação deveria ser construída? Que situação é essa que estava sendo vivenciada?

A encenação de *Moço em Estado de Sítio* não foi contemporânea à sua elaboração, pois fora arquivada pelo autor com esboços de outros textos. Os que a analisaram procuraram enfatizar idéias de ruptura na dramaturgia de Vianinha, derrocada de ilusões, mas sem, efetivamente, enfrentar o tema do golpe em 1964, e a perplexidade da própria militância diante do ocorrido. De acordo com Dênis de Moraes, a peça era desconhecida até de pessoas íntimas do dramaturgo, mas a atriz Ítala Nandi fora presenteada, pelo autor, com os originais. Já o diretor teatral Aderbal Júnior afirmou: "*Moço em Estado de Sítio* não deve ter feito o menor sucesso entre os amigos de Vianinha. Sei de uma leitura que ele teria feito e que não repercutiu. As *dúvidas do herói da peça*, a generosidade com que Vianinha *critica sua turma e a si mesmo*, e, além de tudo, a estrutura cênica ousada certamente contribuíram para o descaso da peça [grifos nossos]"[28].

Ao lado desta declaração, deve-se observar que, nas análises referentes ao conjunto de sua obra, *Moço em Estado de Sítio* é sempre resgatada a partir da encenação. Isso evidencia uma maneira de elidir os impasses captados no momento da escrita e os descaminhos da atuação da esquerda na época. No plano da dramaturgia, no período anterior a 1964, percebe-se uma "identidade de propósitos, temas e ações"; mas, a partir da tomada do poder pelos militares, embora Oduvaldo Vianna Filho continuasse fiel às determinações do Partido no âmbito da militância, o intelectual e dramaturgo passou a conviver

---

[28] Moraes, D. de. *Op. cit.*, p. 150.

e a enfrentar a dúvida e os impasses causados pela derrota e pelas críticas subseqüentes[29].

A dramaturgia de Vianinha tem o golpe de 1964 como um marco-divisor, pois no conjunto percebe-se que, por um lado, em nenhum

---

[29] Ainda que, no interior de sua dramaturgia, Vianinha explicitasse suas dúvidas, nos debates e posicionamentos públicos defendeu as posições do PCB. A título de ilustração podem ser destacados dois exemplos. O primeiro refere-se ao filme *O desafio* de Paulo César Saraceni, que foi protagonizado por Vianinha e que foi contemporâneo da peça *Moço em estado de sítio*, com uma temática muito próxima. Acerca deste trabalho, Deocélia Vianna assim se referiu: "(...) 'Desafio', de Paulo César Saraceni. Filme que o Vianinha achava muito ruim. Certa vez o Cine Leblon, perto da minha casa, estava levando o 'Desafio' e eu me animei em ir ver. Comentei com o Vianinha, que quase me proibiu de ir. — É uma droga, Deocélia! Você não deve perder tempo em ver esse filme!" (Vianna, D. *Op. cit.*, p. 185).

É possível entender este posicionamento se resgatarmos um comentário feito à época (entre 1965-66) por Jean-Claude Bernardet (*Brasil em tempo de cinema*. Rio de Janeiro: Paz e Terra, 1978) acerca de *O desafio*, pois, para o autor, o filme de Saraceni "é a fita que vai mais fundo na análise do marasmo da classe média, e é um grande ponto de interrogação. A fita ambienta-se logo depois dos acontecimentos militares de abril de 1964, e a personagem central, Marcelo (Oduvaldo Viana Filho), é um jornalista. Marcelo, sem ter tido uma atuação política específica, deve ter vivido intensamente a onda desenvolvimentista do início dos anos 60, deve ter acreditado plenamente na renovação do país e na força do chamado movimento de esquerda, que não tinha bases e foi desbaratado em 1964. Após a mudança de regime, grande parte da esquerda e da intelectualidade brasileira, que se nutria mais de mitos e esperanças de que de um real programa político e social, entrou numa fase de marasmo, encontrou-se sem perspectiva, sem saber que rumo tomar, e a palavra mais usada para caracterizar seu estado psicológico e suas hesitações foi certamente *perplexidade*" (p. 122).

Com relação ao filme *Terra em transe* de Glauber Rocha, Vianinha disse: "— O Brasil não é aquilo! O Brasil não é essa merda que o Gláuber Rocha vê!" (Moraes, D. de. *Op. cit.*, p. 166). Novamente, se forem observados os comentários feitos por Bernardet à época (1965-66), poderemos entender a atitude de Vianinha, pois "o roteiro de Gláuber Rocha, 'Terra em transe', é também um trabalho que resulta de uma meditação sobre o movimento sociopolítico desbaratado em abril de 1964, ampliada, ao que parece, para uma visão geral da política no mundo subdesenvolvido latino-americano. (...). O roteiro é uma visão crítica dos últimos tempos que antecederam abril de 1964, que não só ataca os políticos como também o jovem que, com todo seu ardor e honestidade, foi na onda dos outros e se colocou no fundo numa posição antipopular, e ataca principalmente a noção de povo que vigorava no antigo regime e era toda maculada de peleguismo. 'Terra em transe', mais uma condenação moral do que uma análise sociológica, foi escrito com ódio, com raiva, é obra de quem foi mistificado e se mistificou, fundou esperanças sólidas em ilusões e acorda. (...). 'O desafio' e 'Terra em transe' são dois trabalhos diretamente provocados pela reviravolta de abril de 1964, e que não assumem a posição fácil de estar contra o novo regime, a favor do antigo. Procura-se antes analisar o passado, insistindo muito na inconsistência das bases em que se apoiava toda uma política, e esse fato já é uma procura de caminhos. Fomos enganados e nos enganamos: precisamos procurar os motivos" (Ibidem, p. 127 e 121).

momento o seu teatro deixou de ser político ou comprometido com um engajamento de esquerda, vinculado ao PCB, mas, de outro, reavaliaram-se as temáticas e a maneira pela qual deveria ser trabalhada a arte teatral. Não se pode dizer, porém, que após os acontecimentos de 1964 houve uma homogeneização temática ou dramática. Na verdade, se a primeira peça escrita após este momento foi *Moço em Estado de Sítio*, o texto subseqüente de Vianinha, no teatro, foi escrito, em janeiro de 1966, em parceria com Ferreira Gullar e intitulado *Se Correr o Bicho Pega, se Ficar o Bicho Come*.

O contato com estes dois textos tão díspares, escritos no mesmo ano pelo mesmo autor, chama a atenção para esta guinada significativa. Os impasses do primeiro foram substituídos pela alegria e pelo humor do segundo. Os diálogos tensos e densos cederam espaço às falas construídas em verso; com rimas e referências incontestes à literatura de cordel. Por que a construção de perspectivas extremamente diferenciadas em um período tão curto?

Os estudiosos da dramaturgia de Oduvaldo Vianna Filho, ao se reportarem à peça *Moço em Estado de Sítio*, fazem-no mediados ou pelas análises dos críticos que comentaram sua encenação (ocorrida em 1981), ou situam como um texto importante, que aponta mudanças no trabalho teatral de Vianinha e que se apresenta como precursor de *Rasga Coração*. Não foi encontrado, curiosamente, em momento algum (tanto nas críticas quanto nos demais textos) a vinculação explícita desta peça aos acontecimentos de abril de 1964. Nesse sentido, quando se elabora a periodização de peças, *Moço em Estado de Sítio* junto com *Mão na Luva* (1966) são sempre pensadas posteriormente, garantindo ao conjunto uma unidade temática e ideológica. Por essa via, evidenciar a contemporaneidade de *Moço...* e de *Se Correr o Bicho...* é, indiscutivelmente, revelar que o pensamento de Vianinha não foi linear. Comportou, pelo contrário, dúvidas, angústias e insatisfações, bem como explicitou que o comprometimento ideológico e político com o PCB não impediu o sentimento de perplexidade e de derrota. Revelou tanto o intelectual de "classe média" fragmentado, quanto o militante na construção de um trabalho de resistência política e cultural.

No mesmo ano em que escreveu *Moço em Estado de Sítio*, Vianinha realizou a seguinte avaliação: "o teatro brasileiro em 1965 ou se empenha na sua libertação, participando do processo de redemocratização da vida nacional, na consagração dos sentimentos de soberania e vigor do povo brasileiro — ou, então — alheio a um dos momentos capitais de nossa história — poderá ficar incluído entre os que tiveram a responsabilidade de descer sobre o Brasil a mais triste e estúpida de suas noites. (...). Não há que desanimar. A democracia foi destruída enquanto organização, mas não enquanto *absoluta aspiração do povo e do artista brasileiro*. A destruição dos valores democráticos *custou também a destruição de vários mitos que enredavam a consciência social*. No teatro, 1965 começa para frente. Vá ver Opinião [grifos nossos]"[30].

Este apelo vai ao encontro das tarefas formuladas pelo PCB aos seus militantes, uma vez que, de acordo com a análise do Partido, "na raiz de nossos erros está uma falsa concepção, *de fundo pequeno-burguês e golpista*, da revolução brasileira, a qual se tem manifestado de maneira predominante nos momentos decisivos de nossa atividade revolucionária, independentemente da linha política, acertada ou não, que tenhamos adotado. É uma concepção que admite a revolução não como um fenômeno de *massas*, mas como resultado da *ação das cúpulas* ou, no melhor dos casos, do Partido. (...). É indispensável que todo o Partido adquira a convicção de que cabe aos comunistas um papel de vanguarda na luta para derrotar a ditadura, o que exige espírito revolucionário, desprendimento e capacidade de sacrifício. (...). Nas condições atuais, só cumpriremos nosso dever se formos capazes de fazer de nosso Partido a força organizadora e dirigente do movimento *pela reconquista das liberdades democráticas*. Isto requer de cada militante grande sentido de responsabilidade e não menor combatividade [grifos nossos]"[31].

Assim, surgiu a sátira política *Se Correr o Bicho Pega, se Ficar o Bicho Come*, na qual, novamente, surgem personagens/estereótipos, representando *opressores* e *oprimidos*. Estes grupos foram resgatados por meio da comédia e da farsa, com o objetivo de satirizar a conjuntura vivenciada, demonstrando a existência de estratégias de sobrevivência e que a derrota não foi total.

A peça põe no palco uma das manifestações mais tradicionais do Nordeste brasileiro: a literatura de cordel. Os autores trabalharam, artisticamente, temas fundamentais para a construção da resistência democrática como eleições, vontade popular, interesses de grupos sociais e Reforma Agrária. Imbuída da necessidade de resistir, *Se Correr o Bicho Pega, se Ficar o Bicho Come* é um texto engajado, mas em uma con-juntura distinta da que se apresentava aos olhos de Vianinha no pré-64. A situação não é mais interpretada como REVOLUCIONÁRIA, e sim como momento de construção da RESISTÊNCIA DEMOCRÁTICA.

No entanto, se nos textos levados ao palco a idéia de resistência consolidava-se com peças como *Meia Volta Vou Ver* e *Dura Lex Sed Lex no Cabelo*

---

[30] Vianna Filho, O. Perspectivas do teatro em 1965. In: Peixoto, F. (org.). *Op. cit.*, p. 104.
[31] *Voz Operária*, Suplemento Especial, Resolução Política do Comitê Central do Partido Comunista Brasileiro, maio de 1965. In: Carone, E. *Op. cit.*, vol. 3, p. 26-7.

só *Gumex*, no interior da produção dramática a perplexidade continuava a ter um espaço significativo, pois, em 1966[32], Vianinha escreveu *Mão na Luva*[33] (encenada em 1984 e 1988).

Um conflito amoroso conduz a ação dramática da peça *Mão na Luva*. Não há dúvidas de que se está diante de uma crise conjugal. As acusações mútuas buscam explicar o que está ocorrendo. Não se deve pensar, porém, que as questões receberam apenas um "tratamento lírico", porque uma vida partilhada pressupõe vários níveis de envolvimentos e, entre eles, acentuam-se as vivências sociais e políticas de Lúcio Paulo e Sílvia. Na verdade, por meio de frustrações, carências e agressões mútuas recupera-se a trajetória de Lúcio Paulo, um jornalista que, na juventude, buscou o compromisso com um jornalismo "progressista", "crítico" e "solidário". Um profissional que, inicialmente, fora um homem de esquerda. Mas, em nome do sucesso pessoal, abandonou amigos e ideais. Realizou trabalhos para a ditadura, fez matéria paga de propaganda do governo. Tornou-se um "puxa-saco" do patrão e do poder. Usou seu cargo para conquistas amorosas, e procurou justificar suas atitudes pela inexistência de alternativas. Sílvia, por sua vez, partilhou com o marido sonhos, paixão e desejo, além de uma determinada postura diante da vida. Com o passar dos anos, no entanto, viu-se reduzida a uma dona-de-casa "divorciada" do companheiro, pois os sonhos não eram mais os mesmos, a parceria e a cumplicidade esvaíram-se. A relação desgastou-se e a ela "sobrou" apenas a casa, os filhos e os amantes. Entremeadas a estes acontecimentos, surgem as "traições" ocorridas no exercício da profissão. O esmorecimento das convicções políticas, das lutas em nome de interesses pessoais ocasionando, muitas vezes, a delação e o entreguismo. O casal vai ao "fundo do poço", e esse "lugar" é marcado pelas concessões, pelo afastamento dos amigos que dividiram sonhos e utopias. O "fracasso" diante das promessas do passado realimenta a impotência diante do quadro atual.

Para tornar viáveis estes conflitos no palco, Vianinha utilizou, pela primeira vez, o *flash-back*. Gestos e palavras fragmentam o tempo presente e permitem a atualização cênica do passado[34]. As personagens possuem dimensão individual e peculiaridades. Pertencem a determinado grupo social, estão inseridos historicamente. De forma mais nítida, começa a se

---

[32] No ano de 1966, Oduvaldo Vianna Filho escreveu em parceria com Tereza Aragão o show *Telecoteco opus n.º 1*, protagonizado por Ciro Monteiro, Dilermando Pinheiro e Regional de Canhoto.

[33] Originalmente, esta peça intitulou-se *Corpo a corpo*. Este mesmo título, posteriormente, foi utilizado para denominar um outro texto teatral de Vianinha, escrito em 1970.

[34] Esta construção dramática já tinha sido incorporada às técnicas utilizadas, tanto na

delinear na dramaturgia de Oduvaldo Vianna Filho a incorporação da personagem com dimensões psicológicas[35].

Percebe-se, pois uma proximidade temática e dramática entre *Moço em Estado de Sítio* e *Mão na Luva*. Mas há uma outra semelhança: as duas permaneceram inéditas durante a construção da resistência democrática. Por iniciativa do autor? Por determinação do PCB? Por haverem sido descaracterizadas pelos companheiros de Vianinha? Estas indagações possuem indícios de verdade, uma vez que Oduvaldo Vianna Filho, em diversas manifestações públicas, respeitou as determinações do Partido e, talvez, numa atitude de "autocensura", mesmo detectando estes temas e questões, procurou não os externar publicamente. Por outro lado, a segunda questão pode ser englobada pela primeira, pois o respeito ao "centralismo democrático" propiciou que as peças não viessem a público, no momento de suas elaborações. Com relação à terceira indagação, as afirmativas de Aderbal Jr. parecem corroborar a idéia segundo a qual *Moço em Estado de Sítio* não foi bem recebida entre os que estavam mais próximos do dramaturgo. No que se refere à *Mão na Luva* a questão situa-se no âmbito das probabilidades.

No ano seguinte, 1967, Vianinha escreveu duas sátiras músicais que seriam encenadas no mesmo período: *Meia Volta Vou Ver* e *Dura Lex Sed Lex no Cabelo só Gumex*. Na primeira, a proposta foi realizar um balanço do Brasil pós-64, por meio de uma colagem de textos, com referências satíricas ao regime militar e ao cotidiano das grandes cidades[36]. Para tanto, lançou mão de crônicas e poemas de Mário de Andrade, Rubem Braga, Stanislaw

---

dramaturgia quanto na encenação, durante as experiências teatrais do século XX. No Brasil, apenas para situar, estes procedimentos foram usados por Nélson Rodrigues *(Vestido de noiva)* e por Jorge Andrade *(A moratória)*. Entretanto, no âmbito da dramaturgia de Vianinha isto era inédito, não por desconhecimento do autor, mas pela opção política e estética que norteara o seu trabalho até aquele momento.

[35] A dramaturga Renata Pallottini, ao discutir características das personagens com dimensões psicológicas, evidenciou: "é importante mostrar como se coloca o personagem em relação aos outros homens, de que forma ele se insere no seu grupo; como, portanto, se caracteriza 'socialmente'; sua situação na sociedade a que pertence (criado ou patrão, senhor ou escravo, pobre ou rico); profissão, situação na família, ligações no grupo, convicções políticas e morais, ligações amorosas ou amizades, preconceitos, crença religiosa. Parcela de poder que possui, grau de liberdade de que desfruta, consciência. E isto leva à caracterização psicológica propriamente dita; importa conhecer o 'modo de ser' do personagem, sua constituição psicológica, sua afetividade, emoções, sentimentos" (Pallottini, R. *Dramaturgia: a construção do personagem*. São Paulo: Ática, 1989, p. 65).

[36] Entre os temas abordados, fala-se do bipartidarismo, da questão do desenvolvimento,

Ponte Preta, Fernando Sabino, Carlos Drummond de Andrade, Millôr Fernandes e Paulo Mendes Campos. Em *Dura Lex Sed Lex no Cabelo só Gumex*, uma revista musical, o autor utilizou *slides* para comentar e/ou ilustrar as situações. Por meio da sátira, colocou em cena: Albertinho Limonta e Mamãe Dolores[37], Tio Sam, São Jorge, Virgem Maria, *lumpens*, policiais e até Deus que, embora tivesse confiança na ala progressista de sua Igreja (D. Hélder Câmara e Frei Chico), estava indignado com a falta de apoio ao teatro brasileiro, e mandou a Virgem Maria para verificar o que acontecia. Vianinha, ao justificar a peça, recuperou a importância do trabalho intelectual, tanto que no programa do espetáculo afirmou: "*a intelectualidade brasileira, como um todo, pode se orgulhar de ser um dos setores da população que mais contribuiu para tirar qualquer possibilidade de renda psicológica ao movimento de abril de 64*. Tudo pode ter caído — e toda a organização popular realmente foi desmantelada — menos a consciência social, maciça, compacta, contra a seqüência e o endereço político do movimento [grifos nossos]"[38].

Mesmo com as avaliações realizadas pelo PCB, segundo as quais o afastamento das massas e o privilegiamento da "política de cúpula" contribuíram para os acontecimentos de 1964, Vianinha continuou a defender a importância do intelectual e de seu trabalho no interior da luta política e das conquistas sociais, enfatizando a importância da reflexão e a necessidade da resistência. Todavia, em setores da militância, as orientações do PCB estavam sendo rechaçadas em nome de opções consideradas mais eficazes, como a luta armada. Iniciou-se, nes-te momento, um estilhaçamento da esquerda brasileira, e Oduvaldo Vianna Filho, ao permanecer no campo da resistência democrática, foi qualificado como "reformista" por seus adversários.

1968: "reformistas" *versus* "revolucionários"

O campo artístico, pouco a pouco, foi se redefindo a partir de 1964. No universo da resistência democrática ficaram grupos como Opinião. Filmes como *O Desafio* (1965, Paulo Cesar Saraceni) e *Terra em Transe* (1967, Gláuber Rocha) já haviam causado discussões acirradas, entre os que

---

da necessidade de moralizar os serviços públicos. As poesias quando apresentadas integralmente, muitas vezes, eram declamadas em forma de jogral.
[37] Estas personagens eram as protagonistas da novela *O direito de nascer*, exibida pela extinta TV Tupi.
[38] Vianna Filho, O. O texto: o prazer da leviandade. In: *Programa da peça "Dura lex sed lex no cabelo só gumex"*. 1967.

discordavam e os que encampavam suas análises. As perspectivas críticas presentes na dramaturgia de Vianinha não foram para o palco, tampouco foram divulgadas. No ano de 1967, o Grupo Oficina, sob a direção de José Celso Martinez Corrêa, encenou, pela primeira vez, a peça *O Rei da Vela* de Oswald de Andrade escrita em 1933[39].

Simultaneamente às inquietações estéticas, houve o recrudescimento da oposição aos governos militares. As dissidências nas fileiras do PCB aumentaram. Vários grupos trilharam o caminho da guerrilha[40]. Em meio a esta conjuntura, o PCB, em seu VI Congresso (1967), avaliou: "(...) *o essencial no momento é estreitar suas ligações com as grandes massas da cidade e do campo, é ganhá-las para a ação unida contra a ditadura. Evidentemente, não é chamando-as a empunhar armas que, nas condições atuais, delas nos aproximaremos. A luta armada só poderá ser, como forma predominante, e decisiva, a combinação de um processo sumamente complexo, onde se alternam e se conjugam os mais diversos métodos de luta. E é necessário que as massas já estejam dispostas a todos os sacrifícios, de preferência a continuar no regime que os oprime, para que um partido de vanguarda possa conclamá-las à ação armada.* (...). Na situação atual, *nossa principal tarefa tática consiste em*

---

[39] Para Edélcio Mostaço, "*O rei da vela* não deixaria mais o mesmo teatro brasileiro na consciência das novas gerações. Se a montagem, dedicada ao Gláuber de 'Terra em transe', capitalizou uma série de inquietações generacionais que andavam pelo ar, representou por tudo e para todos o nascimento do tropicalismo. Caetano Veloso confessou ter escrito 'Tropicália' sob a influência da montagem, bem como inúmeros outros criadores culturais passaram a referenciar-se em antes e depois de 'O rei da vela'" (Mostaço, E. *Op. cit.*, p. 103).
  Sobre a trajetória do Grupo Oficina consultar:
  Dionysos. Rio de Janeiro: MEC-SEC-SNT, 1982, n.º 26.
  Goldfeder, S. *Teatro de Arena e Teatro Oficina — o político e o revolucionário*. Campinas, 1977. Dissertação de mestrado em Ciências Sociais apresentada ao Instituto de Filosofia e Ciências Humanas, UniCamp.
  Guinsburg, J & Silva, A. S. da. A linguagem teatral do Oficina. In: Silva, A. S. J. *Guinsburg: diálogos sobre teatro*. São Paulo: Edusp, 1992, p. 93-113.
  Nandi, I. *Teatro Oficina: onde a arte não dormia*. Rio de Janeiro: Nova Fronteira, 1989.
  Silva, A. S. da. *Oficina: do teatro ao te-ato*. São Paulo: Perspectiva, 1981.
  Sobre este período e acerca desta pluralidade de acontecimentos existe uma vasta bibliografia, mas a título de ilustração serão destacados apenas alguns:
  Favaretto, C. *Tropicália, alegoria, alegria*. São Paulo: Kairós, 1979.
  Ridenti, M. *O fantasma da revolução brasileira*. São Paulo: Unesp-Fapesp, 1993.
  Schwarz. R. Cultura e política, 1964-69. In: Schwarz, R. *O pai de família e outros estudos*. 2.ª ed., Rio de Janeiro: Paz e Terra, 1992, p. 61-92.
  Xavier, I. *Alegorias do subdesenvolvimento*. São Paulo: Brasiliense, 1993.

[40] Acerca deste tema, consultar, entre outros:
  Gorender, J. *Combate nas trevas*. São Paulo: Ática, 1987.
  Ridenti, M. *O fantasma da revolução brasileira*. São Paulo: Unesp-Fapesp, 1993.

mobilizar, unir e organizar a classe operária e demais forças patrióticas e democráticas para a luta contra o regime ditatorial, pela sua derrota e a conquista das liberdades democráticas. (...). Cada vitória, pequena ou grande, ou mesmo derrota na luta pelas liberdades, incorpora-se à experiência das massas. É a própria experiência de luta que levará as massas a avançar em seus objetivos, formar e prestigiar suas organizações e seus líderes, intervir decisivamente nas ações políticas, que conduzirão à derrota do regime ditatorial [grifos nossos]"[41].

Vianinha foi um dos primeiros intelectuais e militantes a aderir a esta nova determinação do Partido, defendendo a união contra um inimigo maior: a ditadura. Neste horizonte conjuntural, de acordo com o depoimento de Ênio Silveira, mesmo discordando da invasão da Tcheco-Eslováquia pelas tropas do Pacto de Varsóvia, o dramaturgo não externou, publicamente, seu descontentamento, pois, segundo sua avaliação, tudo que arranhasse a imagem do mundo socialista beneficiaria o capitalismo[42]. Manifestou-se contra a censura, promoveu vigílias, denunciou o arbítrio, mas, em nenhum momento, advogou a proposta da "guerrilha a qualquer preço", tanto que na passeata que acompanhou o corpo de Édson Luís até o cemitério "(...) Vianinha gritava feito um louco: 'O povo organizado derruba a ditadura!' A poucos metros de distância, Hugo Carvana puxava o coro dos 'revolucionários' ou 'porra-loucas', conforme a ótica: 'O povo armado derruba a ditadura'"[43].

Estas atitudes públicas acarretaram-lhe dissabores e discussão sobre seu comprometimento revolucionário. De acordo com a análise de Luiz Carlos Maciel, "as divergências iriam se acentuar nas assembléias da classe, nos Teatros Jovem, Gláucio Gil e Opinião. Os 'revolucionários' estreitariam seu intercâmbio com as lideranças estudantis, apoiando as manifestações de rua que daí em diante se transformariam em verdadeiros embates com a Polícia. Ser 'reformista' num ambiente tão apaixonado era tarefa das mais difíceis — até porque os adversários tinham inegável respaldo nas votações. Nós éramos bons de retórica, mas o pessoal do Partidão era ótimo para vaiar"[44]. Vera Gertel, ao rememorar este período, revelou que "Vianinha não deixava transparecer, mas saía do Gláucio Gil deprimido. Se ele ou Gullar levantavam a voz, uma avalanche de impropérios era disparada pelo

---

[41] VI Congresso do P.C.B. (dezembro de 1967). In: Carone, E. *Op. cit.*, p. 65, 72, 73.
[42] Este depoimento de Ênio Silveira foi retirado de Moraes, D. de. *Op. cit.*, p. 182-3.
[43] Ibidem, p. 183-4.
[44] Ibidem, p. 184.

outro lado. *O líder do CPC, o artista dogmático que só queria escrever na grossura para o povo, o militante que não queria saber de acertos com a burguesia e idolatrava Cuba, esse mesmo Vianinha parecia agora condenado à pior das penas: a de ver questionado o seu ideal revolucionário.* — Isso representou uma grande tortura mental para ele. (...). O fato de não aderir à radicalização pela luta armada representava para o Vianna ser chamado de velho, como se estivesse superado. Ele se torturou muito na época por causa disso: *'Pô eu estou ficando superado? Estou ficando velho?' Os estudantes e até líderes mais antigos do partido estavam aderindo, e ele não. Mas não se afastou de sua coerência política.* Continuou achando que deveria se manter na linha do partido e que a luta armada era uma proposta equivocada [grifos nossos]"[45].

As críticas à atuação dos "reformistas" não arrefeceram. Um exemplo ilustrativo encontra-se no texto de Luiz Carlos Maciel, "Quem é quem no Teatro Brasileiro (estudo sociopsicanalítico de três gerações)"[46], que discutiu aspectos fundamentais do teatro, a partir da década de 30, considerada momento de ascensão das camadas médias. Entretanto, este segmento sem canais para se expressar, e sem acesso aos grandes meios de comunicação de massas (jornais, rádio e cinema), viu no teatro uma possibilidade concreta de atuação, que se tornou conhecida como o surgimento do "Moderno Teatro Brasileiro". Este, além de reavaliar a cena teatral, possibilitou uma mudança na origem social dos atores, provocando uma cisão que dividiu a "classe" em "geração anterior ao TBC" e em "geração do TBC" (que se definiu como mais inteligente e intelectualizada que a anterior). Tempos depois, a necessidade de reelaborar as atividades teatrais a fim de comprometê-las com a realidade brasileira, produziu uma nova ruptura com a "geração posterior ao TBC" (que se apresentou como mais consciente e engajada do que a que a antecedeu).

Nesta análise Maciel explicitou uma heterogeneidade na composição da "classe", bem como vislumbrou que se na primeira ruptura houve a negação de uma concepção de trabalho, na segunda não ocorreu a desqualificação pura e simples. Reconheceu-se, pelo contrário, a contribuição, a importância, mas foi apontada a falta de engajamento. Nesse sentido, as cisões entre TBC e a geração posterior são tênues, porque os últimos colocam-se como herdeiros da experiência dos primeiros. Tal observação possibilitou ao autor acrescentar um outro componente na

---

[45] Ibidem.
[46] Maciel, L. C. Quem é quem no teatro brasileiro (estudo sociopsicanalítico de três gerações). *Revista Civilização Brasileira*, Caderno Especial n.º 2 (Teatro e realidade brasileira). Rio de Janeiro: Civilização Brasileira, julho de 1968, p. 49-68.

formação da "classe teatral": a condição "marginal" do artista[47]. Isto fundamentou a impossibilidade de este homem de teatro desenvolver uma prática revolucionária porque "o marginal da classe média — mesmo conscientizado, politizado — é sempre, fundamentalmente, um rebelde, não um revolucionário. *Ligado existencialmente à própria classe, por questão de educação e de formação caracterológica, jamais é chamado pela vocação revolucionária. Bem vestido, bem alimentado, bem educado, a revolução nunca é sua vocação. Para torná-la sua vocação, precisa inventar. Isto é: precisa violentar uma série de elementos de seu projeto original de classe que, embora não apresentem aparentemente ligação direta com nenhuma posição política, impedem a vocação revolucionária: o amor pelo conforto, a repulsa à violência, a ambigüidade de sentimentos... — só para citar algumas categorias afetivas da vida da classe média, evidentes por si. O proletário, portanto, pode ser revolucionário por vocação; o marginal pequeno-burguês só pode chegar a*

---

[47] De acordo com a análise de Maciel, a "geração" anterior ao TBC era oriunda de setores qualificados de "marginais", ao passo que a "geração do TBC" era proveniente de setores não marginalizados. Esta mudança criou o mito de que a atividade artística deixava de ser marginal, mas, para o autor, a condição de "marginal" dos artistas se manteve, pois não se alterou o lugar que o teatro ocupa na sociedade brasileira, como "valor social". A justificativa desta afirmação localiza-se no fato de que os artistas não estão na esfera da produção material. A isso acrescentou um outro dado: o Brasil, além de subdesenvolvido, é portador de uma moral retrógrada e agrária. Neste contexto, percebeu que houve uma opção pela "marginalidade", dos que foram para o teatro, isto é, sentiram-se apartados dentro da própria "classe". Todavia, a "geração do TBC" conseguiu dar origem ao "mito da desmarginalização", e com base nestas expectativas, esta mistificação recebeu prestígio social. Fundaram-se cursos de teatro nas universidades e escolas de arte dramática, com o objetivo de retirar do ator a sua condição de marginal.
Entretanto, para a "geração posterior" a preocupação estava na transformação da sociedade, e houve coincidência entre este propósito e a radicalização política verificada, no Brasil, no início da década de 60. Descobriu-se um sentido mais amplo para o conflito original (sentimento de marginalização): a busca de uma sociedade mais justa e mais humana. Ocorreu o processo de esquerdização do teatro brasileiro. "Tal projeto, infelizmente, não foi isento de sonhos vãos. Na verdade, chegou quase a ser dissolvido pelo golpe militar de abril de 1964" (Maciel, L. C. Op. cit., p. 59). O ocorrido revelou debilidades que os dilaceraram, pois perderam os sonhos da "geração anterior" e não conseguiram criar um novo teatro. Concebeu-se nova dramaturgia, novas formas de espetáculos, sem encontrarem meios para sua produção material. Constatou-se que esta "geração posterior ao TBC", não conseguiu romper com a tradição, porque esta era merecedora de respeito, e, assim, tratava-se de aperfeiçoar e aprofundar o seu trabalho e não romper pura e simplesmente. Para tanto, Maciel procurou compreender os acontecimentos por meio das estruturas psíquicas e os definiu como "passivos femininos" (geração teatral posterior ao TBC) em contraposição aos "fálico-narcisista" (do grupo dos jovens cineastas do Cinema Novo), para ele, ancorado em W. Reich.

sê-lo através de um projeto consciente que envolve um rompimento radical com o 'caráter' adquirido na infância vivida à sombra dos valores da classe média. Naturalmente, isso é possível: Fidel Castro, 'Che' Guevara, tantos outros, o provam de sobejo. Mas isso também implica numa operação da máxima importância no seu conflito interno de rebelde marginal [grifo nosso]"[48].

Luiz Carlos Maciel pôs em questão as premissas que estavam norteando segmentos do teatro brasileiro que, por um lado, consideravam-se tributários do trabalho desenvolvido pelo TBC, e, de outro, defendiam a unidade e a resistência como instrumentos "revolucionários", naquele momento de acirramento dos conflitos. A tradução estética destas observações, no âmbito teatral, foi, indiscutivelmente, a encenação de *O Rei da Vela*. Segundo José Celso M. Corrêa, este espetáculo revelou que "o teatro não pode ser um instrumento de educação popular, de transformação de mentalidades na base do bom meninismo. A única possibilidade é exatamente pela deseducação, provocar o espectador, provocar sua inteligência recalcada, seu sentido de beleza atrofiado, seu sentido de ação protegido por mil e um esquemas teóricos abstratos e que somente levam à ineficácia (...). Para um público mais ou menos heterogêneo 'que não reagirá como classe', mas sim como indivíduo, a única possibilidade é o teatro da crueldade brasileira — do absurdo brasileiro — teatro anárquico, cruel, grosso, como a grossura da apatia em que vivemos (...). Sem o golpe militar, sem o desgaste da festividade pós-golpe, sem talvez o incêndio do Teatro Oficina (...) talvez *O Rei da Vela* não existisse. (...). Hoje, como o fim de todos os moicanos da festividade, ele é a possibilidade de um marco de uma ruptura com toda tradição do teatro brasileiro, político ou não, destinada a uma visão engrandecedora e mistificadora de nossa realidade. O Brasil não tem uma tradição de cultura revolucionária. Oswald preconiza uma. (...). Oswald faz para o teatro brasileiro o que tem sido feito em todos os outros setores da arte. A eliminação de limites e barreiras nos gêneros, a intercomunicação de todos. A arte colocando toda a experiência de significar o mundo e as coisas — como experiência estética (...). Enfim, é uma relação de luta. Luta entre atores e público. Metade deste, praticamente, não adere. Ou detesta. Ou não entende. A peça agride intelectualmente, formalmente, sexualmente, politicamente. (...). *O Rei da Vela* deu-nos a consciência de pertencermos a uma geração. Pela primeira vez eu sinto isso"[49].

As rupturas foram constituídas. Um novo marco foi instaurado. Perce-

---

[48] Maciel, L. C. *Op. cit.*, p. 67.
[49] A guinada de José Celso, entrevista concedida a Tite de Lemos. Apud: Mostaço, E. *Op. cit.*, p. 100-1.

be-se, neste momento, a busca de outras maneiras de fazer teatro: saía de cena o didatismo, entrava a agressão. No horizonte, não estavam mais os temas consagrados pela política tradicional, mas novas problematizações e formas de perceber e discutir a sociedade contemporânea. Diante destas críticas, a resposta se fazia necessária, e, no mesmo volume da *Revista Civilização Brasileira* (julho de 1968), a resposta foi publicada sob o seguinte título: "Um pouco de pessedismo não faz mal a ninguém" de autoria de Oduvaldo Vianna Filho.

Partindo de um pressuposto comum a toda "classe", relativo ao seu estrangulamento e às suas reivindicações, o autor salientou a existência de dois grupos: os que viam com ceticismo a participação, preferindo pesquisar e trabalhar na busca de uma fluidez estética, e os que estavam engajados e dando prioridade à apreensão da realidade social na qual estavam inseridos. Após localizar-se no interior deste último, Vianinha declarou que o grupo a que pertencia cometeu erros de avaliação histórica com relação ao TBC. Entendendo-o como fruto do desenvolvimento industrial de São Paulo, e, nesse sentido, descomprometido com a realidade, perdeu-se a dimensão de parcela da burguesia que, naquele período, lutou pelo monopólio estatal do petróleo, apoiou a não-participação do Brasil na Guerra da Coréia, publicou no jornal *Última Hora*, elegeu JK, e pôs em prática a "autoconfiança nacional". E, nesta perspectiva, afirmou: "o teatro brasileiro ressurgido após a guerra aparece sob o signo da participação e da luta. A luta da maior implantação da cultura e da complexidade. (...). Quando comecei em teatro, há doze anos, a frase que eu mais ouvia era: 'Infelizmente não temos tradição teatral no Brasil'. O TBC e as companhias que surgiram recriaram esta tradição. Nunca mais ouvi aquela frase"[50].

Mais uma vez, ao reinterpretar a história, Vianinha reconheceu a importância do TBC, tributou-lhe a sua filiação de tradição. Avaliou que a partir de 1958 houve o declínio desta prática teatral, porque ocorreu o esgotamento das áreas nas quais seria natural a expansão da burguesia. As primeiras reações a esse declínio surgem da "classe média", e, neste sentido, o TBC, em toda sua trajetória, foi alvo de sua crítica. Novamente, resgatou a proposta do Arena e sua importância, sua contribuição estética e política para a experiência cênica no Brasil, com a seguinte ressalva: se o teatro ganhava política e tematicamente, ele perdia no que se refere à estrutura profissional de seu trabalho, visto que "empresarialmente é um fracasso. As empresas estranguladas, não cumpriram

---

[50] Vianna Filho, O. Um pouco de pessedismo não faz mal a ninguém. In: Peixoto, F. (org.). *Op. cit.*, p. 122.

sua tarefa principal, que era a de crescer, aumentar suas platéias, enriquecer seus espetáculos, tirar-lhes o sabor de experiência. Tecnicamente, o ator quase volta à estaca zero — sente bem, mas não diz bem. O público gradativamente se restringe a um público que tem uma postura ideológica como espectador — torna-se talvez o pior dos públicos: aquele que concorda ou discorda; público cúmplice que reduz a comunicação artística a quase nada. (...). Em termos de dramaturgia, rapidamente se constata que o filão descoberto era cândido e comovido demais para enfrentar um público cujos problemas e valores eram mais complexos e ricos"[51].

Baseando-se nestes referenciais, o autor afirmou que a noção de luta entre "teatro de esquerda", "teatro esteticista" e "teatro comercial" se esvaía diante da pressão que eles vinham sofrendo. Verificou que os espetáculos não podiam tornar-se grandes "laboratórios", já que era preciso estar atento para as condições comerciais, ter atrativos para o público. Por isso, ele afirmou que o teatro não era feito por um bando de neuróticos, mas profissionais que tinham a tarefa de montar oitenta a cem espetáculos por ano, no eixo Rio-São Paulo, sem praticamente subvenção alguma. Observou ainda que o espetáculo teatral era uma mercadoria industrializável, que estava sendo submetido a um processo de extinção. Para corroborar sua afirmação, apresentou dados mostrando que proporcionalmente ao número de habitantes o número de poltronas diminuiu, e nesse sentido, continuar existindo era uma vitória da cultura neste país. Por este motivo, defendeu a criação de uma associação de empresários, o fortalecimento do sindicato, debates e trocas de experiências, porque, em sua opinião, "a deliberada ignorância de alguns acontecimentos passa a existir para poder permitir a continuidade de posições radicalizadas"[52].

Expostas algumas questões, feitas as defesas necessárias e enfatizadas as contribuições do TBC, Arena e Opinião, Vianinha conclamou que se verificasse o absurdo dos antagonismos existentes e se viabilizasse a união em nome da sobrevivência do teatro. De acordo com Fernando Peixoto, neste texto, "o próprio título já provocava discussões: 'pessedismo' (a partir de PSD — Partido Social Democrático) era uma expressão, naturalmente pejorativa (daí a surpresa do título), que poderia ser 'traduzida' como 'jogo de cintura', 'habilidade para manter-se na corda bamba', 'conceder para não cair', etc. Por outro lado, para muitos era clara a

---

[51] Ibidem, p. 123.
[52] Ibidem, p. 126.

compreensão a partir de uma espécie de 'trocadilho sonoro': pessedismo a partir de PC..."⁵³.
Os campos foram demarcados e as respostas foram dadas. Em vez da propalada união, o que ocorreu foi a reafirmação dos pressupostos dos grupos antagônicos. No entanto, a crítica sofrida era extremamente contundente, implicava reavaliar os pressupostos teóricos e estéticos, rever a própria prática e, fundamentalmente, repensar as concepções de processo histórico. Vianinha apelou para a necessidade de união, tentou sensibilizar em nome de um "interesse geral", mas a cisão estava consumada: de um lado, os "reformistas", de outro, os "revolucionários".

Embora, naquele momento, não tenha conseguido desestruturar os argumentos que fundamentavam muitas das críticas dirigidas a ele ou ao grupo que se articulou em torno da "resistência democrática", Vianinha continuou a buscar respostas para dar conta destes impasses. Nesse sentido, uma das tentativas manifestou-se na peça *Papa Highirte* (1968). Ao professar concordância com a tática do PCB, este texto teceu um diálogo com a militância em geral com base em duas orientações específicas. A primeira exaltou a atuação do militante do referido partido como a opção "correta" em face das dificuldades do momento. A segunda, por sua vez, realizou uma crítica contundente à prática da luta armada, avaliada como irracional e inconseqüente no combate à ditadura. *Papa Highirte* propõe a discussão dos encaminhamentos políticos da América Latina, em uma estrutura dramática construída a partir do *presente*, no exílio de Highirte, ditador deposto de Alhambra, em Montalva, e do *passado*, materializado por meio da memória das personagens Highirte e Mariz, ex-militante político de Alhambra, que tem como único objetivo matar Highirte, para vingar a morte de Manito, companheiro de luta, que foi assassinado pela repressão em seu governo.

No resgate desse passado, por parte de Highirte, surgem momentos de seu governo em Alhambra, seus feitos, sua deposição e os diálogos com Pérez y Mejía. Nas conversas entre os dois, Highirte diz que não admite torturas, porque uma lei forte garante a ordem. O general, por sua vez, afirma que não se pode aceitar, em hipótese alguma, a idéia de oposição, porque o reconhecimento de sua existência cria a possibilidade de se admitir erros, e, nestas circunstâncias, para não correr riscos, deve-se governar com um Partido Único, sem eleições e com um projeto de planificação que se identificará com o interesse nacional. Em contraposição aos projetos para a manutenção do poder, a memória de Highirte põe em

---

⁵³ Peixoto, F. Nota XIV. In: Peixoto, F. *Op. cit.*, p. 129.

cena o momento de sua deposição, no qual o próprio Pérez y Mejía profere um candente discurso em favor da democracia e das exigências internacionais em prol da abertura política. Neste contexto, é dado ao leitor/ espectador vislumbrar o isolacionismo político de Highirte, discussões e reflexões em torno de temas como democracia, partidos, participação popular, eleições diretas, organização sindical, liberdade de participação e de expressão. Estas informações vão reconstituindo o processo político de Alhambra sob a perspectiva do Estado, como instituição "legítima" da coerção e da força.

Por sua vez, o rememorar de Mariz é feito por meio de seus diálogos com Manito acerca da militância, dos encaminhamentos a serem dados à luta política, o projeto de revolução e as propostas de atuação, que podem ser basicamente resumidas em duas. A primeira abraçada por Mariz está vinculada aos limites da legalidade e a segunda, defendida por Manito, implicava o exercício da ação armada. Estas situações são reveladas à platéia nas sessões de tortura a que Mariz foi submetido, havendo um clímax no instante em que totalmente fragilizado, Mariz denuncia Manito. Com esta situação dramática, Vianinha propõe um balanço dos acontecimentos políticos e da feição do Estado pós-68, e introduz o embate entre a estratégia política do PCB e das facções de esquerda inseridas na luta armada, em situações construídas por diálogos densos e inumeráveis citações políticas.

As personagens que vivem esses conflitos não evidenciaram uma situação dicotômica. Sugerem, pelo contrário, a complexidade que envolve as relações humanas, bem como os meandros da luta política e a disputa pelo poder. Nesse sentido, Highirte possui uma dimensão psicológica, à medida que seu cotidiano procura revelar os seus sonhos, a saudade da família, o carinho para com a neta. Estas características acabam por se contrapor à postura do estadista. A sua elaboração é dotada de multiplicidade de sentimentos e contradições internas, apresentando-o como um ser fragmentado. Esta carpintaria dramática, que tornou viável várias nuanças do protagonista, não foi empregada, porém, na confecção das demais personagens. Mariz, por exemplo, possui uma construção esquemática: a sua única motivação é matar Highirte. Os seus conflitos e dúvidas referem-se à militância e à opção realizada. O seu relacionamento com Graziela restringe-se a práticas sexuais, desprovidas de emoção. A sua presença em cena anuncia deliberadamente o antagonismo em relação a Highirte e a apresentação de uma outra interpretação acerca do processo histórico vivenciado em Alhambra. As demais personagens são compostas para dar suporte ao desencadeamento da narrativa.

A construção da temática de *Papa Highirte* teve como pressuposto a necessidade de pensar a própria experiência latino-americana. Sob a égide da ordem e da modernização, a prática de poder dos governos militares (ou governos sustentados por eles) utilizou procedimentos autoritários. A peça revelou ainda alguns caminhos percorridos pelos que atuavam no campo da esquerda, sobretudo considerando que o advento da Revolução Cubana, a vinda de Ernesto "Che" Guevara para a América Latina e a teoria do "foquismo" de Régis Debray suscitaram atuações que se tornaram uma constante. Ao lado destas experiências e em oposição a elas, a interpretação dos Partidos Comunistas conclamava à resistência e à necessidade de consolidar a acumulação de forças para a transformação democrática, que deveria exorcizar os fantasmas da opressão: o populismo, os governos militares, o alto grau de exploração e pauperização das sociedades sul-americanas. Esta proposta de debate e de reflexão, no entanto, não se tornou pública. A Censura Federal proibiu a peça. Por isso, a discussão do texto se esvaiu, tanto que, à época de sua encenação (1979), os espectadores, bem como o elenco, já conheciam "o resultado das opções". O espetáculo, neste sentido, não conseguiu recuperar as questões presentes no momento de sua escrita.

Indústria cultural e espaços para a intervenção

O final dos anos 60 e início da década de 70 foi o período do "Milagre Econômico". A Rodovia Transamazônica estava sendo construída. O futebol brasileiro sagrava-se "tricampeão mundial". A dupla Don e Ravel cantava "Você também é responsável...", que se tornou o "hino do Mobral". O Presidente Médici atingia grande índice de popularidade. Era uma fase de imensa euforia: "Brasil, ame-o ou deixe-o", "Ninguém segura este país". Em contraposição a estes "grandes feitos", houve o aumento das ações guerrilheiras. Em resposta, ocorreu o recrudescimento das ações repressivas. Vivia-se o terror das invasões domiciliares, prisões na calada da noite, militantes de esquerda sendo mortos, exilados ou "simplesmente desaparecendo". Letras de músicas, peças, filmes, poesias, romances foram censurados. Neste quadro, Oduvaldo Vianna Filho, após discutir o autoritarismo na América Latina e a militância de esquerda, aparentemente, abandonou as discussões politizadas para enveredar por temas que abrangeram "velhice", "televisão" e "publicidade". Que circunstâncias o levaram a estas reflexões? A resposta a esta pergunta remete, necessariamente, à opção do dramaturgo pela resistência democrática. No interior desta escolha, ele procurou discutir em sua dramaturgia questões que deveriam ser enfrentadas naquele momento.

A modernização, ocorrida no pós-64, redefiniu o país, tanto no universo da produção de bens materiais quanto culturais. Neste processo ocorreu a consolidação da indústria cultural, em especial da televisão, pois "com o investimento do Estado na área da telecomunicação, os grupos privados tiveram pela primeira vez oportunidade de concretizarem seus objetivos de integração do mercado. Como dirá um executivo: 'A televisão, por sua simples existência, prestou um grande serviço à economia brasileira: integrou os consumidores, potenciais ou não, numa economia de mercado'. Para isso foi necessário um incremento na produção de aparelhos, na sua distribuição, e a melhoria de condições técnicas"[54]. Ao lado disso, Renato Ortiz enfatizou um outro aspecto importante: "na verdade, seria impossível considerarmos *o advento de uma indústria cultural sem levarmos em conta o avanço da publicidade; em grande parte, é através dela que todo o complexo de comunicação se mantém* [grifo nosso]"[55].

Com o intuito de refletir e de colocar em debate temas como indústria cultural e publicidade, Vianinha escreveu *A Longa Noite de Cristal* (1969), *Corpo a Corpo* (1970) e *Allegro Desbum* (1973). Estas peças formam um conjunto harmonioso no universo de preocupações do dramaturgo, porque, por meio dos protagonistas, o autor procurou explorar diferentes nuanças de uma mesma questão.

Em *A Longa Noite de Cristal*, o espectador/leitor acompanha as desventuras de Celso Gagliano, apresentador de telejornais que ganhou o apelido Cristal quando era locutor de rádio, em razão de sua voz. Cristal, como jornalista, fez sua carreira em uma época em que o improviso, e o senso de oportunidade na busca da melhor cobertura ou da notícia eram os critérios que definiam o bom profissional. Isto é revelado no decorrer das situações vivenciadas, em um espaço e uma narrativa fragmentados, onde se acompanha a decadência profissional, física e emocional da personagem. No presente, Cristal é um indivíduo atormentado. Tornou-se um "mero leitor de notícias" elaboradas no departamento de jornalismo de uma emissora de televisão que está passando por um processo de modernização, na busca de melhores índices de audência e de patrocínio. Apesar destas transformações, Cristal tenta sobreviver, mas a sua fragilidade revela-se no término de seu casamento, na sua impotência sexual, na falta de diálogo entre ele e o filho, e na insatisfação com o ambiente de trabalho. Estas questões, que estão laten-

---

[54] Ortiz, R. *A moderna tradição brasileira: cultura brasileira e indústrial cultural.* 3.ª ed. São Paulo: Brasiliense, 1991, p. 128.
[55] Ibidem, p. 130.

tes, vêm à tona quando, na tentativa de resgatar os "velhos tempos", Cristal noticia, sem conhecimento prévio da direção, que uma mulher, moradora da favela da Rocinha, deu à luz em frente a um hospital. Informa que ela fora dispensada pelo médico de plantão. Ao atravessar a rua iniciou o trabalho de parto. O jornalista não só noticiou o ocorrido como denunciou o nome do hospital e do médico chefe da seção de obstetrícia. Embora a informação fosse verdadeira, teria de ser desmentida. O patrocinador do jornal destinou uma verba considerável ao hospital e ao médico denunciado para um programa de controle de natalidade[56]. A notícia, nesse sentido, contrariava os interesses do patrocinador do telejornal. Sem esse contrato de publicidade, o noticiário não se manteria no ar. Apesar da relutância de Cristal, sua colega leu o desmentido duas vezes. Ao final do programa, o locutor reafirmou a veracidade da notícia e foi sumariamente demitido. Após sucessivas frustrações, pessoais e profissionais, Cristal tenta o suicídio, mas fracassa, pois foi socorrido a tempo e sobreviveu. A vida e a carreira continuaram, só que em uma emissora de rádio no horário das quatro às seis horas da manhã.

Perseguindo o mesmo tema, mas sob a ótica de um publicitário, o monólogo *Corpo a Corpo* deu continuidade às discussões propostas em *A Longa Noite de Cristal*. Em uma madrugada de angústias, dúvidas e sofrimento, Vivácqua, após romper o vantajoso noivado com Sueli, contesta seu comportamento subserviente ao patrão Tolentino e sua opção profissional. Reafirma, de forma constante, a sua competência em fazer filmes, mas, está há quatro meses sem fazer uma campanha publicitária. De maneira ácida, aponta o caráter "enganoso" de sua profissão: vender sonhos e expectativas de consumo em uma sociedade desigual. Com o objetivo de ascender social e profissionalmente, abandonou expectativas de um trabalho engajado. De estudante de sociologia transformou-

---

[56] Esta situação dramática baseou-se em um acontecimento verídico ocorrido num período em que o locutor era também o responsável pela notícia. "Aconteceu um fato com Luís Jatobá, quando passava em frente a um posto do INPS. Uma mulher que morreu de parto, etc... e Jatobá chega na estação, redige a notícia e lê diante das câmaras. A coisa assumiu proporções maiores, pressões foram exercidas, e ele foi chamado a desmentir o fato. Jatobá se recusou e puseram um outro locutor para ler a nota. Quando a câmara deixa esse locutor e passa para Jatobá, no encerramento, ele explode: 'Essa não!' foi tirado do ar e enfrentou as conseqüências. Ao mesmo tempo, Vianinha se baseou nos fatos ocorridos em conseqüência das declarações de MacNamara, naquele projeto de distribuição de anticoncepcionais a milhares de mulheres no Brasil em nome de um controle de natalidade e onde estavam envolvidos órgãos de caráter internacional" (Guimarães, M. Oswaldo Loureiro: cem dias de cristal. *Última Hora*, Rio de Janeiro, 16/12/1976).

se em publicitário, "vendedor" de latas de cera. Construiu uma escala de prioridades, na qual respeito, família, amizade e solidariedade tornaram-se valores obsoletos. Nesta noite de desespero, rompe com tudo. No início da manhã, porém, um telefonema de Tolentino, que está nos E.U.A., revelando que seu comercial para as Ceras Lemos fora muito elogiado pela Fullbright, faz com que a noite anterior seja apenas um pesadelo. Manda um telegrama para mãe, comunicando a impossibilidade em vê-la. Reata o noivado com Sueli. Marca sua viagem para os E.U.A. e assume seu papel de "publicitário bem-sucedido" na indústria cultural.

Nestes trabalhos, partindo de temáticas e tratamento realistas, Vianinha construiu personagens multifacetadas com o objetivo de refletir sobre os impasses pelos quais passava o trabalho intelectual nesta reavaliação socioeconômica do Brasil dos anos 70. A necessidade de buscar a realização de um trabalho que estivesse em sintonia com as questões presentes no cotidiano do cidadão comum fez com que o dramaturgo (1974) ponderasse: "conquistar a tragédia é, eu acho, a postura mais popular que existe: em nome do povo brasileiro, a conquista, a descoberta da tragédia, você conseguir fazer uma tragédia, olhar nos olhos da tragédia e fazer com que ela seja dominada. (...). 'Finalmente temos a nossa tragédia', 'descobrimos, olhamos, estamos olhando nos olhos os grandes problemas da nossa vida, da nossa existência, da condição humana'. É isso que eu acho que tem que ser procurado (...), é isso que eu estou procurando, tentando utilizar todas essas formas enriquecedoras que a vanguarda trouxe em termos de comunicação e elaboração de teatro. Ela enriqueceu muito a simultaneidade, a energia dramática aumentou vigorosamente com esses espetáculos"[57].

Valendo-se destas ponderações, é possível dizer que, em nenhum momento, Vianinha despolitizou a sua dramaturgia. Pelo contrário, a necessidade de construção da frente democrática e atingir um público cada vez maior para o teatro, em geral, e para sua discussão, em particular, fez com que ele reavaliasse as suas temáticas, com a perspectiva de poder abranger questões que não estavam no horizonte do imediatismo político, mas comportamentos, mensagens e valores que, a pouco e pouco, surgiam aos olhos da população como procedimentos "naturais".

Por essa via, neste momento, "olhar nos olhos da tragédia" significou desconfiar do processo de modernização que estava sendo construído. A perda de referenciais, idéias, projetos e identidades não pode ser vista de forma passiva. As mudanças ocorreram, e, para ele, havia dois aspec-

---

[57] Vianna Filho, O. Entrevista a Ivo Cardoso. In: Peixoto, F. (org.). Op. cit., p. 182-3.

tos que não poderiam ser desconsiderados, em hipótese alguma. O primeiro referia-se ao fato de que "nós não somos porra nenhuma, somos é explorados. Diariamente tiram tudo da gente. Então, esta descoberta do subdesenvolvimento a classe dominante tem que tomar conhecimento dela diariamente. Tem que saber dela. O instrumento que ela usa, publicidade, ao mesmo tempo é deformante; a matéria-prima da publicidade, a matéria-prima da classe dominante hoje em dia, é a insatisfação"[58]. O segundo considerava a importância da televisão como veículo de comunicação de massa, e para tanto observou que ela "(...) *cria um campo de trabalho para a intelectualidade da maior importância*. (...). Acho que realmente em alguns momentos a televisão participou da cultura brasileira, se desenvolveu, deu informações, enriqueceu em observações etc... Ela faz parte desse processo que toda a sociedade brasileira hoje vive, de tornar-se mais aguda, mais perceptiva, mais rigorosa, mais perfeita diante dos problemas, da necessidade que cada um tem, que é fruto da situação real e que não pode ser mais iludido, mais abandonado por ninguém, que é a necessidade de transformar a sociedade brasileira [grifo nosso]"[59].

O reconhecimento destas transformações não ocorreu somente na dramaturgia de Oduvaldo Vianna Filho. Ele próprio desenvolveu trabalhos na TV brasileira[60]. Procurou, por meio de sua dramaturgia, construir um espaço para discussão de problemas que afligiam o conjunto da população brasileira. Ampliando o seu referencial temático, verificando que a politização da arte não precisa ser reduzida necessariamente a meia dúzia de palavras de ordem, reconhecendo que a atuação em uma frente de resistência implicava alcançar o maior número possível de pessoas, o dramaturgo depois de escrever sobre televisão e propaganda, em 1972/ 1973 concluiu *Nossa Vida em Família* e *Allegro Desbum*, o prefácio e o primeiro ato de *Rasga Coração*.

Em *Allegro Desbum* retomou o tema da publicidade, por meio de uma comédia e discutiu o seu papel no mundo contemporâneo. A peça tem como protagonista um bem-sucedido publicitário, que abandona o emprego e um salário milionário, porque não desejava mais vender-se de maneira inescrupulosa ao mercado. Vivendo em um conjugado, o publicitário vê a sua opção confrontada com as mais diferentes situações: o antigo patrão que quer voltar a contar com o seu talento; o vizinho

---

[58] Ibidem, p. 183.
[59] Ibidem, p. 184.
[60] Vianinha trabalhou na extinta TV Tupi como um dos redatores do programa de Bibi Ferreira, e, posteriormente, em casos especiais e redigindo programas semanais na TV Globo.

protético que vive para pagar as dívidas; Enia uma *hippie* que descobriu Dalva de Oliveira e Carmem Miranda; Teresa, sua grande paixão; e a mãe Cremilda, que sonha em arranjar um marido rico para a filha. Neste contexto, o autor, de um lado, mostra a impotência daquele que se isola do mercado, deixando de enfrentar as regras estabelecidas, e, de outro, faz duras críticas à sociedade de consumo e aos valores construídos por ela.

Por fim, no quadro destas preocupações com a modernização da sociedade, Vianinha escreveu o drama *Nossa Vida em Família*, no qual discutiu a condição "marginal" a que são relegados os velhos. Numa sociedade que valoriza o trabalho, a produtividade e o lucro, aqueles que estão fora do processo produtivo perdem, em sua maioria, a condição de ser humano e cidadão, com direito à moradia, saúde, e viver com dignidade. E é justamente pelo fato de a sociedade brasileira negar estes direitos que Lu e Sousa, com o aumento do aluguel, não têm mais como continuar mantendo a casa onde moram. O casal é separado. Os filhos relutam em assumir as responsabilidades. A quem caberá amparar a velhice? Mais uma vez, o dramaturgo, ao ampliar seu universo temático, pôs em debate um dos problemas mais importantes da sociedade moderna: o tema da Previdência Social, da aposentadoria digna, bem como o fato de a questão social transcender os limites da produtividade.

Após estas peças, o último trabalho de Oduvaldo Vianna Filho para o teatro foi *Rasga Coração*. Nesse sentido, pode-se considerar que nos textos aludidos localizou-se a busca de novos referenciais que, por sua vez, ampliaram o alcance dramático, social e político de suas peças. Fundamentalmente, ele não só redefiniu sua atuação no interior da resistência democrática, como procurou abarcar discussões que diziam respeito ao conjunto da população. O tratamento destas temáticas exigiu uma caracterização psicológica mais acentuada das personagens, que, além de referências sociais, passaram a ter uma dimensão individual. Ao propor reflexões mais abrangentes, o dramaturgo explorou problemas do cotidiano, politizando-os, sem reduzi-los a um tratamento "panfletário".

A historicidade da dramaturgia de Vianinha

A realização deste capítulo foi motivada por questões presentes no conjunto da documentação consultada. Inicialmente, o contato com o material produzido pelos críticos teatrais mostrou a existência de uma hierarquia construída no interior da dramaturgia de Oduvaldo Vianna

Filho, a partir da peça qualificada como "obra-prima". Ao lado disso, verificou-se um outro aspecto de suma importância: a comunhão de propósitos entre o dramaturgo e seus críticos, sobretudo no que diz respeito à proposta de teatro brasileiro então defendida. É pertinente reconhecer que houve um trabalho "militante" dos críticos, que se identificaram com as proposições teatrais de Vianinha.

A hierarquização das peças, a constituição de periodizações na dramaturgia, feitas com base em critérios que procuraram localizar um "processo de amadurecimento" do autor ou o "caráter evolutivo" da obra, foram incorporadas a reflexões posteriores. A absorção das idéias presentes no *corpus* documental, sem que se contextualizassem os momentos da produção, possibilitou que este conjunto de textos fossem transformados em "análises corretas" sobre as peças de Oduvaldo Vianna Filho. Por este motivo, os trabalhos que tiveram como propósito analisar autor e obra, fizeram-no mediados por uma carga valorativa que despiu ambos de historicidade.

Por meio destes encaminhamentos, a "história" de Vianinha e de seus textos teatrais já estava pronta. Conhecia-se a sua trajetória, a sua militância, os grupos aos quais esteve ligado. Reconheceram-se os momentos que atestaram a sua evolução em direção à "obra-prima". Sistematicamente, este procedimento permitiu a constituição de uma "determinada unanimidade". Certos críticos não aceitaram, porém, de maneira passiva este consenso aparentemente "natural" e se voltaram contra estas interpretações, com o objetivo de destruí-las. Neste contexto, o campo de luta homogeneizou-se, pois ambos, preocupados com a "defesa" ou com o "ataque", elidiram dados fundamentais com relação ao autor e sua obra. "Esqueceram" que Vianinha foi — como, aliás, todos o tinham sido — agente no processo histórico, e seus textos devem ser pensados como documentos construídos no âmbito da luta política.

Estas observações tornam-se ainda mais significativas porque, no momento de iniciar um trabalho de síntese, após discutir, à luz do processo histórico, as peças de Vianinha, observou-se que todas as análises anteriores tiveram como base fundamental textos produzidos durante as ENCENAÇÕES das peças, e mesmo assim o foco privilegiado de reflexão foi O TEXTO. Diante disso, é pertinente indagar sobre o "lugar" reservado ao autor na realização de um espetáculo, uma vez que, no âmbito do fenômeno teatral, O TEXTO É APENAS UM COMPONENTE DESTE CONJUNTO. Sábato Magaldi, ao comentar os diversos elementos que compõem a realização do espetáculo cênico, assim respondeu à indagação proposta: "o autor, escrita a peça, pode considerar encerrada a sua tarefa, desobrigando-se de acompanhar o seu destino cênico. E os mortos estão impedidos mesmo de zelar pelo respeito à sua palavra original..."[61].

Na história do teatro brasileiro, contudo, a presença dos dramatur-gos e de seus trabalhos é inconteste. Precisamente quando são encenados textos de Oduvaldo Vianna Filho, nenhuma presença é tão forte quanto a do autor, pois, muito mais que analisar a encenação, o trabalho de interpretação, ou a concepção cênica, na maioria das vezes, o intérprete está às voltas com comentários críticos das peças. Pode-se dizer que, neste caso, é o dramaturgo quem, de antemão, estabelece o crivo de qualidade. É evidente que a opção em privilegiar o trabalho do dramaturgo/autor não tem nenhum dado de heresia, mesmo porque ele é parte integrante do espetáculo. Ao lado disso, existe um outro aspecto importante a ser ressaltado: não há uma única história do teatro brasileiro. Pelo contrário, há várias, dependendo do tratamento e do ponto de vista adotado por quem estiver escrevendo esta história.

Apesar de todas essas ressalvas, quando se observa atentamente uma história elaborada a partir das encenações, ou um trabalho sobre as peças de Vianinha, as conclusões são as mesmas. Isto pode ser dito porque, em ambos os casos, além das próprias peças, as críticas teatrais são os documentos privilegiados, e, nestas, os comentários concentram-se no texto dramático. Por isso, o que fica, basicamente, para a história do teatro, no caso de Oduvaldo Vianna Filho, é o trabalho do dramaturgo, mas com uma omissão significativa: privilegia-se o texto, mas este é destituído de sua historicidade. Assim, "a crítica, por seu lado, toma quase sempre como postulado que aquilo que procura definir, iluminar na obra, o que faz com que ela seja obra de arte, escapa ao tempo e, em conseqüência, à história"[62].

Como compreender, enfim, os elogios exacerbados ou repúdios exaltados à dramaturgia de Vianinha, valendo-se de um procedimento de análise comum? Como aceitar a hierarquia construída em seu trabalho pelos críticos teatrais?

Na busca destas respostas, observou-se que escapar às marcas do tempo, eliminar os traços específicos de um trabalho, elidir as lutas nas quais esteve envolvido, procurar na arte a perenidade foram expedientes que sustentaram os atributos recebidos por esta dramaturgia. Esta perspectiva possibilitou ver uma "evolução" autônoma do dra-

---

[61] Magaldi, S. *Iniciação ao teatro*. 3.ª ed. São Paulo: Ática, 1986, p. 11.
[62] Zerner, H. A arte. In: Le Goff, J. & Nora, P. (orgs.). *História: novas abordagens*. Rio de Janeiro: Francisco Alves, 1976, p. 144.

maturgo e de seus textos, propiciou a realização de interpretações, tanto com o objetivo de criar a unanimidade em torno da "genialidade", quanto com o intuito de reduzir os textos a um mero esquema de repetições.

Com o objetivo de contribuir, para que se constituam outras perspectivas de compreensão da dramaturgia de Oduvaldo Vianna Filho, as considerações, aqui apresentadas, resgataram o processo e as perspectivas de análise que nortearam a atuação da militância do PCB, com o propósito de verificar os diálogos construídos entre as peças e as determinações políticas do Partido. Este procedimento permitiu observar que Vianinha estave longe de ser uma unanimidade entre seus contemporâneos, pelo contrário, seu trabalho e suas posições sofreram constantes contestações, as quais ele respondeu por meio do debate constante.

Nesse sentido, discutir suas peças, sem hierarquização prévia, evidenciaram que Vianinha foi um dramaturgo que produziu à luz das conjunturas, com o intuito de escrever textos teatrais que contribuíssem para a luta política. Como homem de esquerda tinha a revolução socialista como horizonte a ser atingido. Acreditou na luta de classes como "motor da história", mas não se tornou escravo do conceito, pois as suas temáticas foram se redefinindo nos momentos vivenciados.

Neste contexto, se no período anterior a 1964 as análises da esquerda interpretavam o momento como uma conjuntura revolucionária, a dramaturgia de Vianinha traduziu estas expectativas em peças engajadas que incitavam à organização e à participação política do conjunto da sociedade brasileira. O ano de 1964, entretanto, é um marco em sua dramaturgia, já que um projeto de sociedade e de luta se esvaiu com a tomada do poder pelos militares. A luta teve de ser redefinida, e Vianinha também se redefiniu. Esta observação, que à primeira vista parece tão óbvia no seio da militância de esquerda, ganha uma conotação importantíssima nas análises sobre o seu teatro. Isto pode ser dito porque o reconhecimento da derrota política e a necessidade de redefinição das propostas estéticas evidenciam que este trabalho não tinha uma perspectiva "evolutiva", pois se o engajamento e a identidade política com o PCB se mantiveram, as temáticas, as estruturas dramáticas e a construção das personagens foram reavaliados. Isso não significa dizer, todavia, que procedimentos técnicos como elaboração de estereótipos, por exemplo, foram abandonados. Ao contrário, o que ocorreu foi a ampliação dos recursos estéticos utilizados, tanto que estas criações foram encontradas em peças escritas após 1964.

A retomada da discussão, à luz destas propostas, permitiu reconhecer, também, que a trajetória não foi linear, caminhando solenemente para o apuro estético e formal do trabalho. Vianinha fragmentou-se com a derrota em 1964, duvidou e produziu peças que registraram as angústias que abarcaram os que estiveram envolvidos no processo. Por conseguinte, *Moço em Estado de Sítio* não é a precursora de *Rasga Coração*. Pelo contrário, ela é a explicitação da impotência, do fracasso e da dúvida. Dessa maneira, discutir os textos teatrais, no momento de sua escrita, propiciou recuperar questões que estiveram presentes e, em muitos casos, motivaram a sua confecção, mas, no momento da encenação, não foram consideradas.

Um outro dado importante que merece ser observado refere-se ao fato de que Oduvaldo Vianna Filho produziu, ao longo de sua trajetória profissional, uma dramaturgia engajada. Nesse sentido, se existe um dado constante nesta dramaturgia é o engajamento. O fato de haver sido um trabalho comprometido, no entanto, não significou necessariamente a presença de "repetição" de idéias ou temas, pelo contrário. As discussões dramáticas buscaram sintonia com o momento vivido, com as adversidades sociopolíticas, mas em duas conjunturas bem diferenciadas. A primeira compreendida como "revolucionária" e a segunda entendida como "resistência democrática".

Estes dois eixos podem ser vislumbrados como elementos definidores do conjunto dos textos teatrais de Vianinha. No âmbito da "resistência democrática" pode ser estabelecido um outro marco. Isto pode ser dito porque, além de resistir no campo da democracia, houve a necessidade de dialogar com um outro acontecimento que estava reavaliando muitas das relações sociais: o advento da indústria cultural e, em especial, o papel da publicidade como mantenedora desta indústria. Vianinha seguramente é, nesse sentido, um dos primeiros homens de teatro a refletir criticamente sobre a indústria cultural, apontando a necessidade de o intelectual se redefinir para não ser por ela massacrado.

A análise realizada permitiu vislumbrar que os marcos e as qualificações que visavam homogeneizar esta produção dramatúrgica podiam ser criticados, na medida em que, ao serem confrontados com o momento de constituição das peças, estas análises totalizantes não resistiriam à especificidade do processo. Na verdade, o que emerge são os compromissos com os debates de sua época. Neste contexto, e reconhecendo a especificidade de cada trabalho, percebe-se a impossibilidade de pensar o conjunto desta dramaturgia de maneira evolutiva. Verificou-se, além disso, que só a negação do processo possibilitaria transformar o próprio Oduvaldo Vianna Filho em "símbolo de uma geração" e "unanimidade", já que a sua trajetória é a contestação permanente desta abordagem.

Nesta reflexão, verificou-se que a construção de uma dada linearidade no conjunto do trabalho foi contemporânea à morte do dramaturgo. O que, pouco a pouco, possibilitou que fossem elididas a sua militância e suas posições, em nome do artista talentoso. Por essa via, se as reflexões feitas até este momento demonstraram as armadilhas presentes nestas interpretações, bem como propiciaram resgatar a riqueza do debate inerente às suas peças, elas não enfrentaram o trabalho que fora qualificado como síntese deste percurso: a peça *Rasga Coração*. "Símbolo da liberdade", "testamento do autor e sua geração", "obra-prima", "obra-síntese", "painel de quarenta anos da história brasileira", "peça que estuda as diferenças entre o novo e o revolucionário", "conflito de gerações" estas foram algumas das expressões que os críticos utilizaram para se referir a ela. A peça seria tudo isso? *Rasga Coração* foi a obra de despedida que, necessariamente, Vianinha anunciava ao longo de sua dramaturgia?

Capítulo 4

Rasga Coração: DIÁLOGOS COM AS UTOPIAS DOS ANOS SESSENTA

"E eu sempre estive ao lado dos que têm sede de justiça, menino! Eu sou um revolucionário, entendeu? Só porque uso terno e gravata e ando no ônibus 415 não posso ser revolucionário? Sou um homem comum, isso é outra coisa, mas até hoje ferve meu sangue quando vejo do ônibus as crianças na favela, no meio do lixo, como porcos, até hoje choro, choro quando vejo cinco operários sentados na calçada, comendo marmitas frias, choro quando vejo vigia de obras aos domingos, sentado, rádio de pilha no ouvido, a imensa solidão dessa gente, a imensa injustiça. Revolução sou eu! Revolução pra mim já foi uma coisa pirotécnica, agora é todo dia, lá no mundo, ardendo, usando as palavras, os gestos, os costumes, a esperança desse mundo." (Manguari Pistolão, personagem da peça *Rasga Coração* de Oduvaldo Vianna Filho)

"(...) acho que, vai ver, esse foi o erro de vocês... vocês descobriram uma verdade luminosa, a luta de classes, e pronto, pensam que ela basta para explicar tudo... a tarefa nossa não é esperar que uma verdade aconteça, nossa tarefa é descobrir novas verdades, todos os dias... acho que vocês perderam a arma principal: a dúvida. Acho que é isso que o filho do senhor quer... duvidar de tudo... e isso é muito bom... acorda... arrepia as pessoas." (Camargo Moço, personagem da peça *Rasga Coração* de Oduvaldo Vianna Filho)

Rasga Coração: discussões político-ideológicas

Este capítulo tem como proposta refletir sobre *Rasga Coração*. Diversas interpretações transformaram esta peça em texto-chave para a compreensão do conjunto da obra de Vianinha. Qualificada como "obra-prima" da dramaturgia brasileira, marco da história do teatro, "testamento" do autor e de sua geração, entre tantos outros adjetivos, *Rasga Coração*, pouco a pouco, teve suas preocupações originais sufocadas. Foi vista como o depositário de anseios pelo retorno das liberdades democráticas. A articulação desta luta à liberação da peça produziu a "unanimidade" e uma interpretação que se tornou "senso comum" em relação ao texto. Diante disso, cabe salientar que o trabalho interpretativo, para que se faça de modo profícuo, deve necessariamente romper com esta "unanimidade", buscando a historicidade da peça de Vianinha.

Neste contexto, a recuperação da análise de Edélcio Mostaço ("*Rasga Coração*, Fígado, Cérebro..."[1]) (1981) pode revelar como o resgate da historicidade ainda está por ser realizado. Isto pode ser dito porque o autor, mais uma vez, utilizou Oduvaldo Vianna Filho e sua dramaturgia para desqualificar as análises de seus adversários, no âmbito da crítica, bem como para reduzir a mero "entreguismo" e "anacronismo" a atuação político-partidária do PCB. Segundo ele, "*passada a árdua batalha pela liberação do texto de Rasga Coração e da eufórica unanimidade com que foi preparada sua mise-en-scène e carreira de apresentações, gostaríamos de propor sua discussão estética e ideológica* [grifos nossos]"[2]. Ressaltou que, do ponto de vista teatral, a peça não possui nenhum aspecto inovador, e o fato de ter optado pelo drama burguês, além de ser ideológico, limitou a interpretação a um único sentido. Qualificou o protagonista como um "*típico zé-ninguém*, preconizado por Reich e Oswald de Andrade ('Somos um país de onanistas'), masturba-se na janela vendo os peitos da vizinha; sofre de artrite; refaz as contas do fim do mês para fazer valer o exíguo salário de funcionário-público; tempera-se 'com muita derrota que dá cada vez mais esperança'"[3]. Ao lado disso, Mostaço resumiu o enredo e observou equivalências entre as personagens do *passado* e do *presente* e a existência de conflitos em uma mesma geração. Teceu opiniões sobre a construção de algumas personagens, ressaltando: "em relação aos jovens Vianna é impiedoso: são medrosos, fugitivos, alienados, e o consumo de drogas e macrobiótica sub-repticiamente condenados como nefastos"[4]. Após este circunstanciamento temático, estético e ideológico, o crítico centrou sua análise no que realmente lhe interessava: "denunciar" a prática política dos comunistas. Ao revelar

---

[1] Este texto foi publicado pela primeira vez na *Revista Teatro*, abril, n.º 4, 1981, republicado em: Mostaço, E. *O espetáculo autoritário*. São Paulo: Proposta Editorial, 1983, p. 59-62. Esta última é a referência que será utilizada neste trabalho.
[2] Ibidem, p. 59.
[3] Ibidem, p. 60.
[4] Ibidem, p. 61.

as implicações político-ideológicas e a perspectiva histórica presentes no enredo, afirmou: "esta síntese, aliás, não é estranha à Velha Guarda: desde 45, quando da legalização do PC; passando por 58, quando foi aprovada a plataforma de colaboração de classes para compor uma frente antiimperialista; em 65, época da condenação da luta armada; até as últimas manobras dos anos recentes, o PC tem primado por professar uma ideologia que se coloque 'sem guerra civil nem insurreição armada'. Vianna, em 68, sugeriu que 'um pouco de pessedismo não faz mal a ninguém', abrindo com isto sua plataforma de colaboracionismo de classe, e juntamente com Paulo Pontes, se incumbiram de disseminar esta visão política junto a vários produtores de cultura no Brasil. *Esta digressão nos ajuda a compreender o caráter da síntese pretendida com Rasga Coração: o revolucionarismo pertence ao passado do PC, à adolescência, mas hoje estão todos dispostos a rasgar o coração e integrar a grande frente do Brasil Grande, do milagre econômico, e por isto sambam todos juntos, irmanados no mesmo projeto. À distância ainda ouço Cacá Diegues dizer 'bye, bye, Brasil', enquanto a 'Tenda dos Milagres' besunta a luta de classes em generoso azeite-de-dendê, amortizando os conflitos e aromatizando de cravo e canela as mãos sujas de estar à direita do poder* [grifo nosso]"[5]. Ao enveredar, explicitamente, para o campo ideológico, avaliou que "resta-nos, agora, procurar a lucidez para levar adiante o combate contra a herança ideológica com que a Velha Guarda embaralhou o caminho, reencontrando o pouco de lucidez deixado nos cérebros estraçalhados que apareciam em *Gracias, Señor*: 'cada geração tem de, num curto espaço de tempo e dentro de uma relativa escuridão, encontrar sua verdadeira missão: cumpri-la ou traí-la'"[6].

Novamente Edélcio Mostaço apresentou-se como voz dissonante em relação ao trabalho de Oduvaldo Vianna Filho. Construiu sua argumentação político-ideológica com o intuito de revelar os objetivos implícitos à peça. Embora sua proposta seja interessante, o autor não conseguiu realizá-la, pois utilizou-a como PRETEXTO para expor as suas divergências com críticos teatrais e militantes políticos que não comungam de suas idéias: o PCB e sua prática política. Após reconhecer o inimigo, e tomar por princípio o prefácio da peça, esquecendo as questões apresentadas no corpo do texto teatral, o crítico teceu observações estéticas pertinentes, mas não originais. Revelou, por exemplo, a opção do dramaturgo pelo realismo psicológico. Depois disso, Mostaço propôs a análise política do texto. Nesse momento, "cobrou" do autor as suas

---

[5] Ibidem.
[6] Ibidem, p. 61-2.

proposições sem analisá-las, desqualificando-as em nome de uma outra postura que seria a mais "correta". Sem dúvida, o que se observa em seus argumentos é que identificar-se com a "frente de resistência democrática" é o mesmo que se render aos governos militares. Mostaço "denunciou" a política "entreguista" do PCB, mas ficaram alguns problemas não resolvidos, porque, ao fazer isto, o crítico estaria elogiando os que optaram pela "luta armada"? Caso esta hipótese seja pertinente, o crítico não observou, porém, que as diferenças existentes entre estas duas opções não foram de ordem ideológica. As divergências ocorreram, na verdade, no plano da "ação efetiva": atuar nas "brechas" e nas "fissuras" ou empunhar armas e conquistar o espaço e o poder pela "força". Ao lado disso, é possível dizer que Mostaço parece ter raciocinado do seguinte modo: PCB + Vianinha = *Rasga Coração*. Isto implica necessariamente a idéia segundo a qual Vianinha transpôs para o palco a linha política do PCB por meio de *Rasga Coração*. Para Ênio Silveira, porém, a peça apontava para inevitáveis transformações dentro do socialismo. Por isso, foi incompreendida pelos setores mais ortodoxos do Partido, ou de acordo com seu próprio depoimento: "— eu me lembro de que *a peça foi censurada por alguns companheiros que a consideravam pessimista, existencialista e não marxista*, como se ele estivesse abandonando seus ideais para cair numa disponibilidade total. Quando me parece exatamente o contrário: *a constante indagação é a tarefa específica dos intelectuais* [grifos nossos]"[7].

Neste contexto, merece ser resgatada a mais significativa análise sobre *Rasga Coração*, feita em 1979, pelo antropólogo Gilberto Velho[8]. O autor iniciou seu artigo partindo do pressuposto de que atualmente, no Brasil, é difícil encontrar alguém que não se denomine democrata, sobretudo, na perspectiva "(...) da localização do poder do Estado e de toda a parafernália que gira em torno deste — burocracia, Partidos, instituições nacionais — como objeto central e real de projetos individuais e de grupos. Todo o resto é secundário, ilusório, circunstancial. (...). Mas já há algum tempo (talvez maio de 68 seja um marco adequado) que cresce no mundo contemporâneo uma consciência da *politização do cotidiano*. (...). Mais importante ainda nesta fase de, pelo menos, maior discussão e explicitação de posições é perguntar *como se vinculam essas diversas e aparentemente heterogêneas temáticas (ecologia, situação da mulher,*

---

[7] Moraes, D. de. *Vianinha: cúmplice da paixão*. Rio de Janeiro: Nórdica, 1991, p. 267.
[8] Curiosamente, nenhum dos comentaristas e críticos que discutiu a dramaturgia de Vianinha fez referência ao artigo de Gilberto Velho. Nem mesmo os trabalhos produzidos no âmbito universitário citaram o texto do antropólogo em bibliografia final.

minorias em geral, questões geracionais) com as questões mais clássicas da política tradicional. (...). Resta saber se, por sua vez, as lideranças oposicionistas percebem o que se tem passado na sociedade brasileira, com novas aspirações e necessidades. Não é mais possível dividir as pessoas, maniqueisticamente, em progressistas e reacionárias. Estes rótulos cada vez mais são desmascarados na medida em que cresce a atenção e preocupação com atitudes e comportamentos ao nível do cotidiano. Assim é que indivíduos e grupos com uma postura revolucionária, em se tratando das famosas grandes questões — imperialismo, luta de classes, distribuição de riquezas etc., demonstram sua intolerância, discriminando aqueles cujas opções existenciais não se enquadram dentro de seus rígidos esquemas éticos e morais. (...). O que se chamou de 'crise das ideologias', pode, creio, ser melhor entendido como um aspecto do declínio de todas as explicações totalizantes, globalizantes da experiência humana. As formas de reducionismo — economicistas, psicanalíticas, sociologizantes, etc. — revelam suas inconsistências na medida em que se enriquecem e se recusam a encarar os paradoxos e aparentes discrepâncias como manifestações da complexidade da vida sociocultural [grifos nossos]"[9]. Depois desta análise conjuntural, Gilberto Velho estabeleceu um diálogo entre estes acontecimentos e a temática de *Rasga Coração*, revelando que a peça "(...) *tem o grande mérito de demonstrar uma certa perplexidade diante de comportamentos que, até há relativamente pouco tempo, não mereciam nem ser examinados.* Poder-se-ia, é claro, desejar maior rigor na descrição da visão de mundo do 'jovem descomprometido', *mas não há como negar que o texto, tendo sido escrito há mais de sete anos, seja um esforço pioneiro na tentativa de relativizar o monolitismo existencial de grande parte da esquerda brasileira.* O confronto de diferentes alternativas de vida, através de personagens ricos e densos é enorme passo adiante em relação às posturas maniqueístas tradicionais. *Isto não quer dizer que o autor não tivesse suas preferências e idiossincrasias. Os personagens integralistas são obviamente caricatos assim como certas passagens referentes aos 'jovens descomprometidos'. Há mais simpatia, talvez, em relação a uma vertente boêmia mais tradicional e conhecida, parcialmente identificada como a figura do malandro.* O personagem principal, no entanto, não é desprovido de ambigüidades e contradições, *estando longe de antigas representações de heróis revolucionários, verdadeiros santos ou super-homens.* (...). Oduvaldo Viana Filho, já então condenado por uma moléstia incurável, demonstrou susto e sensibilidade diante de fatos e situações que não podem ser explicados ou resolvidos com o simplismo dos maniqueístas e dogmáticos. O que me parece altamente significativo é a possibilidade de

---

[9] Velho, G. Teatro político e pluralismo cultural (a propósito de *Rasga coração*). *Jornal do Brasil*, Rio de Janeiro, 11/11/1979, p. 6, Caderno B.

ampliação de um espaço em que pontos-de-vista diferentes sejam legitimados. *Pluralismo cultural é a possibilidade de convivência de visões de mundo e estilos de vida. Isto significa 'respeitar' e não apenas 'tolerar' opiniões e caminhos que não sejam os de nossa escolha.* Cada vez fica mais difícil ser ortodoxo em relação a qualquer postura tradicional. Basta ver as lutas internas na Igreja Católica e nos Partidos Comunistas. *O 'descentramento' parece ser um fenômeno cada vez mais generalizado com a valorização das experiências dos grupos locais, das minorias, das associações. Evidentemente, tudo isto provoca perplexidade em todos aqueles que foram socializados através de modelos rígidos e impermeáveis. A noção de liberdade, depois de anos de repressão e de falência de regimes autoritários de direita e de esquerda através do mundo, deixa de ser monopólio de 'liberais anacrônicos' para se tornar a pedra de toque de qualquer programa que pretenda ser progressista. Passa a ser, inclusive, a bandeira mais radical na medida em que seja estendida a todos os domínios da sociedade e não apenas aos legitimados pela visão de mundo burguesa e convencional. A luta pela maior igualdade em termos econômicos e políticos não deve estar divorciada de uma concepção pluralista da sociedade, sob pena de ignorando-se as principais transformações do mundo contemporâneo, continuar-se preso ao autoritarismo que, certamente, não é o melhor produto da teoria e da prática de esquerda.* Rasga Coração, *sem dúvida, ficará como um marco do teatro brasileiro. Mas a sua contribuição cultural e política será ainda maior se forem extraídas as devidas conseqüências do seu complexo conteúdo crítico* [grifos nossos]"[10].

De maneira inequívoca, as considerações de Gilberto Velho são extremamente instigantes, uma vez que articularam as discussões presentes em *Rasga Coração* com acontecimentos que, pouco a pouco, foram redefinindo perfis e conteúdos das mobilizações sociais. Observou que, após "maio de 1968", as reflexões teóricas, as análises políticas e as pautas de reivindicações nunca mais seriam as mesmas. Tendo entre as perspectivas temas como "democracia", "pluralismo", "discussão das ortodoxias", "explicações totalizantes", o antropólogo resgatou na peça a sua contemporaneidade, bem como os impasses teóricos e políticos que sustentaram a sua construção dramática, histórica e ideológica. Por todas estas possibilidades de debate, presentes no texto de Vianinha, Gilberto Velho concluiu sua reflexão propondo que "as devidas conseqüências do seu complexo conteúdo crítico" sejam extraídas, fazendo um convite para que todos os impasses e proposições de *Rasga Coração* não se percam em meio a uma temporada teatral.

Assim, por compartilhar da observação feita por Gilberto Velho e por

---

[10] Ibidem, p. 6.

reconhecer a ausência de análises que procurassem discutir as premissas teóricas, históricas e políticas, este capítulo procurará pensar esta peça à luz do debate que propiciou a sua elaboração.

1972: intelectuais e resistência democráfica

O tema dos intelectuais e da cultura tornou-se prioridade nas discussões do PCB, sobretudo a partir do golpe de 1964. Sem dúvida, este acontecimento exigiu que o Partido repensasse suas estratégias de atuação política e suas relações com segmentos culturais, já que, a partir de então, as análises puramente "economicistas" não respondiam mais aos impasses vivenciados, nem à necessidade de organização da resistência articulada em setores não vinculados à produção. De acordo com esta perspectiva, o espaço da "resistência" e da "luta pela democracia" teve na cultura a sua arena, na qual a "pequena-burguesia" levantou a bandeira das reivindicações progressistas. Estas preocupações podem ser encontradas num conjunto de documentos, escritos em 1972, que visavam discutir o papel do intelectual na construção da resistência democrática[11].

Guilherme Marques[12] produziu um texto em que analisou as vinculações existentes entre cultura e política, mais especificamente o papel social da produção artística. O autor teve a preocupação em construir um balanço da atuação dos artistas no período pós-64. Para ele, "já em meio às mais violentas manifestações do 'terrorismo cultural', ainda no curso do ano de 1964, vimos se processar uma intensa mobilização da intelectualidade democrática para protestar contra as medidas fas-

---

[11] Trata-se de um conjunto de reflexões produzidas pelo PCB com o objetivo de elaborar um relatório sobre a situação da cultura brasileira, bem como um projeto de resolução sobre a política cultural para, posteriormente, serem discutidos pela "entidade suprema". Este "corpus" documental é constituído de quatro textos, assim intitulados: *O processo de desenvolvimento econômico e sua influência na vida cultural brasileira* (sem autor, sem data, datilografado), *Cultura e ideologia* (sem autor, sem data, datilografado), *Cultura e política no Brasil contemporâneo* (Guilherme Marques, julho de 1972, datilografado) e *O clube, a cultura e os intelectuais* (sem autor, sem data, datilografado).

Estes documentos foram gentilmente cedidos pelo Prof. Dr. Celso Frederico, da ECA-USP, que a eles teve acesso quando pesquisava no Arquivo Histórico do Movimento Operário Brasileiro de Milão. De acordo com Celso Frederico, todos foram escritos em 1972.

[12] Guilherme Marques, de acordo com informações fornecidas pelo Prof. Celso Frederico, era o pseudônimo de Carlos Nélson Coutinho.

cistas da ditadura. Intelectuais de variadas orientações ideológicas juntaram esforços nesse protesto; e, graças à relativa liberdade de imprensa então existente, esse protesto pôde transcender os limites da camada intelectual e alcançar um amplo público da pequena-burguesia. Deve-se acentuar, desde logo, esse caráter *classista* do público atingido pelo protesto dos intelectuais; postos sob intervenção os sindicatos e colocado em dura clandestinidade o Partido Comunista, quebrou-se em grande parte o caminho através do qual esse protesto poderia alcançar a classe operária"[13]. Esta análise conjuntural enfatizou a importância da luta dos intelectuais contra os governos militares, pois "a junção dessas duas causas — *a corajosa atitude da intelectualidade e as contradições internas da ditadura* — possibilitou um fato aparentemente paradoxal, mas de grande significação cultural e política; já a partir do final de 1964, cessado o período mais duro da repressão, *a esquerda voltou a assumir um papel tendencialmente hegemônico na cultura brasileira* [grifo nosso]"[14]. Ressaltou, de um lado, que esta "hegemonia" manifestou-se no interior da "alta" cultura e não no universo da "cultura de massa", e, de outro, enfatizou, ao lado do teatro e do cinema, o importante papel da música popular na constituição deste cenário. No entanto, com relação àquelas duas artes, o autor observou que, pouco a pouco, foram dominadas por tendências "vanguardistas" e "irracionalistas", pois "no plano do cinema, podemos lembrar a trajetória de Gláuber Rocha, o mais importante dos nossos cineastas: depois de seu excelente *Deus e o Diabo na Terra do Sol*, que retoma no plano da narrativa cinematográfica os melhores momentos de nossa tradição romanesca realista, Gláuber — *influenciado pela corrente irracionalista do 'tropicalismo'* — produziu um *filme tão problemático e confuso* como *Terra em Transe*. Já no plano da montagem teatral, o processo se expressa de modo particularmente marcado no Grupo Oficina, na trajetória de seu principal expoente, José Celso Martinez Corrêa, após excelentes montagens realistas, como *Os Pequenos Burgueses* e *Andorra*, que apresentam entre outros o mérito de estabelecer uma correta relação entre o teatro brasileiro e as correntes realistas do drama universal, José Celso empenhou-se na formulação teórica e prática do chamado 'teatro de agressão', no qual o radicalismo 'vanguardista' e experimentalista *escondia uma visão profundamente pessimista e irracionalista da realidade brasileira*. Por outro lado, essa incapacidade de ambos os movimentos de aprofundarem em suas linhas

---

[13] Marques, G. *Cultura e política no Brasil contemporâneo*, julho 1972, p. 3.
[14] Ibidem, p. 3.

realistas iniciais levou tanto nosso cinema quanto nosso teatro a um impasse bastante sério. Com a intensificação das tendências 'vanguardistas', ambos perderam o contato não apenas com nossa realidade objetiva, mas também — em conseqüência — com um público mais amplo. Isso acarretou uma pressão econômica dos produtores no sentido de encontrar um caminho 'comercial', uma linha digestiva próxima dos clichês alienados da indústria cultural de massa. Essa pressão econômica — aliada às pressões políticas — levou muitos de nossos cineastas e diretores teatrais progressistas a aderirem a uma linha comercial sofisticada, mas de valor estético e ideológico nulo [grifos nossos]"[15].

Para melhor explicitar este "desserviço" que o "irracionalismo" trouxe ao teatro e ao cinema, Guilherme Marques apresentou trabalhos literários que estavam em sintonia com o seu momento histórico[16]. Ao lado disso, revelou o quanto foi "nociva" a não-realização da crítica à herança isebiana, porque isto "retardou" a análise mais consistente do que então estava ocorrendo. De acordo com esse balanço, "essa debilidade revelou-se de modo evidente quando começaram a prevalecer, em certos setores da pequena burguesia, as tendências ultra-esquerdistas. Na verdade, no plano do pensamento social, essas tendências revelaram-se quase inteiramente estéreis; em primeiro momento, limitavam-se a inverter os sinais da tradição isebiana, a apresentar as tarefas nacionais como simples reformismo ou oportunismo, com a conseqüente postulação abstrata e sectária de um socialismo *aqui e agora*; em um segundo momento, a ultra-esquerda simplesmente abandonou a tarefa de analisar objetivamente a realidade e empenhou-se numa contestação aventureira e irresponsável, num militarismo praticista que não se limitava a abandonar a teoria, mas que por vezes chegava mesmo a tratá-la com hostilidade. Seria ridículo afirmar que a causa do florescimento da ultra-esquerda entre nós reside no deficiente teórico da crítica à ditadura por parte da intelectualidade progressista, em particular dos marxistas; mas não há dúvida de que essa deficiência desempenhou um papel no processo, ao permitir que a 'urgência' de atuação política — ao não encontrar uma formulação estratégica capaz de orientá-la adequadamente — desembocasse no aventureirismo irresponsável. (...). O ultra-esquerdismo tem seu equivalente também no plano da criação artística e da teoria estética. Mas aqui, como a prática demonstrou os processos de 'radicalismo' infantil não conduziram a uma ativi-

---

[15] Ibidem, p. 5.
[16] Entre estes trabalhos, o autor destacou o romance *Quarup*, de Antônio Callado, os poemas *Inquisitorial*, de José Carlos Capinam, *Por você, por mim*, de Ferreira Gullar, *Canto para as transformações do homem*, de Moacyr Felix.

dade política irresponsável, mas sim a uma paulatina despolitização da cultura, embora apresentada algumas vezes sob vestes 'político-radicais'"[17]. Iniciaram-se, assim, as argumentações que justificariam a existência destas manifestações qualificadas de "ultra-esquerdistas" e "irracionais". Por essa via, a derrota em 1964 teria provocado um ceticismo nos meios intelectuais, originando revoltas "metafísicas" ou "contra a cultura em geral". Observou-se, também, no texto que *"embora não se trate de uma ligação direta, há uma indiscutível relação de paralelismo entre o florescimento da ultra-esquerda no plano político e o crescimento das tendências 'vanguardistas' no plano cultural* *. Em ambas podemos observar o mesmo ceticismo diante da razão entendida em sua dimensão dialética e histórico-crítica [grifo nosso]"[18]. Em uma tentativa de responder a estas manifestações que em nada contribuíam para o campo da "resistência democrática", o autor fez a defesa de trabalhos artísticos filiados ao realismo, a partir da contraposição entre propostas diferenciadas, porque "na verdade como em toda arte alegórica, as produções tropicalistas apresentavam uma generalização falsa (a 'absurdidade' da vida brasileira) a partir de uma singularidade fetichizada (os elementos contraditórios isolados do seu contexto). Para a posição realista, em troca, tratava-se de demonstrar que esses vários elementos eram apenas momentos parciais de *uma mesma realidade social e cultural*, ou seja, de mostrar como a possibilidade de uma faixa de capitalismo de consumo na zona sul carioca decorre precisamente do anacronismo da nossa estrutura agrária injusta e espoliativa. (...). O predomínio do tropicalismo, assim, assinala o recuo e a marginalização da corrente realista na arte e do marxismo crítico e humanista no plano do pensamento. Com isso, *a hegemonia tendencial da esquerda na cultura brasileira sofre* — mesmo antes do AI-5 — *uma séria crise* [grifos nossos]"[19].

Deste modo, foram realizadas considerações com o objetivo de "condenar" atitudes e práticas que não contribuíssem para a construção de "uma hegemonia tendencial de esquerda na cultura brasileira" no período dos governos autoritários. Para tanto, estas reflexões, produzidas

---

* É importante destacar que, para o PCB, o "tropicalismo" foi o exemplo mais acabado de "irracionalismo" na produção cultural brasileira, em meados da década de 60. Nesse sentido, para realizar a crítica desta perspectiva artística, Guilherme Marques (Carlos Nélson Coutinho) ancorou-se no artigo de Roberto Schwarz (Cultura e política: 1964-69. In: *O pai de família e outros estudos*. 2.ª ed. Rio de Janeiro: Paz e Terra, 1992, p. 61-92), para destacar seu caráter "alegórico" e "anti-realista".

[17] Ibidem, p. 6-7.
[18] Ibidem, p. 7.
[19] Ibidem, p.7-8.

no PCB, procuraram articular o trabalho intelectual como núcleo fundamental da resistência. Por isso, tornava-se importante resgatar a atuação dos intelectuais, em diferentes momentos da história do Partido. Em outros textos, usou-se o termo "intelectual orgânico" para designar a especificidade e a importância da atividade intelectual para a estratégia de luta do PCB, bem como reconheceu-se a necessidade de um trabalho teórico que fundamentasse e orientasse a militância. Esta possibilidade é considerada, em outro documento interno, com base na seguinte observação: "(...) Lênin, desde o começo do século, insistiu no papel histórico da iniciativa humana revolucionária, na importância da subjetividade e da consciência para a revolução, combatendo a visão da revolução como um processo espontâneo ou mecânico e chamando a atenção de todos para o fato de que *sem teoria revolucionária não há prática revolucionária*. A consciência revolucionária não deriva automaticamente da ação, ela exige um trabalho criador, que Lênin soube melhor do que ninguém desenvolver em seu tempo e nas condições históricas com que se defrontou no seu país. Desde o tempo de Lênin, contudo, impulsionada pela contribuição que ele mesmo lhe trouxe, a revolução avançou muito e hoje ela se defronta com uma realidade diferente, nova, complexa. Em face desta realidade nova e desafiadora, alguns revolucionários anseiam por um novo Lênin, um dirigente capaz de unir genialmente a teoria e a prática. Semelhante atitude tem um caráter romântico. As tarefas da revolução, em sua etapa atual estão aí, diante de nós, e nós precisamos enfrentá-las tais como somos, não podemos adiar a luta para a chegada de um líder messiânico. Os dirigentes do clube podem muito bem se desincumbir das pesadas responsabilidades, sem estar para isso obrigados a se elevarem ao nível de um Lênin — não estão sequer obrigados a serem grandes teóricos para serem bons dirigentes, pois para uma direção eficiente basta talento político, sensibilidade, uma boa base ideológica, uma boa base de experiência, firmeza e... uma boa assessoria"[20].

A importância do intelectual e de seu trabalho foram recuperados, valendo-se da figura de Lênin, com o intuito de mostrar que a construção da teoria revolucionária não é resultado de textos produzidos no "calor da hora", mas fruto de pesquisas, de conhecimento e reflexão. Assim, o Partido reconhecia que não seriam apenas os cursos de "bolchevismo" que permitiriam a formação teórica de seus militantes, tanto mais que, em sua conclusão, o documento cita como "voz de autoridade" o pensador italiano Antonio Gramsci. É importante ressaltar: as

---

[20] *O clube, a cultura e os intelectuais*, s.d., p. 13-4 (datilografado).

discussões de 1972 — um dos resultados do VI Congresso, na tentativa de reeditar a importância da atividade intelectual para a militância — viram-se diante da necessidade de refletir sobre seu próprio momento e sobre suas bases intelectuais, uma vez que a simples recuperação da trajetória de Lênin não fora suficiente para dar conta da complexidade vivida e, ao mesmo tempo, abrir caminhos para pensar a estruturação do Partido na luta política.

O cenário intelectual e político das forças comprometidas com o PCB estava constituído. Neste contexto, buscava-se dar consistência para as críticas à luta armada, à contracultura, ao estruturalismo e às propostas estéticas que se afastavam do Realismo. Diante disso, cabe perguntar: quais as premissas dos trabalhos de Oduvaldo Vianna Filho?

Vianinha, como já foi amplamente apresentado, não só engrossou as fileiras de "resistência democrática" como foi um crítico sistemático de propostas que se encaminharam para a radicalização política e estética. Após 1964, pelo menos publicamente[21], continuou a assumir a defesa das propostas do PCB, enfrentou debates e polêmicas com o objetivo de fazer a defesa desta escolha, que lhe parecia a mais "correta" naquele momento específico. Foi qualificado de "reformista", mas em nenhum momento deixou de reafirmar os pressupostos da "frente democrática". Embora sua dramaturgia contivesse as marcas da dúvida e da sensação de impotência diante das situações vivenciadas, o autor, estrategicamente, não as tornou públicas. Ao contrário, procurou responder às contestações feitos pelo jornalista Luiz Carlos Maciel[22], nas mais diversas oportunidades. Alertou para a necessidade de a "classe teatral" se "unir" para continuar existindo cultural e socialmente. Tornava-se uma opção política e profissional, de sua parte, conquistar espaços significativos no mercado de bens culturais. Para tanto, a produção artística deveria ser feita com base em temas e propostas estéti-cas que possibilitassem a identificação do público com este trabalho[23]. A partir deste encaminhamento, pôs em dúvida as "experiências de vanguarda", pelo fato de elas limitarem a esfera de ação político-social de suas proposições. No entanto, a "resistência democrática" deveria dar respostas em vários níveis. Entre eles, era

---

[21] A respeito disso, a discussão realizada no Capítulo 3, sobre as peças *Moço em estado de sítio* e *mão na luva*, trouxe algumas indicações.

[22] Maciel, L. C. Quem é quem no teatro brasileiro (estudo sociopsicanalítico de três gerações). *Revista Civilização Brasileira*, Caderno Especial n.º 2 (Teatro e realidade brasileira), Rio de Janeiro: Civilização Brasileira, julho de 1968, p. 49-68.

[23] Vianna Filho, O. Um pouco de pessedismo não faz mal a ninguém. In: Peixoto, F. (org.). *Vianinha: teatro — televisão — política*. São Paulo: Brasiliense, 1983, p. 120-8.

preciso criticar a opção política que localizava na "luta armada" a única atitude eficaz contra o recrudescimento dos governos militares. Neste debate, a resposta de Vianinha, no universo dramático, foi a confecção de *Papa Highirte*, que em virtude da Censura Federal não chegou ao público, nem propiciou o debate ao qual se propunha. Procurando demonstrar a "fragilidade" da luta armada em ações divorciadas do conjunto da sociedade, o dramaturgo reafirmou a importância e a justiça da opção feita pelo PCB.

As respostas elaboradas em 1968, por Oduvaldo Vianna Filho, criticaram as estratégias de atuação política incompatíveis com as determinações do PCB. Todavia, as implicações teóricas, estéticas e políticas provenientes de contestações européias e norte-americanas, ocorridas no mesmo período, ainda não tinham sido, devidamente, comentadas. Neste sentido, em 1972, o PCB identificou a "contracultura" como uma resposta aos acontecimentos de 1964, responsáveis pelo "ceticismo" que atingiu parcela significativa de intelectuais e produtores de cultura. Qualificou-a de "irracionalista" juntamente com a luta armada, sem discutir que, do ponto de vista teórico, esta aproximação não se justificava porque os adeptos da luta armada não romperam com os pressupostos do marxismo-leninismo. Na verdade, redefiniram a sua atuação na busca de soluções imediatas para o arbítrio no país, tanto mais que "aderir" ao "foquismo" não significou, necessariamente, a negação da ortodoxia do materialismo histórico[24].

---

[24] De acordo com Daniel Aarão Reis Filho, "diante do impasse em que se encontrava o país, da 'farsa' das instituições, só restava uma saída: o recurso à violência, pela destruição do capitalismo. Os termos da equação estavam dados: revolução socialista ou caricatura da revolução. Para alcançar este objetivo a POLOP tinha uma proposta: a combinação da greve geral com o 'foco catalisador', uma tentativa de síntese das contribuições de Lênin, Rosa Luxemburgo e Ernesto Che Guevara. O desenlace da luta poderia demorar, mas havia a certeza quanto aos resultados 'inevitáveis'. O rumo da revolução não podia mudar. As cisões oriundas da POLOP e que recusaram a formação do POC divergiram quanto à proposta de encaminhamento da luta armada e às concepções de organização, mas acompanhariam os matizes de pensamento referentes à aliança das classes dominantes, à inanidade do jogo constitucional e à necessidade da violência como alternativa para a derrubada do poder vigente. Destas linhas não se afastariam o PC do B e suas dissidências. É verdade que a proposta de formação do 'bloco das quatro classes', incluindo a burguesia nacional, parecia abrir espaços para a reflexão sobre supostas 'brechas' no poder. Entretanto, as previsões catastróficas e o discurso apocalíptico sobre a capacidade revolucionária das 'massas' estreitavam a pequena margem disponível para acordos com uma burguesia 'vacilante e conciliatória'. As organizações provindas do PCB se inclinariam pelo mesmo caminho. Não se abandonou por completo a reflexão sobre as contradições entre os de 'cima'. Haveria mesmo acenos, da parte de Carlos Marighella, à 'média e pequena

Assim, reafirmar o "acerto" dos encaminhamentos políticos do Partido e construir a resposta teórica que não fora dada em 1968 motivaram Oduvaldo Vianna Filho a elaborar o prefácio de *Rasga Coração*, datado de 28/2/1972. Neste prefácio o dramaturgo explicitou quais eram as propostas da peça: "em primeiro lugar, *Rasga Coração* é uma homenagem ao lutador anônimo, aos campeões das lutas populares; preito de gratidão à 'Velha Guarda', à geração que me antecedeu, que foi a que politizou em profundidade a consciência do país. (...). Em segundo lugar, quis fazer uma peça que estudasse as diferenças que existem entre o 'novo' e o 'revolucionário'. O 'revolucionário' nem sempre é novo absolutamente e o novo nem sempre é revolucionário"[25]. Expostos os motivos, foi apresentado o resumo de enredo que tem como eixo central a trajetória de Manguari Pistolão "(...) lutador anônimo, que depois de quarenta anos de luta por aquilo que ele acha novo, revolucionário, *vê o filho acusá-lo de conservadorismo, antiguidade, anacronismo. Para investigar essas razões, a peça ilumina quarenta anos de nossa vida política, mostrando a repetição do conflito de percepção do verdadeiramente novo*. Este conflito se dá na percepção de gerações diferentes, mas, principalmente, estala dentro de cada geração, e é dentro de cada uma delas que se define [grifo nosso]"[26]. Nessa perspectiva, o autor procurou tanto discutir o "novo" na década de 30, representado pelo *integralismo*, como também o "novo anárquico", protagonizado pela *boêmia de 30* e *hippie dos anos 60/70*, os quais "(...) apesar de apresentar soluções antigas, percebe, detecta problemas novos que os sistemas revolucionários organizados têm dificuldade em absorver, principalmente quando atravessam fases de subestimação da teoria e criação da consciência humana. No final, no frigir dos ovos, o revolucionário para mim, o novo, é o velho Manguari. Revolucionário seria a luta contra o cotidiano, feita de cotidiano. A descoberta do mecanismo mais secreto do cotidiano, que só sua vivência pode revelar"[27].

Evidenciadas as preocupações que originaram a escrita de *Rasga Co-*

---

burguesia', ou, segundo os mais rigorosos, a 'frações das camadas inferiores dos pequenos empresários'. Contudo, a ênfase recaía sempre nas expectativas delirantes a respeito da capacidade de luta das 'massas'. A luta armada, a guerrilha rural em suas várias versões, não eram perspectivas a serem elaboradas, eram tarefas imediatas. Sem elas as demais atividades se perderiam na inconseqüência reformista. Havia urgência no desencadeamento da luta e, já em 1967/1968, as ações armadas começariam a ser desfechadas no Rio e em São Paulo, principalmente" (Reis Filho, D. A. *A revolução faltou ao encontro: os comunistas no Brasil*. 2.ª ed. São Paulo: Brasiliense-MCT-CNPq, 1990, p. 62-3).

[25] Vianna Filho, O. *Rasga coração*. Rio de Janeiro: Serviço Nacional de Teatro, 1980, p. 13.
[26] Ibidem, p. 13.
[27] Ibidem, p. 13. Ao lado disso, o dramaturgo revelou que este trabalho teve como

ração, reapareceram os pressupostos do debate entre "reformistas" e "revolucionários" (1968), só que não pela ótica da "luta armada" (uma vez que em 1972 a derrota da guerrilha era evidente), mas por meio de uma sistematização de argumentos que refutasse as críticas que os partidos tradicionais de esquerda estavam sofrendo. Vianinha procurou contribuir com esta discussão ao lado do PCB, tanto mais que, no Prefácio, apresentou os militantes do Partido (fundado em 1922) como os responsáveis pela politização do país. Atribuiu a eles o papel de "vanguarda" na tarefa de conscientizar a sociedade brasileira. Assim, demarcado o campo, e estabelecida a "vanguarda histórica", o dramaturgo iniciou seu "acerto de contas", com o objetivo de demonstrar que os propósitos teóricos e as intervenções do PCB no processo social foram "corretas". Para tanto, partiu da seguinte premissa: os adjetivos "reformistas" e "revolucionários" não correspondem às opções políticas feitas por estes grupos, porque, na sua ótica, os "reformistas" não só fizeram a interpretação "correta" do processo, como, também, foram responsáveis pela "resistência democrática". Nesse sentido, o resgate desta atuação e a "coerência de propósitos" os alçaria à condição de "revolucionários". Por fim, para garantir a legitimidade de seu argumento, reafirmou a primazia do "conteúdo" sobre a "forma", pois a originalidade estética é parte integrante de um projeto e não um fim em si mesma. Deste modo, estabelecida a arena na qual o debate ocorreria, bem como os princípios estéticos e ideológicos, *Rasga Coração* começou a ser construída.

Rasga Coração: estrutura e proposta temática

Rasga Coração[28] tem dois atos. O primeiro compõe-se de quatro cenas, e o segundo de seis, em um total de dez. No que diz respeito à sua estrutura formal, a *rubrica* — a fala do autor presente no corpo do texto — é fundamental para compreender a sua construção, pois nela encon-

---

proposta explorar todas as potencialidades do *playwright*, e utilizar as técnicas de colagem presentes em outros espetáculos como, por exemplo, Opinião, buscando nesta combinação apresentar uma "linguagem dramática nova", pois "a *criação de formas novas parece-me importante assim: resultados compulsivos da necessidade de expressão temática e não somente a procura artificiosa de novas posturas*. A originalidade como sofrido ponto de chegada, e não ponto de partida [grifo nosso]" (Ibidem, p. 14).

[28] O título foi retirado da música *Rasga o coração*, de Catulo da Paixão Cearense e Anacleto Medeiros. A estrofe "Se tu queres ver a imensidão do céu e mar / refletindo a prismatização da luz solar / Rasga o Coração, vem te debruçar / sobre a vastidão do meu penar" inicia e encerra a peça *Rasga coração* de Oduvaldo Vianna Filho.

tram-se a organização do espaço cênico, as diferentes formas de iluminação, a trilha sonora e os figurinos que compõem a caracterização das personagens. A iluminação é construída em dois níveis. O primeiro refere-se à luz que envolve todo o palco durante a encenação. O segundo configura a presença de dois planos temporais, além de ressaltar contrapontos provenientes de diversas situações dramáticas.

Estes espaços são possibilitados pela luz, que anuncia a presença de tempos cronológicos distintos no desenrolar da ação, bem como pela narrativa, seja ela conduzida pela memória de Manguari, seja pela presença de um narrador externo que organiza a situação dramática[29]. Este pluralismo permitiu a existência de dois planos bem definidos: o *passado* e o *presente*. No primeiro tratam-se diferentes momentos da década de 30. No segundo a ação desenrola-se no decorrer do ano de 1972. Em algumas circunstâncias, as situações são narradas pelas personagens, por meio de *monólogos* (Lorde Bundinha, Camargo Velho) ou por sua representação cênica. A existência de várias narrações em *Rasga Coração* requer a presença de distintas "falas" ao longo da peça. O *diálogo* tem predominância no *presente*, com exceção das lembranças de Manguari, que apontam para uma interlocução imaginária entre ele e Lorde Bundinha. Os *monólogos* surgem, basicamente, no *passado*, com as personagens Camargo Velho, Lorde Bundinha e Castro Cott.

Valendo-se destes recursos técnicos, a peça apresenta as personagens e seus espaços sociais, bem como as regiões de atritos e de contradições, com o objetivo de perseguir por meio de um tema chave, MODERNIZAÇÃO, as divergências teóricas e políticas entre as proposições do PCB e as do movimento denominado Contracultura. Com esta preocupação, são apresentados os referenciais de Manguari Pistolão e de seu filho Luca. Manguari é o depositário de uma série de lembranças e de uma específica concepção de mundo, que será discutida pelas aspirações de vida de Luca, e por outras possibilidades de entender as relações humanas e sociais. A viabilização dramática deste conflito ocorre em dois níveis. No primeiro, o espectador/leitor é conduzido ao universo de Manguari, por meio da recuperação do *passado*, que apresenta os embates nos quais esteve inserido, e a convicção de seus propósitos e de suas

---

[29] O narrador presente em *Rasga coração* pode ser qualificado como "narrador onisciente neutro" que, de acordo com Ligia Chiappini Moraes Leite, fala na terceira pessoa. "Também tende ao Sumário embora aí seja bastante freqüente o uso da Cena para os momentos de diálogos e ação, enquanto, freqüentemente, a caracterização das personagens é feita pelo Narrador que as descreve e explica para o leitor" (Leite, L. C. M. *O foco narrativo*. 3.ª ed. São Paulo: Ática, 1987, p. 32).

atitudes. No segundo, depara-se com o cotidiano de Luca, suas expectativas de vida e os princípios que norteiam a sua interpretação da "realidade". Na maioria das vezes, as situações ocorridas no *presente* propiciam o resgate do *passado*, permitindo que se pondere acerca das escolhas e das opções de Manguari. Para tanto, foi realizada uma pesquisa[30] sobre a década de 30, para construir, sob diferentes aspectos, um panorama do período em questão[31]. No que se refere ao ano de 1972, o autor ancorou-se na leitura de alguns textos básicos para a compreensão dos pressupostos defendidos por aqueles que contestavam as premissas nas quais se desenvolveu a civilização ocidental[32].

Um outro aspecto importante com relação à peça diz respeito à sua confecção. O prefácio e o primeiro ato foram escritos em 1972 e o segundo ato em 1974. As condições nas quais este último foi feito (ditado por Vianinha à sua mãe, no Hospital Silvestre) explicam por que sua estrutura se diferencia da do outro. Na verdade, no primeiro o autor articula com muito mais freqüência, tanto temática quanto dramaticamente, o *passado* e o *presente*, ao passo que, no segundo ato, o *passado* e o *presente* são apresentados de maneira mais estanque. As passagens são bruscas, as questões temáticas e as construções cênicas mais divididas. Em contrapartida, o segundo ato é o momento de explosão das contradições inerentes às concepções de Manguari e de Luca. Nesse sentido, observa-se que a estrutura dramática de *Rasga Coração* não é homogênea. Ao contrário, se no primeiro ato há riqueza de minúcias, sutilezas nos gestos e nas palavras, além de informações, no segundo são as idéias, as dúvidas e a indefinição que sustentam a narrativa.

---

[30] Esta pesquisa, realizada por Oduvaldo Vianna Filho e Maria Célia Teixeira, foi publicada na edição do Serviço Nacional de Teatro da peça *Rasga coração*, bem como os fragmentos de textos teóricos utilizados pelo autor para a construção dos diálogos, em especial de Manguari e Luca.

[31] A pesquisa sobre a década de 30 é constituída pelos seguintes itens: dicionário de gíria (1930/1940), música brasileira, Rio década de 30, Rio Antigo, Nomes, Piadas, Gíria — Expressões, História Política. A preocupação do autor, ao sistematizar este material, foi a de elaborar, cênica e dramaticamente, a década de 30 com base em referências do período. Assim, a perspectiva histórica não estaria sendo resgatada apenas pelos acontecimentos políticos, mas pelo vocabulário, pelas referências a manchetes de jornais, por índices do custo de vida, piadas, paródias, músicas vencedoras dos carnavais da década, compositores do período.

[32] Com relação à década de 70, o dramaturgo remeteu-se a algumas manifestações do período, procurando sistematizar historicamente, por exemplo, o uso do cabelo comprido em diferentes civilizações. Consultou livros como *O despertar dos mágicos* e *A contracultura* (Theodore Roszak) para pôr em cena o debate proposto pela juventude do período. Utilizou, também, fragmentos de textos de Hegel, Marx, Nietzsche, Schopenhauer para compor a estrutura dos diálogos de *Rasga coração*.

Os anos 30 sob a ótica da "memória histórica"

Rasga Coração é um texto que, fundamentalmente, buscou apresentar ao espectador/leitor a trajetória de Custódio Manhães Jr. (Manguari Pistolão), um dos "heróis anônimos", responsáveis pela construção da "resistência democrática", após o golpe militar de 1964, vinculado a movimentos e lutas compreendidas como "progressistas". O espectador/leitor é apresentado ao protagonista da peça no tempo *presente*, mas são as lutas e as situações do *passado* que conferem "credibilidade" a suas atitudes e opiniões. Por isso, este *passado* é atualizado cenicamente pelo rememorar do próprio Manguari ou pela intervenção do narrador. Pela memória do protagonista são resgatadas as suas vivências com seu pai, Custódio Manhães (666), com Lorde Bundinha e Camargo Velho, bem como sua participação política, na década de 30, como militante do PCB. Estas situações são recuperadas, também, pelo narrador que, também, resgata Castro Cott e sua militância integralista.

Manguari travou em sua luta, a favor da modernização, do progresso e da justiça social, uma série de embates, durante a década de 30. O primeiro deles diz respeito às divergências em relação às idéias de seu pai, Custódio Manhães (666), funcionário público, Fiscal 666 do Serviço de Saneamento do Rio de Janeiro. Pertenceu às Brigadas Sanitárias de Osvaldo Cruz. É caracterizado pelo uniforme e apetrechos de desinfecção, não apresentando dimensão psicológica, nem conflitos internos. Deseja para o filho uma carreira no funcionalismo. Não apóia o movimento de 1930 porque as urnas não foram respeitadas. É um crítico do processo de modernização e urbanização do país. Acredita que o futuro está no campo e que o Brasil, por conseqüência, é um país agrícola. Em meados da década de 1930, irá filiar-se à Ação Integralista Brasileira. As situações dramáticas que envolvem pai e filho, geralmente, são resgatadas pelo *presente*, por meio de lembranças de Manguari. Diante de um "corpo estendido no chão" e do trânsito caótico em Copacabana, o *passado* atualiza a infância de Manguari, que acompanha o pai a um trabalho de desinfecção de uma chácara em Copacabana. Mas as situações de conflito entre Luca e Manguari propiciam a recuperação dos confrontos entre Manguari e 666. Eles expõem a "sintonia" do filho com a industrialização, ao passo que o pai reafirma a "vocação agrícola" do Brasil. Os diálogos permitem observar que a personagem 666 foi construída no sentido contrário ao da modernização. Tem um profundo desprezo pela sociedade de massas e pelas lutas populares. Não acredita no caráter benéfico do progresso. Essa atitude o qualifica, dramática e politicamente, de forma negativa[33]. Por meio desta construção dramática, a personagem 666 é uma das maneiras de reforçar a posição "correta" de Manguari, e demonstrar o acerto histórico de sua opção, tanto mais que, no decorrer da peça, pai e filho romperão relações (666 expulsa Manguari de casa por flagrá-lo, junto com Nena, no quarto, na cama dos pais, e pelo fato de o filho não se ter definido profissionalmente). No entanto, 666 não será o único contestador das posições de Manguari. O protagonista, na verdade, atravessará a década de 30 entre dois pólos totalmente opostos: Lorde Bundinha e Camargo Velho. As duas personagens, muitas vezes no mesmo espaço cênico, permitem visualizar os contrapontos existentes na juventude de Manguari: a Malandragem e a Militância. Estes fragmentos esboçam um perfil da trajetória dos anos 30 e trazem dois eixos que posteriormente irão realizar a síntese das experiências de Manguari.

No que se refere a Lorde Bundinha, como defini-lo? Um "alienado",

---

[33] A título de exemplificação, podem ser transcritos alguns diálogos de 666: "666 — ...e não se encontra mais leite, querosene, arroz, caixa de fósforo. Falta água, é um absurdo viver, assim em vasa-barris! / Manguari — Pai, a primeira medida de Getúlio foi criar o Ministério do Trabalho, pai, decreto 19.433! O povo está ganhando um pouco mais, compra mais, as coisas faltam! Precisa agora produzir as coisas que o povo usa e... / 666 — Povo? O povo? Agora, terminam as oito horas, eles param o serviço! 'Mas só falta desinfetar aquele canto, gentes! É a saúde de uma família! Mas eles estão se bujiando.' 'José, preciso de você amanhã!' 'Amanhã é meu dia de folga.' Duas horas pra almoço agora, parados à fresca, perna estirada, os filhos sem comida, nus, dentes podres, eles passando à rosa divina! Nojo do trabalho, isso que vocês criaram... / Manguari — O senhor não seja contra as conquistas, meu pai! Lembra que o senhor na campanha da vacina obrigatória também não teve gente contra? / 666 — Gente contra, menino? Gente contra? Me recebiam de revólver em punho quando eu ia desinfetar as casas. 'Aqui não entra Cheira-Cheira', o Rio fedendo a fígado e urina, vacas tuberculosas na rua, tapetes de saliva em volta dos quiosques, incêndios todas semanas, mas me recebiam de revólver em punho! Cercaram o tílburi do Dr. Oswaldo Cruz... 'Mata mata'. Queriam matar o Dr. Oswaldo Cruz. *(Meio chora)* Diziam Oswaldo Cruz-Credo... / MANGUARI — Não é, pai? Tem sempre oposição às coisas novas, o avanço... / 666 — Dr. Oswaldo Cruz me chamava de senhor Custódio... morreu com 44 anos, cego de um dos olhos, os cabelos ficaram brancos em 4 anos... foi esse seu povo, meu filho, quem matou ele... as cidades são armazéns de ódio, fazem o homem esquecer sua insignificância... (...). Nunca tente satisfazer o povo, menino, não comece, é um poço sem fundo, satisfazer é aumentar a insatisfação, nunca mostre o impossível para o homem, aí é que bate o ponto..." (Vianna Filho. O. *Op. cit.*, p. 24-5).

"666 — Técnico? O meu filho, único filho que sobrou, que aquela maldita gripe espanhola me levou eles, meu único filho vai ser operário? De palito Marquesito na boca? Mas o que é que você quer das cidades Brahma Chope, agora engarrafado? Mulheres de unhas pintadas? O cinema? Ah, o cinematógrafo com heróis de vida galopante, não é? Filmes que anunciam vícios elegantes! Essa Dercy Gonçalves nua pelos palcos, baratinha de capota arriada, indecências, V-oitos?" (Ibidem, p. 32-3).

um irresponsável, um boêmio, um dançarino, um músico ou um malandro? Lorde Bundinha seria tudo isso, como também não se enquadraria em nenhum destes esteriótipos, pois, ao mesmo tempo que representa o malandro carioca dos anos 30, significa uma concepção de vida historicamente contextualizada, que estava sendo desintegrada pelo processo de modernização pós-30[34]. É amigo de Manguari e esteve presente nas mais variadas situações, pois é com Bundinha que Manguari vai morar quando é expulso de casa pelo pai. Os dois pintaram reclames, em muros, para injeções contra gonorréia. Participaram de vários concursos de danças de salão para garantir a sobrevivência. Lorde Bundinha representa um segmento social que sucumbiu por não se render aos encantos da máquina e da indústria. Suas falas[35], ou a sua presença, evidenciam uma crítica ao ativismo do amigo ou às deliberações do Partido. Apoiou o movimento revolucionário de 1930, mas não se engajou em nenhuma luta ou causa partidária. A sua entrada em cena, geralmente, está vinculada ao prazer, à alegria, à música e à dança[36]. Assim, por meio de Lorde Bundinha, surge uma percepção melancólica das transformações ocorridas na década de 30. Manguari e Bundinha,

---

[34] Com relação ao universo musical e social no qual Lorde Bundinha está inserido, consultar:
Lenharo, A. *Cantores do rádio: a trajetória de Nora Ney e Jorge Goulart e o meio artístico de seu tempo*. Campinas: Editora da Unicamp, 1995.
Neste trabalho de Lenharo, no que se refere ao universo da boêmia do Rio de Janeiro, na década de 30 consultar, especialmente, a Introdução — Tiro na memória (p. 17-37).
Outra referência bibliográfica importante é:
Contier, A. D. *Brasil novo — música, nação e modernidade: Os anos 20 e 30*. São Paulo, 1988. Livre-docência em História, Faculdade de Filosofia, Letras e Ciências Humanas, Universidade de São Paulo.
Embora a discussão central deste trabalho esteja no campo da música erudita, Contier, ao analisar o cenário musical do início do século, constrói uma reflexão articulando o "popular" e o "erudito", evidenciando um imbricamento destes universos musicais.

[35] Os monólogos de Lorde Bundinha — independentemente das conversas com Manguari — são construídos a partir de fragmentos de outros diálogos e pelo relato das experiências do amigo Manguari Pistolão. Este recurso sugere, muitas vezes, proximidade entre a personagem e o espectador que, em rápidos instantes, acena com uma quebra de limites entre palco e platéia.

[36] Talvez seja a personagem mais bem elaborada e a que demandou a maior pesquisa de época no âmbito da coreografia, da fala e da produção musical. O seu universo dramático propõe o resgate da musicalidade dos anos 30, ainda mais que sua presença põe em cena músicas como *Corta-jaca*, de Chiquinha Gonzaga, *Alvorada*, de Sinval Silva e interpretada por Carmem Miranda, além uma série de paródias como *Casamento no Uruguai*.

entre ironias e bebedeiras, verificam que as suas formas de sobrevivência estão desaparecendo (dançarinos profissionais e pichadores de reclames), porque a pichação foi proibida e os bailes de salão estavam sendo substituídos pelos bailes domiciliares, possíveis graças à vitrola e à indústria fonográfica[37]. No decorrer da peça há uma série de observações evidenciando que a industrialização e a organização podem, historicamente, ser pensadas como perdas[38]. Como a maioria das personagens que estão no plano passado, Lorde Bundinha tem a sua existência cênica construída com base na memória de Manguari ou pela intervenção do narrador.

Resgatado, também, por meio deste recurso é a personagem Camargo Velho, que compõe uma leitura arquetípica do militante do PCB na década de 30: um cumpridor de tarefas, que se limita a repetir as palavras de ordem que nortearam a ação do Partido no período. Cenicamente, sua composição é simbólica. O seu figurino é um misto da farda do Movimento Tenentista e um paletó comum, além de usar um lenço vermelho no pescoço. A música que o apresenta é o *Hino a João Pessoa*, considerado o hino da Revolução de 30. Em relação à ação dramática, a

---

[37] Em outros momentos de sua produção intelectual, Oduvaldo Vianna Filho constatou como determinadas formas de sobrevivência e manifestações artísticas, em especial o teatro, "desapareceram" com o advento da modernização da sociedade brasileira. Esta discussão foi abordada na Nota 8, do Capítulo 3.

[38] Exemplos destas constatações podem ser observadas nas seguintes falas: "Lorde Bundinha — Deixa isso, Lorde Manguari Pistolão, vocês estão organizando demais esse troço, mon choux, exigindo relógio de ponto em todo lugar. Cuidado: a vida morre, hein, tem na linha! *(Valsam)*" (Vianna Filho, O. *Op. cit.*, p. 26).
"Lorde Bundinha — Você só pensa em política, Manguari, tem que tirar cera e deitar verde também! *(Canta e dança)*" (Ibidem, p. 28).
"Lorde Bundinha — Proibiram de fazer reclames nos muros, terminou um emprego nosso, agora essas vitrolas estão acabando com os bailes nos clubes, os beldroegas agora fazem festinha em casa mesmo. Os dançarinos vão acabar" (Ibidem, p. 33).
"Lorde Bundinha — Sou um bolina, Nena, um casquinha... não quer ver o Gaspar... Lorde Manguari só pensa em política... até ontem eles queriam fazer tudo sozinhos, até ontem! Agora esse gibi bacurau, o Stalin, mandou dizer que é frente antifascista, então eles querem por todo mundo na aragem, até o Oswaldo Aranha, durma-se com um barulho destes! Política é um jiga-joga, cada dia uma estrada, é um beco, uma cralhampana!" (Ibidem, p. 54).
"Lorde Bundinha — Ah, resolveram chamar o governo às falas, é? Mas acho que o governo tem mais espingarda que isso aí, hein? / (...) / Lorde Bundinha — Irra, Manguari Pistolão! Irra! Até ontem os padeiros só não queriam dormir perto do forno, os marítimos só queriam refeição melhor nos navios! Isso, até ontem, hoje você me aparece de espingarda na mão e com vinte anos? Até ontem não era a grande frente democrática?" (bidem, p. 59).

personagem é o contraponto de Lorde Bundinha, graças ao contato de ambos com Manguari Pistolão. As aproximações deste último com Camargo Velho são devidas ao ativismo político, às grandes causas revolucionárias e ao Partido. As divergências localizam-se nas diferentes concepções de vida e de militância, pois Camargo Velho não aceita que o companheiro preserve determinados prazeres como a música, a dança e a boêmia[39]. Estas posições de Camargo Velho organizaram o perfil do

---

[39] Estas informações podem ser constatadas nas seguintes intervenções da personagem: "Camargo Velho — Companheiro Custódio, faz quase uma semana que o companheiro não vai à Legião Cívica 5 de Julho! / (...) / Camargo Velho — O camarada Stalin trabalha 18 horas por dia, lê 200 páginas diárias de livros, será que não somos capazes de deixar de pensar um pouco em nós mesmos? / (...) Camargo Velho — Você gosta de uma musicata, é justo patureba é justo, quem não gosta? Mas é justo se divertir enquanto milhões morrem de fome, sem nenhuma chance sem ao menos saberem que morrem de fome? / (...) / Camargo Velho — Companheiro, as oito horas de trabalho não estão sendo cumpridas, as fábricas obrigam os operários a assinar que tiveram férias, folga semanal. João Alberto foi demitido por Getúlio como interventor em São Paulo por pressão dos cafeicultores. Neste momento os jovens não têm direito à juventude! Eu já sou Camargo Velho, é ou não é? Ânimo revolucionário, Patureba!" (Vianna Filho, O. *Op. cit.*, p. 28-9).
"Camargo Velho — Tenho que me esconder por uns dias, patureba, fecharam a Legião, fecharam o Clube 3 de Outubro. Getúlio perdoou a metade da dívida dos cafeicultores. E os paulistas perderam" (Ibidem, p. 33).
"Manguari — ...hoje à noite não posso, Camargo Velho, eu avisei, estou fazendo um curso às terças e quintas, de técnico, meu pai me expulsou de casa, estou na espinha... / Camargo Velho — Mas a assembléia da greve dos padeiros é hoje, não podemos escolher data pra você... (...) / (...) / Camargo Velho — ... os padeiros querem limitar suas reivindicações à abolição dos dormitórios e refeições nas padarias, é preciso convencer nossos camaradas do setor que eles devem lutar na Assembléia para levantar o nível político das reivindicações... / Manguari — ...estou sem dormir há cinco dias em reuniões, companheiro... hoje, quer saber mesmo? Tenho um teste pra cantor solista na Rádio Cajuti, é importante para mim... / Camargo Velho — ... os caldeireiros, ferroviários, vidreiros, marítimos estão em greve, somos 400.000 em greve. / (...) / Camargo Velho — E o camarada acha tempo para problemas pessoais, você vai cantar? As condições estão maduras para tomar o poder... / Camargo Velho — Essa defensiva é que permitiu a ascensão de Hitler! O espontaneísmo de Rosa de Luxemburgo denunciado pelo camarada Stálin!..." (Ibidem, p. 37-8).
"Camargo Velho — Camaradas! Povo ré! A revolução de 30 derramou nosso sangue, pelo salário mínimo, indenização, justiça do trabalho, aposentadoria! Onde está tudo isso, povo ré! E as casas populares, a siderurgia, o metrô? Povo ré, não basta pedir o aumento de salário, chegou a hora de pedir o poder!" (Ibidem, p. 42)
"Camargo Velho — ... É preciso fazer campanha de solidariedade às famílias dos presos políticos, companheiros... está havendo uma grande ascensão do movimento de massas com a campanha da entrada do Brasil na guerra contra a Alemanha... acho que este vai ser o nosso ano... as perspectivas são todas favoráveis a nós!" (Ibidem, p. 73).

militante a ser criticado no tempo presente, para que seja feita, na década de 70, a defesa da postura de Manguari (alguém que, mesmo sendo engajado politicamente, não perdeu a sensibilidade com relação às diversas manifestações sociais).

Assim, com a preocupação de que este quadro seja matizado, pela intervenção do narrador, recuperam-se as atividades de Castro Cott. Representante do integralismo, o seu figurino é composto pelo uniforme e pela bandeira do movimento. A sua referência musical é o *Hino da Ação Integralista Brasileira*. Não desenvolve nenhum diálogo no *passado*. No *presente*, como diretor do Colégio Castro Cott, tem uma conversa com Manguari ao telefone. Suas aparições reduzem-se a marchas, exercícios físicos e a proferir palavras de ordem. Não mantém proximidade com as demais personagens nem com a platéia, mas está presente na cena que representa a Revolução de 30 usando lenço vermelho, em uma interpretação que busca estabelecer a unidade do coletivo no acontecimento.

Por fim, Nena tanto no *passado* quanto no *presente*, é a companheira de Manguari, o seu grande sonho. Comparava-o ao galã de cinema Ramon Navarro, e por ele foi a comícios, passeatas, cuidou dos amigos e adiou seus anseios pessoais.

Em meio a este universo de representações está Manguari Pistolão, um homem que inserido em um cotidiano simples *sintetizou* em sua experiência de vida universos diferenciados. Transitou na década de 1930 no mundo da malandragem e da boêmia, por meio de sua amizade com Lorde Bundinha, nas incursões no mundo dos salões e nos concursos de dança. Acalentou o sonho, não realizado, de ser cantor, mas participou do coro da Rádio Cajuti. Como ativista político esteve presente nos marcos mais expressivos da trajetória política contemporânea: Revolução de 1930; Intentona Comunista de 1935; Movimento pela Redemocratização de 1945; Campanha pela criação da Petróbras. Travou uma luta diária nos sindicatos e associações pelo cumprimento das leis trabalhistas. Ao lado disso, enfrentou uma luta pessoal contra a intransigência do pai, 666, em favor da modernização do país e do desenvolvimento das forças produtivas. Combateu o integralismo e durante seis anos namorou Nena, sua mulher. Estrategicamente, é uma personagem que tem sua trajetória apresentada sob vários aspectos. É um homem comum, possuidor de múltiplas experiências, que se tornou um herói anônimo. Por quê?

Partindo da premissa de que a História não é obra de um grupo ou de um homem, mas resultado da luta de uma sociedade, cada pessoa, consciente ou inconscientemente, tem a sua contribuição no legado às "novas gerações". Assim, todo cidadão comum é comprometido com as experiências vividas pela sociedade da qual faz parte. Para evidenciar esta idéia, o dramaturgo construiu seu protagonista dentro de um universo individual, com dimensões psicológicas, participante dos conflitos familiares, tanto no *presente* quanto no *passado*. Ao mesmo tempo, esta personagem surge como figura-síntese de marcos significativos da história brasileira. Fundamentalmente, é um arquétipo da luta política do PCB e de todas as lutas contra arbítrios, autoritarismos e repressões.

O momento-chave, no *passado*, para a compreensão desta construção de Manguari, pode ser encontrado no âmbito da tradição historiográfica: o tema da *Revolução de 30*, que, cenicamente, é construída da seguinte maneira:

"*(luz do passado em grande zona do palco. Entra Camargo Velho. Fuzil com flores. Flores na cabeça. Corre para Manguari. Abraçam-se emocionados. Põe um lenço vermelho no pescoço de Manguari entram também Castro Cott (sem camisa verde) e Lorde Bundinha (todos com lenço vermelho). Se abraçam, se beijam, choram. Som forte de 'Quebra quebra gabiroba')*

Som — Quebra quebra gabiroba/ quero ver quebrar/ quebra lá eu quebro cá/ quero ver quebrar/ *(A música continua baixo)*

Camargo Velho — Washington Luís está deposto! Ei, povo ré! Vencemos! Washington Luís arriou a trouxa! Vencemos povo ré! O Brasil é nosso! O Barbado é nove no baralho velho! Vencemos povo ré! Oito horas de trabalho! Férias! Repouso Semanal! Siderurgia! Sindicatos! Ei povo ré! Povo ré! *(Cantam 'Quebra-quebra gabiroba'. Correm pelo palco. Pegam latas de gasolinas e tochas acesas. Manguari assoma. A música diminui nas falas).* Manguari — Ei povo ré! Vamos botar fogo nos jornais dele! Na Gazeta de Notícias no País, na Noite! Jogar nosso ódio na rua, povo ré! Nosso ódio quente na rua! Bumbarabum! Queima tudo! Vamos acender a lenha. *(Enquanto fala, 666 aparece, procurando o filho)* Camargo Velho — Viva Getúlio Vargas! Oswaldo Aranha!

666 — Custodinho! Custodinho!

Manguari — Ronca! Ronca! Vamos bater sujo! Raiva na rua! Raiva maltrapilha na rua! Frita! Esparrama! purgativa preta! *(Talvez eles passem pelo palco com bobinas de papel jornal, desenrolando)*

666 — *(Encontra Manguari)* Tira esse lenço do pescoço, menino!... Tenha-se! Você tem dezessete anos! *(Enquanto Manguari e 666 fazem a cena, os outros cantam mais baixo)* Coro — Lá no Palácio das Águia, olé/ Ainda hei de pôr o pé *(O 'Quebra quebra' sumiu)*

666 — Deu em doido, menino? Descocou-se? Volta comigo pra casa agora, isso é uma bambochata!
Manguari — Não, pai... *(Meio lutam. Manguari não se deixa arrastar)* Camargo Velho — Viva Juarez Távora! João Neves da Fontoura! Viva Prestes! Juraci Magalhães! Góis Monteiro!
666 — Getúlio perdeu as eleições menino! Por que não respeita as urnas? Quem vai dirigir o Brasil agora? Os carvoeiros, os vendedores de peru, as horizontais da Lapa, os estrumeiros dos estábulos, os carregadores de água, os acendedores de lampião? Volta comigo imediatamente que isso termina em grogotó de galhetas! *(Sai puxando Manguari que chora)* (...).
Camargo Velho — O Brasil está livre, povo ré! Venta vida nesta terra! Venta! Venta! *('Quebra quebra gabiroba' volta alto e pára de estalo.)*"[40].

No que se refere à elaboração deste momento pode-se observar que a luz do *passado* ocupa grande parte do palco (só não atinge o apartamento de Manguari). Em cena, com lenços vermelhos no pescoço, estão Manguari, Castro Cott, Lorde Bundinha e Camargo Velho. A deposição de Washington Luís e a "vitória do povo" reafirmados pela trilha sonora reforçam a idéia segundo a qual o "velho" está sendo destruído, para dar espaço a um "novo" período que começava a surgir. Ao lado destas evocações, as falas vinculam o acontecimento às camadas médias urbanas, tanto pela caracterização de figurinos quanto pelos tenentes que são lembrados nesta situação. Assim, histórica e dramaticamente, estão em cena temas como Tenentismo, Povo e Revolução.

Cabe ressaltar que esta representação foi construída na cena um, antes, portanto, do desencadeamento da narrativa e da ação dramática. Os conflitos no *passado* surgem entre os que se mantiveram ao lado dos pressupostos revolucionários de 30 e os que contestaram os encaminhamentos subseqüentes. Manguari define-se como "revolucionário" e "progressista" à luz de sua participação em 30. Por meio dela personagens como Lorde Bundinha, 666 são concebidos como derrotados. Assim, construiu-se o conteúdo revolucionário de Manguari que, no *presente*, será resgatado para referendar as suas posições teóricas e a sua prática política. Por essa via, 30 necessariamente será o momento unificador de trajetórias divergentes, e a interpretação de Revolução de 30 como opção pela modernização foi a adotada pelo drama-

---

[40] Vianna Filho, O. *Op. cit.*, p. 22-3.

turgo⁴¹. No entanto, não cabe nesta discussão avaliar se a interpretação escolhida foi a mais "correta" ou a mais "adequada". É preciso perceber, porém, que estratégia política norteou esta opção. Assim, mesmo reconhecendo a importância dos debates historiográficos em torno do tema Revolução de 30, as reflexões de Carlos Alberto Vesentini, no âmbito teórico-metodológico, são lapidares para compreender a construção histórica presente em *Rasga Coração*⁴². Em suas considerações, partindo de uma questão metodológica, Vesentini observou que um conjunto interpretativo compõe a "memória do vencedor", na qual não existe a exclusão dos agentes. Na verdade, são elididos os momentos de luta e o universo de possibilidades. O "vencido" analisa, interpreta o "fato", mas silencia sobre o "lugar" de sua própria prática. Este silêncio é mantido, também, pelo poder, porque a existência do vencido, no caso o BOC, se concretizava no âmbito da Representação. No entanto, a sua proposta de luta torna-se viável no espaço da Revolução.

---

[41] O tema "Revolução de 30" propiciou, inquestionavelmente, um dos mais amplos debates no interior da historiografia brasileira. Neste contexto, podem ser lembrados:
De Decca, E. S. *O silêncio dos vencidos*. São Paulo: Brasiliense, 1981.
Fausto, B. *Revolução de 30: história e historiografia*. 8.ª ed. São Paulo: Brasiliense, 1982.
Forjaz, M. C. S. *Tenentismo e política: tenentismo e camadas médias urbanas na crise da Primeira República*. Rio de Janeiro: Paz e Terra, 1977.
Munakata, K. Compromisso de Estado. In: *Revista Brasileira de História* (n.º 7), p. 58-71.
Santa Rosa, V. *O sentido do tenentismo*. 3.ª ed. São Paulo: Alfa-Ômega, 1976.
Sodré, N. W. *Formação histórica do Brasil*. 9.ª ed. Rio de Janeiro: Civilização Brasileira, 1976.
Vesentini, C. A. A instauração da temporalidade e a (re)fundação na História: 1937 e 1930. *Revista Tempo Brasileiro*. Rio de Janeiro: Tempo Brasileiro, vol. 1, outubro-dezembro, 1986, p. 104-21.
Vesentini, C. A. *A teia do fato*. São Paulo, 1982. Tese de doutorado em História apresentada à Faculdade de Filosofia, Letras e Ciências Humanas, Universidade de São Paulo.
Vesentini, C. A. & De Decca, E. S. A revolução do vencedor. *Contraponto, 1*, Rio de Janeiro, novembro, 1976.
Weffort, F. C. *O populismo na política brasileira*. Rio de Janeiro: Paz e Terra, 1978.

[42] Fundamentalmente, em relação à construção do "fato histórico" Revolução de 30, Carlos Alberto Vesentini refletiu, por um lado, a maneira pela qual as propostas políticas surgiram no processo histórico e, de outro, como o PCB, após a derrota do BOC, ao procurar compreender a sua derrota, volta-se para o "fato" e não para o "lugar" da luta. Ademais, este partido reconhece o caráter progressista da Revolução de 30 como movimento em favor da modernização. Significativamente, a construção da cena da Revolução 30, em *Rasga coração*, ancorou-se na "memória histórica" e não no processo, tampouco estabeleceu a discussão sobre o Estado surgido em 30 como Estado de Compromisso. Ao contrário, o texto veicula a idéia de um Estado que realiza as transformações necessárias na direção do desenvolvimento e do progresso.

Neste referencial, verifica-se que a construção de Vianinha sobre 30 confunde-se com a "memória histórica"[43] que propiciou a constituição de "identidade nacional" em torno do "fato". Quando se observa atentamente esta cena, percebe-se que, por meio dos diálogos, o "acontecimento" estabelece um marco, constituindo um "antes" e um "depois". Ao lado disso, a alusão ao fuzil na mão de Camargo Velho indica a existência de luta, e as flores indicam a vitória, bem como houve uma unidade de propósitos: "todos", à exceção de 666, apostavam na emergência de uma "nova sociedade". Dramaticamente, Vianinha construiu a Revolução de 30 valendo-se de interpretações posteriores. Isso significa dizer que, pela "memória histórica", colocou-se em 30 as conquistas trabalhistas da CLT (Consolidação das Leis do Trabalho)[44], a organização sindical e a modernização do parque industrial (siderurgia). Denota, também, a existência de um grupo social específico, as camadas médias urbanas, simbolizadas pelo movimento tenentista, identificado, no palco, pelo lenço vermelho e pelos tenentes, citados em uma fala de Camargo Velho. Observa-se, nitidamente, a força da "memória histórica", já que só por meio dela Luís Carlos Prestes poderia ser citado entre os heróis da Revolução. O ano de 1930 é, desta maneira, incorporado à tradição do PCB graças a uma interpretação de história que compreende como conquistas das camadas populares todas as manifestações que orientem o processo na linha do progresso e da modernização[45], ou nas

---

[43] O conceito de "memória histórica" utilizado aqui baseia-se na concepção trabalhada por Carlos Alberto Vesentini, que assim definiu o termo: "por memória histórica entendo uma questão bastante precisa, refiro-me à presença constante da memória do vencedor em nossos textos e considerações. Também me remeto às vias pelas quais essa memória impôs-se tanto aos seus contemporâneos quanto a nós mesmos, tempo posterior e especialistas preocupados com o passado. Mas com um preciso passado — já dotado, preenchido, com os temas dessa memória" (Vesentini, C. A. A instauração da temporalidade e a (re)fundação na História: 1937 e 1930. *Revista Tempo Brasileiro*. Rio de Janeiro: Tempo Brasileiro, vol. 1, outubro-dezembro, 1986, p. 104).

[44] Nesta perspectiva constitui-se a relação entre Vargas e a legislação trabalhista. Para uma abordagem crítica desta percepção, consultar:
Munakata, K. *A legislação trabalhista no Brasil*. São Paulo: Brasiliense, 1981.
Paoli, M. C. Os trabalhadores urbanos na fala dos outros: tempo, espaço e classe na história operária brasileira. *Comunicação, 7 — Programa de Pós-Graduação em Antropologia Social*. Museu Nacional, UFRJ, 1983, p. 16-65.

[45] Exemplo disso pode ser encontrado em documentos do PCB, como o transcrito a seguir: "assim como em agosto de 1942 voltou-se o nosso povo para o sr. Getúlio Vargas, na esperança de que o antigo chefe do *movimento popular de 1930* quisesse dirigi-lo na luta de morte contra o agressor nazista, o que o nosso povo espera agora do sr. Getúlio Vargas, prestigiado como está pela vitória de nossas armas na Itália, são eleições realmente livres e honestas. Este, o seu dever de homem e cidadão, e apesar de todas as divergências políticas que já nos separaram de S. Ex.ª contra cujo governo

palavras de Vesentini: "as vanguardas têm um papel em 22, 24, 26, 27 ainda não identificadas com militares, para os quais também existe uma brecha. O conjunto todo surge como o tempo, conformador de um período. Percepção unitária, organizada como uma grande interpretação, dando conta da temporalidade, apresentada pelas mãos do poder e suas 'correntes', temos aqui a memória do vencedor. Em suma, sob a política oligárquica e contra ela todos se envolveram. Forma pela qual a história se realiza, a idéia de revolução liga-se ao *de 30*, como a revolução, tornando-se o *fato*. Neste o geral, o nós, ter-se-ia expressado ainda que inicialmente por aspirações, por uma representação de vanguarda e finalmente por mobilização efetiva. Encerrado um campo, iniciado outro, revolução de 30 indicará legimitidade e a urgência da obra futura, em aberto"[46].

Assim, tanto no interior da tradição do PCB quanto em *Rasga Coração*, a Revolução de 30 tem um papel específico, a de se tornar "momento fundante" de um processo de modernização da sociedade brasileira. Por essa via, as opções "corretas" no âmbito da militância passavam, fundamentalmente, pelo tema da MODERNIZAÇÃO, uma vez que ele se tornou o eixo orientador das táticas e das alianças realizadas ao longo de quarenta anos, justificando o caráter revolucionário de Manguari Pistolão. As propostas de Manguari, vitoriosas no bojo das lutas em que esteve inserido, foram identificadas como as opções "corretas", tanto mais que, ao longo do processo, traduziram-se em "fatos objetivos" ancorados em uma concepção teleológica. Nesta perspectiva, aqueles que, por diferentes motivos, divergiram deste "sentido histórico" tiveram suas escolhas desqualificadas, pois as "diferenças" só poderiam vir dos "conservadores" (integralistas) ou dos "alienados" (os que não mantiveram compromissos sociopolíticos). Em nenhum instante, o dramaturgo desconfiou da "legitimidade" ou "pertinência" da concepção de história que orientou as ações políticas do PCB. Dessa maneira, partilharam com setores da burguesia a crença no progresso e na modernização, divergindo apenas no que se refere à distribuição de renda e à justiça social.

Sem dúvida, para Oduvaldo Vianna Filho o *passado* está fechado. A cadeia de acontecimentos (1930-1932-1934-1937-1945) justifica as atitudes tomadas pela militância na direção do progresso. As divergências

---

já lutamos de armas na mão, não temos o direito de duvidar do patriotismo do chefe da Nação" (Prestes, L. C. União nacional para a democracia e o progresso – 23/5/1945. In: Carone, E. *O P.C.B. (1943/1964)*. São Paulo: Difel, 1982, p. 36).
[46] Vesentini, C. A. *Op. cit.*, p. 110.

foram excluídas. Esta perspectiva permite que Manguari, em nenhum momento, desconfie de sua vitória e do acerto de sua escolha. O *passado* não deixava dúvidas. Tudo estava em seu lugar, tanto para Manguari quanto para Vianinha. Esta "certeza" em relação ao *passado* não garantiu, porém, respostas automáticas para o embate do "futuro". É nesse momento que surge o espaço para a perplexidade e para a dúvida, presente na década de 70.

Anos 70: dois projetos em conflito

O ano de 1972 é o tempo no qual a ação dramática é desencadeada em *Rasga Coração*[47]. Tudo se desenrola, basicamente, no apartamento de Manguari Pistolão. O ativista é, na década de 70, um burocrata (funcionário público) que organiza a relação de despesas mensais, controla o orçamento da casa, participa da educação do filho e mantém um convívio amistoso com a mulher. Mas, é, também, um indivíduo combativo na Associação dos Funcionários. Todas as quartas-feiras freqüenta as reuniões semanais. Nena, por sua vez, é uma dona-de-casa, zelosa do marido e do filho. Vive às voltas com as compras do mês, com a comida, com a novela e com o sonho de reformar o apartamento. Sempre trajando um *peignoir* e arrastando os chinelos, tornou-se a imagem do abandono e do desleixo com a vida. O marido foi sua referência de vida e o filho seu ideal de realização. Para eles, porém, Nena é a garantia da estrutura familiar. No *passado*, o marido foi o seu grande sonho (por ele foi a comícios, passeatas, cuidou dos amigos e adiou seus anseios pessoais)[48]. No *presente*, o filho é a fonte de suas emoções. Passou a vida experimentando emoções alheias, não formulou indagações e muito menos construiu respostas.

Luca (Luís Carlos), adolescente e estudante do terceiro ano do segundo

---

[47] Em virtude da atualização do passado, o *presente* vai sendo fragmentado. Este procedimento é resultado tanto da narrativa externa quanto das reminiscências de Manguari Pistolão, possibilitando a contraposição, bem como a continuidade entre os diferentes planos.

[48] Em diálogo com Manguari, ela assim se manifesta: "Nena — Se não é fato político, você não sabe como fazer... Só pensou em política, você... 6 anos para casar, casamos em 1940, Luca foi nascer em 1954... legalidade, manifesto da paz, Coréia, Petrobrás... 'Não posso ter filho, Nena, o petróleo é importante... eu fiz em... dois... cinco... abortos... você só pensou em política..." (Vianna Filho, O. *Op. cit.*, p. 37).
Em outro momento, conversando com Luca, afirmou: "Nena — (...) ... teu pai não subiu na vida por causa da política... fui em tanto comício com ele, ficava rouca, fiz essas campanhas todas" (Ibidem, p. 44).

grau, completa o núcleo familiar e representa a juventude do período. Adepto da macrobiótica, é apresentado como herdeiro da geração *hippie*, com a qual mantém fortes vinculações. Usa cabelos compridos e batas. Demonstra um profundo desprezo pelo atual estágio de desenvolvimento da civilização ocidental. Além de Luca, os jovens dos anos 70 são personificados por Camargo Moço e Milena, colegas de turma de Luís Carlos e participantes do movimento contra a determinação da escola (uma portaria do Colégio Castro Cott, proibindo o uso de cabelos compridos pelos rapazes). A moça é colega de escola e namorada de Luca. Comunga com ele das mesmas concepções de vida e de história. Não desenvolve conflitos internos, nem dimensões psicológicas. Apresenta-se mais como um perfil de comportamento do período. Outra personagem representativa da época é Camargo Moço. Estudante do Colégio Castro Cott do Meyer. Apóia o movimento do Colégio Castro Cott de Laranjeiras (onde estudam Milena e Luca) por "solidariedade aos oprimidos". Diferencia-se de Luca e Milena, pois acredita no progresso e na civilização ocidental. Por meio destes matizes, Camargo Moço surge como contraponto a Luca e a Manguari, porque busca reavaliar as concepções que norteiam a militância, ao fazer a crítica das experiências passadas, mesmo considerando-se herdeiro desta tradição.

As divergências entre pai e filho, bem como o conflito dramático desencadeado pela medida arbitrária do colégio[49], posssibilitaram colo-

---

[49] Os cabelos longos usados pelos rapazes, durante a década de 60 e de 70, foram vistos de forma muito preconceituosa por alguns, e defendidos pelos que o usavam como maneira de manifestar uma relação saudável com o corpo, gostando de "si mesmo". Isto pode ser observado quando Nena pergunta ao filho por que que ele não corta o cabelo, já que Luca respondeu: "Porque eu gosto de mim" (Vianna Filho, O. *Op. cit.*, p. 44).

No entanto, pode-se acrescentar que este visual jovem era encarado como uma agressão à moral e aos bons costumes, haja vista a seguinte transcrição feita por Marcuse: "mas nenhum caso de rejeição parental iguala o de uma família que vive numa pequena cidade vizinha da divisa do Kentucky, com três filhos bem parecidos e bem comportados que freqüentavam a universidade. Sem quaisquer antecedentes de participação em protestos, os rapazes viram-se inadvertidamente envolvidos no remoinho: o filho do meio acabou se encontrando ao lado de um dos estudantes que foi abatido (a uma grande distância do tiroteio); o caçula foi detido por transgressão e o seu retrato apareceu no jornal da cidade, para grande embaraço da sua família. Quando a família falou com um dos nossos pesquisadores, a conversa foi tão surpreendente que se tomaram mais precauções do que as usuais para registrar exatamente o que se disse. Mãe: Quem aparece nas ruas de uma cidade como Kent, com roupas imundas, cabelos compridos ou descalço, merece ser fuzilado. Pesquisador: tenho a sua permissão para citar essa afirmativa? Mãe: Claro que sim. Teria sido melhor se a Guarda fuzilasse logo a pandilha toda naquela manhã. Pesquisador: Mas a senhora tinha lá três filhos. Mãe: Se eles não obedecessem ao que a Guarda lhe disse que fizessem, deviam ser abatidos como os outros. Professor de Psicologia (que estava

car em cena discussões sobre sexualidade, participação política, organização social, etc. Com base nestes temas, explicita-se tanto teórica quanto politicamente o grande embate de *Rasga Coração*: que civilização é essa? quais as motivações que justificam a sua defesa?

Nesse sentido, os pressupostos de Manguari Pistolão serão contestados, sob vários aspectos, pois as premissas que norteiam o pensamento de Luca estão estruturadas pela dúvida com relação aos valores e às formas de vida tidos como "legítimos" e "corretos" social e historicamente[50]. Para tanto, pouco a pouco as diferenças vão sendo pontuadas. Inicialmente, evidenciaram-se as percepções distintas do que se denomina relações sociais, para no próximo diálogo aprofundá-las com a seguinte perspectiva:

"Manguari — *(Na janela)* ... isso você ia gostar de ver, Bundinha... a vizinha tira a roupa de janela aberta ... ela sabe que eu estou aqui... um dia acendi um cigarro de propósito para ela saber que eu estava aqui, ela não puxou a cortina, nada... de vez em quando nos encontramos... *(Acende um cigarro. Deixa o fósforo*

---

ouvindo): Ter cabelos compridos é justificativa para fuzilar alguém? Mãe: Sim. temos de limpar esta nação de uma ponta a outra. E começaremos pelos cabeludos. Professor: Permitiria que um de seus filhos fosse morto a tiro, simplesmente porque estava descalço? Mãe: Sim. Professor: Onde aprendeu tais idéias? Mãe: Eu leciono no ginásio local. Professor: A senhora quer dizer que ensina essas coisas aos seus alunos? Mãe: Sim. Ensino-lhes a verdade. Que os boas-vidas, os sujos, os que você vê por aí, vadiando pelas ruas e sem fazer nada, deviam ser todos fuzilados" (Marcuse, H. *Contra-revolução e revolta*. Rio de Janeiro: Zahar Editores, p. 34-5).

[50] Com o objetivo de destacar as diferenças entre Luca e Manguari, o primeiro diálogo entre Luca e os pais é construído da seguinte maneira: "Luca — ... vim pela rua, eu e a Milena, saca? A gente chegava prum super qualquer e dizia 'boa-noite, vamos ficar amigos?' O super olhava ofendido, saca? Nenhum parou, acredita? Nenhum! 'Amigo super, não quer conhecer mais um ser humano'? / (...) / (...) / Luca — ... uns diziam 'não tenho tempo' e mostravam o relógio, saca? Feito fosse um crucifixo o relógio, parabéns! *Está tudo muito organizado, parabéns, as pessoas todas cuidando do amanhã, a vida trancada no coração, o defeito mais feio é viver espontâneo*, gênio / Manguari — O que significa ser espontâneo num mundo de três bilhões de pessoas, não somos o clube dos quinhentos... que é ser espontâneo? / Luca — Chi, ele nem sabe mais o que é ser espontâneo! / (...) / Manguari — Esse é o capitalismo, filho, as pessoas viram ilhas e... / Luca — Que capitalismo, super, que ismo? É medo! Medo de viver sem motivo, medo de que não haja missões... / Manguari — ... já você está falando com as pessoas na rua feito fotógrafo lambe-lambe, podia debater com elas o discurso do embaixador de Colômbia na ONU, falando das proteínas... / Luca — Vocês se amarram mesmo nesse negócio de proteínas, não é? A viagem de vocês é com proteína! Tenho que ir estudar na casa de Milena, tem prova amanhã, *vou lá conferir porque vocês são loucos para fazer provas, concursos, disputas... manter o espírito competitivo, é ou não é?* [grifos nossos]" ((Ibidem, p. 26-7).

aceso longo tempo. (...). Manguari olha intenso: Luca passa com livro na mão. Olha. Entra para a cozinha. Tempo. Volta com um copo de chá. Fica olhando Manguari olhar) ... tira a blusa minha filha... isso... assim... perto do abajur... deixa eu ver esse peito... segura seu peito... assim... ah, meu Deus... que bico enorme... *(Fuma para mostrar a brasa do cigarro. Ofega. Luca chega ao lado dele. Olha)* / Luca — Que amarração, super! Que fissura!*(Manguari se assusta muito)* / Manguari — ... ôi filho, ...eu... estou apanhando ar... minha artrite... / Luca — *(Olhando na janela)* Pô pai, a maior coroa! Qual é? / Manguari — Minhas dores voltaram...*(Luca ri)* ... está estudando até assim tão tarde?... / Luca — Toda noite tu vem aí encostar o burro? Que super! / Manguari — Que é isso Luís Carlos? Como é que se fala assim. Faça o favor entendeu? Faça o favor!/ (...) / Manguari — ... estou com dores, entendeu, menino? Não vi mulher nenhuma... que mulher, que mulher? *(Deita de novo na mesa)* Vai estudar, Luca, pára com isso. *(Luca pára de rir, aos poucos)* / Luca —*(Oferecendo)*Quer chá de dente-de-leão? *(Tempo)* Mas não fica dizendo que minha geração está perdida, que só pensa em sexo! / Manguari — Nunca disse isso, não seja... / Luca — Diz que todas as gerações só pensam em sexo! Só que umas não querem encarar isso! / Manguari — Todas as gerações só pensam em justiça, só que umas não querem encarar isso! / Luca — *Qual é a justiça, super? A mesma vida morta pra cada um?* / Manguari —*O mesmo combate pra cada um...(Tempo longo)* / Luca — Você ainda dor-me com a mãe, pai? (...) / (...) / Manguari — Não, não durmo mais com a sua mãe. / Luca — Há quanto tempo? / (...) / Manguari — Não sei, meu filho... três anos, quatro... não sei... / Luca — *Verdade que quase 70 por cento das mulheres nunca tiveram prazer sexual?* / (...) / Luca — E o capitalismo também é culpado? / Manguari — ... acho que é... claro que é... / Luca —Na Rússia como é? Cinco coitos por qüinqüênio? / Manguari — ... primeiro, parece que foi amor livre, depois... *acho que teve um Sexpol — é política sexual... agora, parece que é muito moralista... o proletariado é moralista...* / Luca —Por que? Ele não é vanguarda revolucionária? / Manguari — ... não sei por que... acho que vai ver... quem tem uma vida econômica difícil, sobrevivência complicada... precisa ter umas regras de vida claras... Você sabe como é que tem de ser, Luca? / Luca — Ao contrário de vocês — já é um toque [grifos nossos]"[51].

---

[51] Vianna Filho, O. *Op. cit.*, p. 29-30-1.

De repente, em cena, está a repressão sexual. Neste contexto, Luca mais uma vez duvida da idéia de justiça e igualdade como a base de qualquer luta. Ao contrário, ele estabelece como início da discussão o princípio do prazer, inerente à qualquer discussão que tenha como pauta a emancipação da sociedade[52]. Não aceita que a responsabilidade, pela insatisfação presente na sociedade contemporânea, seja apenas do modo de produção capitalista. Exatamente por manifestar esta dúvida, indaga ao pai sobre a URSS. Manguari, sem argumentos, procurou justificativas no moralismo da classe operária. A partir disso, surge uma nova pergunta: como pode ser vanguarda e manter os mesmos princípios da sociedade que deveria ser superada? Onde estaria esta moralidade?[53].

---

[52] Um dos livros mais discutidos do período (no Brasil as três primeiras edições são de 1968) é *Eros e civilização: uma interpretação filosófica do pensamento de Freud*, de H. Marcuse (8.ª ed. Rio de Janeiro: Zahar Editores, 1981). No capítulo 2, "A origem do indivíduo reprimido", o autor constatou: "o conflito entre sexualidade e civilização desenrola-se com esse desenvolvimento da dominação. Sob o domínio do princípio de desempenho, o corpo e a mente passam a ser instrumentos de trabalho alienado; só podem funcionar como tais instrumentos se renunciam à liberdade do sujeito-objeto libidinal que o organismo humano primariamente é e deseja. A distribuição de 'tempo' desempenha um papel fundamental nessa transformação. O homem existe só uma 'parcela' de tempo, durante os dias de trabalho, como um instrumento de desempenho alienado; o resto do tempo está livre para si próprio. (Se o dia médio de trabalho, incluindo os preparativos e a viagem de ida e volta do local de trabalho, somar dez horas, e se as necessidades biológicas de sono e alimentação exigirem outras dez horas, o tempo livre será de quatro horas em cada vinte e quatro, durante a maior parte da vida do indivíduo.) Esse tempo livre estaria potencialmente disponível para o prazer. Mas o princípio de prazer que governa o id é 'intemporal' também no sentido em que milita contra o desmembramento temporal do prazer, contra a distribuição em pequenas doses separadas. Uma sociedade governada pelo princípio de desempenho deve necessariamente impor tal distribuição, visto que o organismo tem de ser treinado para a sua alienação em suas próprias raízes: 'o ego de prazer'. Deve aprender a esquecer a reivindicação de gratificação intemporal e inútil, de 'eternidade de prazer'. Além disso, a partir do dia de trabalho, a alienação e a arregimentação se alastram para o tempo livre. Tal coordenação não tem por que ser, e normalmente não é, imposta desde fora, pelas agências da sociedade. O controle básico do tempo de ócio é realizado pela própria duração do tempo de trabalho, pela rotina fatigante e mecânica do trabalho alienado, o que requer que o lazer seja um relaxamento passivo e uma recuperação de energias para o trabalho" (Ibidem, p. 59-60).

[53] No que se refere à questão da emancipação feminina e da moralidade, sob o socialismo, o já clássico trabalho de Heleieth I. B. Saffioti (*A mulher na sociedade de classes: mito e realidade*. São Paulo: Livraria Quatro Artes, 1969) observou: "acusar os socialistas de disseminadores de idéias contrárias à instituição da família e favoráveis ao amor livre não é nem inteiramente correto e nem produtivo. Lênin considera falsa a teoria do 'copo de água' segundo a qual a satisfação dos instintos sexuais e da necessidade de amor é tão simples quanto tomar um copo de água. Para ele, esta teoria não marxista

Ainda neste diálogo outras divergências vêm à tona:
"Manguari —*(tempo)*... eu estava pensando num consultório pra você aqui, acho que até juntando todos meus pistolões quem sabe consigo um lugar no Ipase *para você, mesmo um consultório bem montado, precisava ver um ponto bom...* / Luca — ... *pensei que você preferisse minha decisão proletária, decisão de justiça, de levar a medicina aos desfavorecidos...* / Manguari — ... *é que não adianta ir um médico sozinho pra lá, Luca, tem que ficar na cidade e lutar para levar laboratório, raio X, leito de hospital pra eles e...* / Luca — ... levar tecnologia toda, não é pai?... / Manguari — ... no meu tempo chamava aparelhagem, Luca, acho... / Luca— *Pára de falar comigo fazendo o tolerante, Manguari, melhor levar psicologia nova, alimentos novos, alimentos naturais, saca? As pessoas desaprenderam de fuder, falar e de comer, saca? As pessoas...* / Manguari — ...*as pessoas não têm o que comer, menino!* As pessoas, não... / Luca — ... *gás SO2, brometos, DDT, 40 toneladas de corante, é isso que as pessoas comem! Vocês estão comendo coisas mortas, fúnebres, e isso é que explode dentro do sangue de vocês! Hein? E para fugir dessa morte, hein? Essa ansiedade! Pra afogar essa ansiedade vocês resolveram fazer o reino da fartura e pulam em cima da natureza, querem domá-la a porrada e comer morte e engolem carnes, bloqueiam o corpo, os poros, sobra o cérebro pensando incendiado em descobrir um jeito de não viver e a tensão toma conta de tudo e vocês só parem guerras, as guerras pela justiça, pela liberdade, dignidade e nada descarrega a tensão, o cheiro podre vem de dentro, o sexo entra pelas frestas, sobra o sexo nas noites solitárias martelando, então mais guerra e*

---

e anti-social não é verdadeira porquanto na vida sexual não é somente a natureza que se manifesta, mas toda a contribuição da cultura na qual se associam a vida fisiológica e a vida sentimental. E o aspecto social da vida sexual é muito importante para ser desprezado. 'Com efeito', afirma ele, 'beber um copo de água é questão pessoal. Mas, em amor, há dois interessados e daí surge um terceiro, um ser novo. É aqui que se oculta o interesse social, que nasce o dever para com a coletividade. Como comunista, eu não sinto nenhuma simpatia pela teoria do «copo de água» ainda que ela traga a etiqueta do 'amor livre'. (...). Eu não quero, por minha crítica, pregar o ascetismo. Longe disto. O comunismo deve trazer não o ascetismo, mas a alegria de viver e o reconforto, devidos igualmente à plenitude do amor. A meu ver, o excesso que se observa hoje na vida sexual não traz nem alegria de viver nem reconforto; ao contrário, diminui-os. (...). *Os excessos na vida sexual são um signo de degenerescência burguesa. O proletariado é uma classe que ascende.* (...). *Saber dominar-se, disciplinar seu atos, não significa a escravidão. Isto é igualmente necessário em amor*' (Zetkin, C. Notas de meu diário: Lênin, tal como era. In: V. I. Lênin. *O socialismo e a emancipação da Mulher.* Editorial Vitória Ltda. 1956, p. 76-8) [grifos nossos]" (Ibidem, p. 94-5).

napalm e guerras.../ (...) Manguari — *Isto são palavras, Luca, palavras a gente junta, de qualquer maneira, menino, isso que você falou dá o que pra fazer, fora ficar nauseando? Hitler era vegetariano...* [grifos nossos]"⁵⁴.

Na seqüência dos debates as diferenças entre pai e filho vão se tornando cada vez mais explícitas. A demarcação deste campo não se constitui apenas de questões pontuais. Pelo contrário, o que fundamenta o diálogo acima transcrito é o clássico debate entre "reino da necessidade" e "reino da liberdade"⁵⁵. Para Manguari, o procedimento está definido: garantir, minimamente, a sobrevivência, para, em uma etapa posterior, socializar as conquistas tecnológicas e científicas. Luca, por sua vez, refuta na origem os pressupostos do pai, uma vez que, para ele, torna-se urgente redefinir as prioridades sociais e históricas, repensar a forma como a "civilização ocidental" foi construída e como o divórcio homem-natureza propiciou a constituição abstrata de uma "sociedade ideal" desvinculada das experiências e do cotidiano dos indivíduos. Por essa via, começa a se delinear, nas falas de Luca, um dos argumentos mais caros à juventude dos anos 60/70: a luta contra as injustiças sociais devem estar comprometidas com melhor qualidade de vida, mais participação. Em suma: "viver" não é o mesmo que "sobreviver"⁵⁶. Estas

---

⁵⁴ Vianna Filho, O. *Op. cit.*, p. 31-2.
⁵⁵ H. Marcuse, ao abordar este tema, em um encontro organizado pelo Comitê Estudantil da Universidade Livre de Berlim Ocidental, nos dias 10-13 de julho de 1967, observou: "eu acredito que até mesmo Marx se manteve excessivamente ligado ao conceito de continuidade do progresso, que inclusive a sua idéia do socialismo ainda não representa, ou talvez não represente mais, aquela negação determinada do capitalismo que deveria representar na realidade. Isso significa que a idéia de um fim da utopia implica, pelo menos, na necessidade de colocar em discussão uma nova definição do socialismo e de investigar se a teoria marxiana do socialismo não pertence a um estágio de desenvolvimento das forças produtivas atualmente superado. Essa hipótese é confirmada, ao meu ver, do modo mais claro, pela famosa distinção entre reino da liberdade e reino da necessidade. O fato de que o reino da liberdade possa ser pensado e possa surgir tão-somente além do reino da necessidade significa que esse último destina-se a permanecer como tal, compreendida a alienação do trabalho. Portanto, como diz Marx, não importa o que aconteça nesse reino, não importa qual seja o grau de racionalização e mesmo de redução do trabalho, este último sempre se manterá como uma atividade realizada no reino da necessidade e para o reino da necessidade e, assim, como uma atividade não livre. Acredito que uma das novas possibilidades nas quais se expressa *a diferença qualitativa entre uma sociedade livre e uma sociedade não livre consiste precisamente na busca do reino da liberdade já no interior do trabalho e não além dele* [grifo nosso]" (Marcuse, H. *O fim da utopia*. Rio de Janeiro: Paz e Terra, 1969, p. 14).
⁵⁶ Como já foi, anteriormente, citado, Oduvaldo Vianna Filho, para elaborar as discordâncias de Luca em relação às idéias de Manguari, consultou o livro de Theodore

diferentes concepções de sociedade e de civilização são reafirmadas na cena oito (cena que anuncia o desenlace do conflito dramático), enfatizando o quanto são irreconciliáveis as posições de Manguari e Luca. Isto pode ser observado a partir do seguinte diálogo:

"Manguari — ...Eu queria falar com você, sabe, Luca... coisa de pai, hein?... coisas de pai... / Luca — ...Ô pai, pai é uma doce, é uma boa... / Manguari —...Porque eu não tenho nada contra experimentar, coisas novas, entende, Luca? Não tenho nada contra... mas é que o mundo você acha que é só de coisa nova, ele é cheio de seus velhos problemas, você não pode freqüentar um colégio, eu sei, fica essa ociosidade, eu sei... mas eu acho que você está se abandonando muito, filho, não pode se abandonar assim, isso aconteceu comigo, eu sei, a gente se sente fora de tudo... mas, sei lá, filho,... você podia fazer uns cursos que tem aí nesse Museu de Arte Moderna, estudar inglês, taquigrafia, você não lê um livro, filho! Isso não pode continuar, esse desinteresse, a gente precisa, se encher de problemas, filho, e não fugir deles, entende? / Luca — ... Sei, gente doce... / Manguari —*(Silêncio longo)*... E então, Luca? / Luca — ... Então?...*(Silêncio)*... Ô gente doce, a gente está tão diferente, a gente está diferente...*(Silêncio, ri)*... Ih, a gente é de duas galáxias, pai... / Manguari — ... Fala, Luca, por favor, que eu só quero entender você, Luca, palavra,

---

Roszak (*A contracultura*. 2.ª ed. Petrópolis: Vozes, 1972). Nesse sentido, no que se refere à discussão entre Luca e Manguari, apresentada, no diálogo transcrito, a pesquisa realizada pelo dramaturgo contém os seguintes trechos do livro de Roszak: "somos uma civilização sepultada num inabalável compromisso para o genocídio, jogando loucamente com o extermínio universal da espécie (p. 59) (...). O que aconteceu para que os revolucionários fracassassem? Na verdade, o que ocorreu foi que as premissas tecnocráticas quanto à natureza humana, da sociedade e da natureza deformaram-lhe a experiência na fonte, tornando-se assim os pressupostos esquecidos de que se originaram o intelecto e o julgamento ético. Por conseguinte, para a extirpação dessas premissas deturpantes, é necessário nada menos que a subversão da cosmovisão científica com seu arraigado compromisso para com uma consciência cerebral e egocêntrica. Em seu lugar, é preciso que surja uma nova cultura na qual as capacidades não intelectivas da personalidade — aquelas capacidades acionadas pelo esplendor visionário e pela experiência da comunhão humana — tornem-se os árbitros do bem, da verdade e da beleza (p. 62) (...). Quando pedimos a uma pessoa que 'seja razoável' que 'use a cabeça' que 'passe aos fatos' que 'mantenha os pés no chão' que se 'atenha à realidade' que 'seja objetivo' queremos dizer que uma pessoa deve evitar falar sobre seus sentimentos interiores e que deve olhar o mundo tal qual um engenheiro olha um projeto de construção ou um físico concebe o comportamento das partículas atômicas (p. 64)" (Vianna Filho, O. *Op. cit.*, p. 271-2).

explica... / Luca — ... Explica... então tem que explicar... explicar... ex-pli-car... palavra de gilete... ex-pli-car... *(Tempo longo)*... quando o homem andava de tílburi, a velocidade do transporte era de 18km por hora... hoje, na era do jato, a velocidade do trânsito é de 10km por hora... / Manguari — ... claro, transporte individual, milhares de carros... / Luca — ... Já foram encontrados pingüins com inseticida no corpo, a Europa já destruiu todo seu ambiente natural, diversas espécies de animais só existem nos jardins zoológicos, as borboletas estão acabando, vocês vivem no meio de fezes, gás carbônico, asfalto, ataques cardíacos, pílulas, solidão... *essa civilização é um fracasso*, quem fica nela e se interessa por ela, essas pessoas é que perderam o interesse pela vida... eu é que devia te chamar pra largar tudo isso... é na pele a vida, é dentro da gente, vocês não sabem mais se maravilhar! Eu não estou largado pai, *ontem estive na porta de uma fábrica de inseticida, fui explicar pros operários que eles não podem produzir isso*... vou em fábrica que produz enlatado... *(Manguari vira-lhe as costas)*... eu é que lhe pergunto! Não quer deixar a repartição, o ônibus 415, pai, e tentar viver uma vida nova? Está chorando? / Manguari — *(Chora quase convulsivo)* ... Não... não é nada... é que realmente a gente está tão diferente... *(Luca vai até Manguari, comovido, abraça-se a ele)* / Luca — ... Ô, pai,... ô, pai... que é isso?... Ô, pai... / Manguari — ... Na porta das fábricas pedir pros operários largarem seus empregos, são tão difíceis de conseguir, rapaz! *(Chora)* / Luca — ... Ô gente doce... não fica assim... não fica assim... [grifos nossos]"[57].

Nos dois trechos transcritos evidenciam-se, claramente, que os argumentos de Luca ancoram-se na não-aceitação do "progresso" tal como ele foi compreendido pelas civilizações ocidentais. Ele define suas prioridades com base na qualidade de vida e na afetividade, recusando o

---

[57] Vianna Filho, O. *Op. cit.*, p. 71-2-3.
Na elaboração deste diálogo, novamente, utilizou-se o trabalho de T. Roszak. Entre outros trechos, destaca-se o seguinte: "a Classe Operária — estariam dispostos os operários da Renault a fechar as indústrias automobilísticas sob o fundamento de que os carros e o tráfego atualmente mais perturbam que ajudam nossas vidas? estariam os empregados da indústria aeroespacial francesa dispostos a desmantelar o Concorde sob a alegação de que esta maravilha da indústria francesa transformar-se-á certamente numa monstruosidade social? estariam os trabalhadores franceses dispostos a pôr fim à produção da force de frappe, reconhecendo que o equilíbrio do terror representa um dos crimes mais hediondos da tecnocracia? (Roszak, T. Op. cit., p. 78)" (Ibidem, p. 272).

que parece ser "correto". Luís Carlos rejeita, enfim, aquilo que lhe é imposto em nome de uma "lógica" também historicamente construída. Pouco a pouco, porém, esta "lógica" passou a ser compreendida como algo "natural" e, muitas vezes, como o único caminho a ser trilhado em direção ao "desenvolvimento das relações sociais". Nesta discussão, as falas de Manguari esboçam a perplexidade e a reafirmação de algumas definições prévias como "empregos tão difíceis de conseguir" ou "o que pode ser feito diante do que você está falando?". O discurso de Luca não apresenta, significativamente, nenhuma receita prévia para definir uma intervenção política organizada. Ao contrário, ele está no universo da crítica, da desconfiança em face das "verdades eternas", em contraposição a Manguari que busca formas concretas de intervenção, e, em seu referencial, o que não puder ser instrumentalizado não contribui para a emancipação social.

É evidente que, nesta perspectiva, Luca realiza uma crítica contundente à concepção de "saber" estabelecida pela sociedade ocidental. Por isso, afirmou:

"Luca — *(Silêncio)...* Vestibular é uma palavra engraçada... ela não diz o que é a coisa... vocês não tem cuidados com as palavras... / Manguari — ... Que foi, Luca? / (...) / Luca — ... *(Longo silêncio)...* Ilh, não vou fazer vestibular não... não vou para colégio de Frei... / Manguari — ... O que é? Por que? Mas o que é isso? / (...) / Luca — ... Mas não vou mesmo, desculpe Custódio, mas não vou... / Manguari — ... Você vai sim, Luca! Você vai sim senhor! / Luca — ... Não vou pai, não adianta... / Manguari — Você está ficando maluco? Está brincando comigo? Você vai continuar dando esse espetáculo de enfarado da civilização? / Luca — ... mas vou continuar dando esse espetáculo, sim! É só isso que eu quero aprender, *não tenho nada pra aprender nas universidades de vocês, nada! Mas nada! Vocês lá, ensinam essa vida que está morta, essa vida de esmagar a natureza, de super-homens neuróticos, lá vocês querem dominar a vida, eu quero que a vida me domine, vocês querem ter o orgulho de saber tudo, eu quero a humildade de não saber,* quero que a vida aconteça em mim... *não é revolução política, é revolução de tudo, é outro ser!* Como os cristãos... é como foi... [grifos nossos]"[58]

Implicitamente à fala de Luca, surge um outro tema bastante explorado no período: a educação, em especial as propostas de universidades

---

[58] Vianna Filho, O. *Op. cit.*, p. 74.

livres, a busca de novas formas de conhecer e a crítica às práticas teórico-pedagógicas então utilizadas. De acordo com Theodore Roszak, "quando a Antiuniversidade de Londres, a primeira versão inglesa das universidades livres norte-americanas, foi inaugurada no começo de 1968, seu prospecto estava cheio de cursos dedicados a 'anticulturas', 'antiambientes', 'antipoesia', 'antiteatro', 'antifamílias' e 'contra-instituições'. Aparentemente, a sociedade adulta nada mais tinha a oferecer de aceitável. O radicalismo extremado da escola alcançaria por fim tal intensidade que até a imemorial relação aluno-professor veio a ser criticada como uma forma intolerável de autoritarismo. Assim, também ela foi rejeitada, sob a alegação de que ninguém tinha mais nada a ensinar aos jovens; eles próprios organizariam sua educação, a partir do nada. Infelizmente (mas teria sido o fracasso cômico ou trágico?), a escola não conseguiu sobreviver a esse ato de reestruturação radical"[59]. As experiências desenvolvidas evidenciaram que a busca de novas formas de saber e de sua construção passavam, fundamentalmente, pela destruição das instituições educacionais de então.

No entanto, se as experiências das Universidades Livres fracassaram, sem dúvida, as estruturas universitárias não seriam mais as mesmas após estas discussões[60].

Com estes questionamentos, que estabeleceram impasses e acentuaram as divergências entre Manguari e Luca, Oduvaldo Vianna Filho trouxe para a cena o tema da militância política. Isto foi feito com o objetivo de demonstrar (tal como se lê no Prefácio da peça) que a prática política de Manguari era a opção mais "coerente" com os anseios do

---

[59] Roszak, T. *A contracultura*. 2.ª ed. Petrópolis: Vozes, 1972, p. 57.
[60] Na literatura da época (Marcuse, Roszak, entre outros) encontram-se várias referências às propostas de Universidades Livres, a implosão das disciplinas, etc. No entanto, Marcuse ao analisar a resposta do Estado e da Sociedade a essas propostas observou que: "o ataque conjugado contra a educação que não seja 'profissional' e 'científica' já não se limita à repressão normal através das verbas. Assim, o Reitor das Universidades Estaduais da Califórnia quer restrições sistemáticas aos estudos humanistas e às Ciências Sociais, onde a educação tradicionalmente não-conformista encontrou um nicho. 'Muitos estudantes estão chegando à universidade sem saber ao certo por que aí se encontram... Optaram quase como um reflexo pelas humanidades e Ciências Sociais, sem quaisquer objetivos ocupacionais específicos (*Los Angeles Times*, 17 de novembro de 1971)'. Houve um tempo em que o princípio proclamado da grande filosofia burguesa foi que a juventude 'devia ser educada não para o presente mas para uma melhor condição futura da raça humana, isto é, para a idéia de humanidade'. Agora, o Conselho para a Educação Superior é convocado para estudar as 'necessidades detalhadas' da sociedade estabelecida, a fim de que as universidades saibam 'que espécie de diplomados lhes cabe produzirem'" (Marcuse, H. *Contra-revolução e revolta*. Rio de Janeiro: Zahar Editores, 1973, p. 35-6).

mundo contemporâneo. Para tanto, o conflito dramático deveria promover o "debate" entre diferentes propostas de atuação política. O dramaturgo daria vida a este debate valendo-se de um conflito estudantil específico. Na verdade, após a Portaria do Colégio Castro Cott, proibindo alunos com cabelos compridos de assistirem às aulas, e a conseqüente recusa de quarenta estudantes em cumprir esta norma disciplinar, apresentava-se o problema: o que fazer?

Para tanto, a peça apresenta ao lado da postura de Manguari, os pontos de vista de Luca/Milena e Camargo Moço que, embora pertençam à mesma geração, possuem perspectivas divergentes. Os pressupostos da militância de Manguari foram apresentados ao espectador/leitor por meio da atualização do *passado*. Assim, feliz com a possibilidade de Luca vir a se interessar por política, Manguari propõe-se a ajudar a luta dos jovens, contra a arbitrariedade do Colégio Castro Cott. A sua contribuição, respaldada na experiência do *passado*, consiste na elaboração de um plano, para organizar a luta a fim de atrair o maior número de pessoas em favor da "causa", bem como fundamentar "ideologicamente" a sua legitimidade[61]. Neste momento, Manguari busca articular o *passado* e o *presente*, dizendo:

> "Manguari — ... ô Nena, como é que eu pude deixar o menino sozinho assim? Nunca abandonei ninguém, nem meu amigo Lorde Bundinha nas vascas, golfadas de sangue, nem meu pai esclerosado, rodando à noite aqui em casa, ... sou lutador, Nena, lutador dos bons, muita derrota, muita decepção, fracassos e fracassos tempera muito, muita derrota dá cada vez mais esperança... / (...) / Manguari — ... sou lutador Nena, venho das desistências, paixões caladas, deboche solidão, isolamento, fome, cadeia, fui fabricado na miséria humana, Nena, ... sou de boa cepa... sou um vencedor... tenho fé no fundo do poço..." / (...) / Manguari — ... são quarenta alunos que recusaram, Nena, oitenta pais, famílias, amigos, isso é gente, é massa, Nena, é massa! Tem de mobilizar essa massa, organizar, organização é tudo em Política, Nena... a juventude tem preconceito com a organi-

---

[61] Com o objetivo de resgatar historicamente o uso do cabelo comprido por homens, Vianinha fez uma pesquisa procurando observar o seu significado em diferentes civilizações (assírios, egípcios, hebreus, gregos, entre outras). O dramaturgo transcreveu, em sua pesquisa, um texto de Torquato Neto, bem como resgatou o uso do cabelo como instrumento de luta política durante o século XVII, na Inglaterra. Ao lado disso, nas falas de Luca, várias vezes foram feitas referências ao uso de cabelo comprido por Jesus, e ao fato de o Cristianismo ter "redimensionado" o Ocidente.

zação, mas organização é a alma da revolução como segredo é a alma do capitalismo... / (...) / Manguari — ... e não vou almoçar, tem reunião da Associação dos Servidores Civis, estudo da nova tabela de vencimentos, não se pode aceitar a nova tabela, sou de luta, Nena, estirpe de Espártaco!"[62].

A proposta, no entanto, não é bem recebida por Milena. Esta recepção provoca um debate acirrado entre a jovem e Camargo Moço, provocado por percepções distintas da luta política:

"Milena — ... isso que o companheiro Luís Carlos está apresentando aqui na reunião pra mim é um plano de luta, é uma proposta de turismo pela cidade, correto? *(Risos, alguns protestos)* pra mim, pra mim, isso aí não é briga, é excursão pelo Rio de Janeiro, só faltou incluir visita ao Museu do Índio... / (...) / Milena — ... visita à super Academia Brasileira de Letras? Tem gente viva lá, tem alguém pra abrir a porta? Super Conselho Nacional de Cultura, Super Ordem dos Advogados, pela madrugada! Só está faltando o Instituto Médico Legal. São João Batista... Isso pra mim é plano de excursão da Breda Turismo! Esse plano do companheiro Luís Carlos, na minha opinião, parece festa do Divino, sabe qual é? A gente indo bater de porta em porta de pires na mão. *(Riso. Camargo Moço Sério)* / Luca — Olha aí, Milena, olha aí, favor porra, isso é contribuição do meu pai, faz anos que ele faz isso, a vida dele é isso, não é plano meu de repente, não... / Milena — ... plano teu, teu pai, de onde vier, na minha opinião é plano arriado de calça arriada, correto? / Luca — ... não sei discutir disso, sei que assim não vai poder falar, não! Esse negócio de calça arriada, não tem não! Assim não vai falar que meu pai tem experiência disso! / Milena — ... a experiência que eu conheço nesta terra aqui fora o que? Fora Canudos e a Cabanagem?... Fora Canudos e a Cabanagem a experiência que eu conheço aqui é só de calça arriada, até hoje foi a terra da calça arriada... / Camargo Moço — ... a gente veio aqui discutir história do Brasil? / Milena — ... estou vendo que a gente veio discutir e o que precisa é parar de discutir... / Camargo Moço — ... porque eu sou do Liceu Castro Cott do Meyer, o companheiro aqui não é filho de Custódio Manhães? / Luca — ... sou... / Camargo Moço — ... porque se a gente veio aqui discutir história, Custó-

---

[62] Vianna Filho, O. *Op. cit.*, p. 53-4.

dio Manhães faz parte da história desta terra que não está nos livros e tenho muito orgulho de saber que estou sentado ao lado do filho dele. *(Slides, alguns aplausos, gente séria)* Porque o combate começa respeitando nossos combatentes... / Milena — ... estou falando do plano apresentado sobre nosso problema! Não estou fazendo reunião de Moral e Cívica, vê que nem bandeirinha eu pus na sala... / Camargo Moço — ... acho que o plano apresentado pelo companheiro filho de Custódio Manhães tem muitos pontos positivos... / Milena — ... como é o seu nome, companheiro? / Camargo Moço — ... me chamo Camargo Moço... porque sou sobrinho de Camargo Velho, o que também muito me honra. / Milena — ... lá no Liceu Castro Cott do Meyer também tem essa ordem de cortar o cabelo? / Camargo Moço — ... também tem a ordem, mas sem nenhuma força, estou aqui pela devida solidariedade, companheira... / Milena — ... mas não está com o problema fervendo na alma, não é? Me desculpe, companheiro... começa a chegar solidariedade, solidariedade, aí a gente passa a luta de acordo com a solidariedade, não tem mais o problema, tem é que quebrar a solidariedade e quem está com o problema mesmo, enfiado na carne, vai se misturando, água, vira tudo água... / Camargo Moço — ... pra mim é o contrário, companheira... o maior pecado do plano apresentado é o de só planejar a luta dos quarenta e poucos que não cortaram o cabelo, mas existem quinhentos e sessenta que foram derrotados! O princípio de tudo são os derrotados! / Milena — ... é sempre isso, sempre isso, olhaí sempre isso, mas Meu Deus! primeiro aparecem os solidários, aí os aliados, aí a massa, aí os de baixo nível ideológico e aí a gente fica rodando no mes-mo lugar atolados, séculos para fazer um gesto, passamos a vida discutindo entre nós mesmos. / Camargo Moço — ... nós temos que aprender a nos mover no atoleiro, é a nossa casa o atoleiro... / Milena — ... ação direta, companheiro! Vocês acabaram com a ação direta, a fúria, a paixão... / (...) / Camargo Moço — ... o que houve sempre, em vez de política, foi golpismo! Golpismo! / Milena — ... ele chama de golpismo ir pra rua de peito aberto pro pau! Ação direta! / Camargo Moço — Golpismo! Golpismo! Sem ouvir opinião, sem organizar as massas, sempre cúpula, sempre na elite, tradição dos barões do açúcar, depois dos barões da borracha, barões do café! Terra miserável onde até os miseráveis só sabem os barões do tabuleiro! / (...) / Milena — ... muita coragem, muita decisão, hino, mãos dadas, mas na hora do vamos lá — cada um com sua calça arriada, sentado na sua latrina, reclamando que os outros arriaram as calças! A única coisa que faz barulho nesta terra é o intestino!"[63].

Como se vê, a recusa de Milena e a posição favorável de Camargo Moço permitem vislumbrar duas concepções distintas com relação à resistência a ser construída. De acordo com as observações de Milena, o importante é a garantia da radicalidade e da autonomia do movimento. Para ela, fundamentalmente, o combate diz respeito aos que estão diretamente envolvidos. Referendando a sua posição, a personagem resgata momentos da história brasileira. Observa que, em nome de alianças, muitas ações foram se perdendo em razão das concessões feitas em favor de um interesse mais amplo; sufocando, assim, os interesses específicos dos movimentos. A resposta a esta posição de Milena é dada por Camargo Moço, sobrinho de Camargo Velho. Ao contrário da jovem, respeita as experiências anteriores à sua. Reconhece na militância de Manguari Pistolão, Camargo Velho, entre outros, a História do Brasil não escrita nos livros. Enfatiza a necessidade de inverter as prioridades: não construir a resistência valendo-se dos quarenta que recusaram cortar o cabelo, mas sim com base nos quinhentos e sessenta que o fizeram. Para ele, o princípio da luta são os derrotados e não apenas os que resistiram. Nesse sentido, observa-se que as divergências existentes entre Milena e Camargo Moço não são, de forma alguma, pontuais.

Os argumentos de Milena foram utilizados nas cenas seguintes, nas quais se enfrentam Luca e Manguari, já que este último critica o modo como se processava a condução do movimento dos estudantes. Luca, por sua vez, exige de Manguari resultados de sua estratégia política. Este justifica-se dizendo que houve uma série de impedimentos ao avanço do movimento em busca de apoio. Reproduz-se, nesse momento, o debate ocorrido entre Milena e Camargo Moço. Manguari repreende o filho, dizendo que, quando jovem, também acreditou em sua onipotência, mas a única coisa que acumulou foi experiência. Diante desta evidência, Luca retruca o pai dizendo:

"Luca — Mas a experiência é pra isso? Não quero, não quero ficar experimentado! Você é que é um revolucionário, então? O mesmo ônibus 415, com trocado no bolso que não gosta de brigar com o trocador, o editorial, leu o editorial? Conversou com o jornaleiro, atravessou a rua no sinal, na faixa 25 anos, ônibus 415 com trocado no bolso, 25 anos assinando ponto em repartição, reuniões quartas-feiras, mês

---

[63] Ibidem, p. 57-8-9-60.

de finanças, rifas para passar, recorte de jornal no bolso 'leu esse artigo do Tristão?' ônibus 415, o meu revolucionário do 415 de trocado no bolso, terno, gravata, 25 anos assinando ponto? Mas é isso a experiência? Esse silêncio por dentro, que fica dentro de você? Experiência, é desistir de ser feliz? Ação direta! Ação direta! Ação direta!"[64].

Após esta demarcação de posições, a ação direta vence no interior do movimento dos estudantes. O Colégio Castro Cott é invadido, e o arquivo com as provas do meio de ano é destruído. O interrogatório de Castro Cott fragiliza os estudantes, e o movimento é derrotado. Todos são expulsos do colégio, até mesmo Camargo Moço que votara contra a invasão. O rapaz alega que participou da reunião apenas em solidariedade, mas alguém, ao ser interrogado, o delatou. Com o objetivo de obter mais informações, Camargo Moço dirige-se à casa de Manguari para conversar com Luca. Este diz que não delatou o colega e não sabe quem o fez. Após este diálogo, Luca retira-se. Em cena ficam Manguari e Camargo Moço, personagens que partilham da mesma tradição. Eles têm em comum a defesa de uma prática política baseada na noção de ORGANIZAÇÃO. Além disso, acreditam na necessidade de buscar alianças. Manguari reconhece no jovem uma identidade de princípios e de prática política. Verifica que ele representa, porém, uma parcela ínfima de seus colegas de geração. Para apontar algumas possibilidades de crítica, Vianinha sacudiu as bases da militância de Manguari por meio dos diálogos com Camargo Moço. Este procedimento é muito didático, já que o dramaturgo procurou ressaltar que determinadas concepções de mundo e de participação política não deveriam transformar-se em dogmas. Para tanto, ele construiu o diálogo da seguinte maneira:

Manguari — (...) Camargo, por favor... *(Camargo Moço volta)* Quem é aquele rapaz? / Camargo Moço — ... Quem? / Manguari — ... O meu filho Luís Carlos, que é ele? Por que é que eu entendo ele cada vez menos? O que é que ele faz esse conflito de gerações ficar assim? / Camargo Moço — ... Não saco muito conflito de gerações, sabe? *Pra mim, o importante não é o conflito de gerações, é a luta que cada geração trava dentro de si mesma... eu sou da geração de seu filho, pô, mas sou outra pessoa... tem umas gerações que acham que a política é a atividade mais nobre, a suprema, a exclusiva invenção do ser humano...* Tem outras gerações que pensam que a política é a coisa mais

---
[64] Ibidem, p. 62.

sórdida que o homem faz... quero que a minha seja como a primeira... / Manguari — ...Mas a sua geração fica cada vez mais apolítica... você é minoria... qual é a minha culpa nisso? Minha geração é política... / Camargo Moço — Bom, aí eu não sei, seu Custódio, não sei... Sabe? O Colégio Castro Cott mandou cortar cabelo e faz cumprir a ordem a ferro e fogo em Laranjeiras porque lá em Laranjeiras vão construir um colégio do estado... então, ele quer chamar atenção pro colégio Castro Cott de Laranjeiras, para todos os pais moralistas de todos os bairros, é uma maneira de atrair freguesia. Ninguém sabe disso lá no colégio, os 600 alunos, ninguém sabia, ninguém sabe do problema educacional do país...*acho que, vai ver, esse foi o erro de vocês... vocês descobriram uma verdade luminosa, a luta de classes, e pronto, pensam que ela basta para explicar tudo... a tarefa nossa não é esperar que uma verdade aconteça, nossa tarefa é descobrir novas verdades, todos os dias... acho que vocês perderam a arma principal: a dúvida. Acho que é isso que o filho do senhor quer... duvidar de tudo... e isso é muito bom... acorda... arrepia as pessoas. (Longo silêncio)* / Manguari — ...*a dúvida, menino?... a nossa principal arma, a dúvida?... (Novo silêncio) ...nunca tinha pensado nisso...(Silêncio. Manguari imerso em si mesmo)* [grifos nossos]"[65].

Esta passagem da peça de Vianinha é luminosa, uma vez que as críticas aos procedimentos e às concepções de Manguari vão sendo intensificadas, ora por Luca, ora por Milena. Embora, no decorrer da peça, o movimento dos alunos tenha sido derrotado (talvez com o intuito de mostrar a ineficácia de ação desta perspectiva de análise), as discussões que foram apresentadas eram extremamente contudentes. Por isso, nem dramática, nem, muito menos, politicamente, se podia ignorar o teor e a virulência dos argumentos utilizados contra os pressupostos dos Partidos Comunistas. Nesse sentido, não fugindo do debate, o dramaturgo inseriu no interior da tradição o diálogo que exige, efetivamente, uma mudança para continuar sobrevivendo historicamente.

A possibilidade de conciliação entre Manguari e Luca, no entanto, tornava-se impossível. O referencial em que ambos estão inseridos são excludentes. As contestações foram feitas. As dúvidas apresentadas. A necessidade de os setores de esquerda se repensarem era mais que urgente. Neste contexto, o desfecho do conflito entre pai e filho, nitida-

---

[65] Ibidem, p. 66-7.

mente, caminha para a manutenção dos princípios defendidos pelos dois lados.

Manguari — ... Aqui você não fica mais, não pago mais trigo sarraceno, não pago roupa, pasta de dente, não sou pensão!... / Luca — ... Puxa, pai, que é isso? / Manguari — ... É isso, é isso, é isso... / Luca — Não tenho pra onde ir, pai, vou pra onde? / (...) / Nena — ... Por favor... Custo!... / Manguari — Cala a bo-ca, Nena, não sei como você vai viver, não é em comunidade que vocês vivem, então? / Nena — Custo, Custo, por... / Manguari — ... *espetáculo de coragem!* / Luca — *Você é que pensa que é revolucionário, é a doce imagem que você faz de você, pai, mas você é um funcionário público, você trabalha para o governo! Para o governo! Anda de ônibus 415 com dinheiro trocado para não brigar com o cobrador e que de noite fica na janela, vendo uma senhora de peruca tirar a roupa e ficar nua! (Manguari dá um tapa na cara de Luca avança para ele, Nena se interpõe, ficam embolados)* / (...) / Manguari — *(Desiste do corpo-a-corpo)* ... Está bem, Nena, vamos embora, Nena. Vamos embora. *(Sai. Nena fica um pouco atrás. Ficam só Camargo Moço e Luca. Tempo de silêncio)* / Camargo Moço — ... Ih, amigo, ilh... se eu soubesse que ia acontecer isso, eu nem vinha aqui... pô, desculpe... acho que devia ter falado com você linha direta... / Luca — *(Ainda está muito abalado mas mantém-se)* ... *não tem problema, amigo, sem problema... sabe como é que chamavam os cristãos no Império Romano? 'Gente esquisita e intratável... os bárbaros do interior do Império...' hoje todo mundo se benze... eu sei que é isso que vou enfrentar... meu pai tem que descarregar em alguém ele ter vivido sem ter deixado marca de sua presença...* / Camargo Moço — *Ô Luca, ô Luca, não é isso não, teu pai não deixou marca? Mas cada vez que começa uma assembléia num sindicato, a luz baça, teu pai está lá, cada vez que um operário, chapéu na mão, entra na Justiça do Trabalho, teu pai está lá, cada vez que, em vez de dizer países essencialmente agrícolas, dizem países subdesenvolvidos, teu pai está lá, cada vez que dizem imperialismo, em vez de países altamente industrializados, teu pai está lá, cada vez que fecham um barril de petróleo na Bahia, teu pai está lá... teu pai é um revolucionário, sim...* / Luca — ... *Petróleo, quilovates, toneladas de aço, megatons, você também só consegue entender o mundo nesses termos não é, companheiro?... o assalto à natureza... olha, muita felicidade no vestibular* [grifos nossos]"[66].

---

[66] Ibidem, p. 74-5-6.

Após este rompimento, Manguari continua sua luta na Associação dos Funcionários, ao passo que Luca vai embora de casa, sem mágoas. Neste momento, o espetáculo termina e se abre o espaço para as discussões que ele suscita. Quais os caminhos que a esquerda deveria trilhar? Que discussões ela deveria promover entre seus militantes? A peça que nascera com a proposta de reafirmar "certezas" terminou por construir o cenário das "dúvidas".

O criador e a criatura: Vianinha e Rasga Coração

Rasga Coração, por possuir complexidade temática, permite diferentes níveis de tratamentos, como o que reconhece os impasses da esquerda, tanto no exterior quanto no Brasil, no que se refere às premissas teóricas e à atuação do comunismo internacional. Ao lado disso, não se poderia ignorar a maneira como se formou o bloco socialista (intervenção do exército soviético) e acontecimentos como os da Hungria (1956) e os da Tcheco-Eslováquia, França, Estados Unidos, Alemanha, entre outros, ocorridos em 1968. Oduvaldo Vianna Filho — percebendo as dimensões teórico-políticas das críticas, bem como a necessidade de enfatizar a existência no campo da legalidade — discutiu os problemas enfrentados, internamente, pelos que escolheram a "frente democrática", e respondeu aos argumentos dos que criticavam a tradição do marxismo-leninismo.

Após a análise de *Rasga Coração*, verifica-se que se, por um lado, a tentativa de elaborar uma síntese da trajetória de Manguari Pistolão foi bem-sucedida, já que matizou sua militância e suas experiências pessoais, de outro, a perspectiva em definir as discussões colocadas no *presente*, por meio do *passado*, não atingiu seus objetivos, porque esta proposta não respondeu às inquietações que motivaram a confecção da própria peça. Como já fora observado, anteriormente, a estrutura de *Rasga Coração* é constituída por ações dramáticas que mesclam situações vividas no *presente* e no *passado*, sendo que este último vem à tona pela memória de Manguari ou pela intervenção do narrador. A sua atualização cênica é permitida por situações ocorridas no *presente*, construindo, muitas vezes, uma perspectiva comparativa. Esta estratégia procurou justificar não só a coerência política de Manguari Pistolão como, também, o "acerto histórico" de suas opções. Um exemplo significativo deste procedimento encontra-se na tentativa de vincular a defesa do "espontaneísmo" e da "ação direta", de Milena e Luca, à Intentona Comunista de 1935. Com esta aproximação, houve a intenção em mostrar que a ausência de organização e de um trabalho de "base" foram os responsáveis pelo fracasso de ambos.

Por essa via, como proposta, *Rasga Coração* encampou as preocupações do PCB (documento de 1972) e assumiu as tarefas por ele apresentadas (combater o "irracionalismo" e a "contracultura", lutar pelo restabelecimento da "hegemonia tendencial de esquerda na cultura"), com base na "certeza" propiciada pelo *passado*, recuperado por meio da "memória histórica". Neste contexto, não havia espaços para dúvidas, a interpretação do passado já fora feita, a temporalidade construída, pois, como bem observou Carlos Alberto Vesentini, "para o país, em seu passado, assumir o "ar" de uma vida, ou conformar um desenrolar seqüente e ordenado, certos temas fornecem seus grandes momentos, suas viradas decisivas. O maior senão reside no surgirem não como temas, mas como fatos objetivos, podendo — exatamente por isso, por esse dispositivo — reproduzir-se, e sua articulação continua garantindo a percepção da vida da nação, a despeito das reinterpretações"[67].

Definido o lugar da interpretação, caberia aos que soubessem entender e assimilar as "lições do passado" demonstrar que a "ação direta" e o "espontaneísmo" estavam fadados ao fracasso. Porém, os pressupostos norteadores desta compreensão foram, no decorrer da década de 60 e de 70, discutidos por meio de insatisfações manifestas com relação à sociedade de massas, à ciência como mercadoria, à sociedade tecnológica, à acomodação dos Partidos Comunistas (e o stalinismo interno de muitos deles) e à social-democracia. Para tanto, retomaram-se experiências como a Comuna de Paris (1871), Revolução Russa (em especial a atuação dos "sovietes" 1905/1917), Catalunha (1936) e Budapeste (1956), e intelectuais/militantes como Rosa de Luxemburgo, Che Guevara e Trotsky[68]. Ao lado destas discussões, presentes de maneira tão intensa nos meios estudantis, surgiram premissas e idéias que nortearam o que, em linhas gerais, foi denominado de "Nova Esquerda"[69]. Este conjunto de críticas, aliado a novas formas de comportamentos, deram visibilidade ao que se denominou "contra-

---

[67] Vesentini, C. A. *Op. cit.*, p. 87.
[68] Para maiores informações sobre as manifestações e as discussões referentes ao que se denominou "Maio de 68" consultar:
Matos, O. *Paris 1968: as barricadas do desejo*. 2.ª ed. São Paulo: Brasiliense, 1981.
Morin, E.; Lefort, C. & Castoriadis, C. *Mai 68: la brèche suivi de vingt ans après*. Bruxelles, Éditions Complexe, 1988.
[69] Ao lado destes acontecimentos, ocorridos na Europa, que propiciaram críticas contundentes à atuação dos Partidos Comunistas, nos Estados Unidos, na década de 60, a

cultura"[70]. Em linhas gerais, pode-se dizer que a "contracultura" não traduzia a "revolta de uma elite que, embora privilegiada, visasse uma redistribuição da riqueza social e do poder em favor dos mais humildes. Nem de uma "revolta de despossuídos". Ao contrário. Era exatamente a juventude das camadas altas e médias dos grandes centros urbanos que, tendo pleno acesso aos privilégios da cultura dominante, por suas grandes possibilidades de entrada no sistema de ensino e no mercado de trabalho, rejeitava esta mesma cultura de dentro. E mais. Rejeitavam-se não apenas os valores estabelecidos mas, basicamente, a estrutura de pensamento que prevalecia nas sociedades ocidentais"[71].

Assim, evidenciados os referenciais de Manguari e Luca, verifica-se a impossibilidade de tecer paralelos entre *passado* e *presente*, pelo fato de que, além da especificidade conjuntural dos agentes e das propostas, as bases teóricas e as perspectivas históricas são totalmente distintas, estão em registros próprios, impedindo uma comparação mecânica, por exemplo, entre a Intentona Comunista (1935) e o movimento dos jovens (1972). A impossibilidade é expressa nos pressupostos de ambos. Em 1935 houve a radicalização da luta, por parte da "vanguarda revolucionária", a fim de deflagrar a revolução, mas com a classe operária "desorganizada" e a derrota do movimento; este foi, posteriormente, qualificado

---

Nova Esquerda esteve presente entre os estudantes e intelectuais. Sobre este tema verificar:
Jacoby, R. *Os últimos intelectuais*. São Paulo: Trajetória Cultural-Edusp, 1990.
Newfield, J. *Una minoría profética: La nueva izquierda norteamericana*. Barcelona: Ediciones Martínez Roca, S.A., 1969.

[70] Além do livro de Theodore Roszak (*op. cit.*), sobre este tema é preciso lembrar o texto de Carlos Alberto Pereira. *O que é contracultura* (8.ª ed. São Paulo: Brasiliense, 1992). Neste trabalho, o autor transcreve anotações de Luís Carlos Maciel sobre as manifestações denominadas "underground". Na "Quarta anotação", Maciel considera que "a compreensão do fenômeno da contracultura depende da erradicação desse preconceito, introjetado em todos nós desde a infância: o de nossa cultura particular e suas formas específicas e limitadas são, de alguma maneira, superiores, ou melhores, ou mais objetivas etc. do que quaisquer outras, pretéritas ou a inventar. Esta é uma ilusão tenaz, amparada por todas nossas instituições — da universidade à política —, e o primeiro ato indiscutivelmente positivo e genuinamente revolucionário da contracultura foi o de desmenti-lo. Esse ato foi espontâneo. O surgimento e o desenvolvimento do que se chamou contracultura não foram previstos — e só foram precariamente apreendidos, à custa de distorções — pelos quadros de conhecimento elaborados por nossa cultura. Sua fonte foi a magia fundamental da realidade, seu poder incessante de criação, insubmisso a todos os tipos de tentativas de racionalização. Esta é a principal originalidade histórica da contracultura. Ela tem mais a ver com um passe de mágica do que qualquer processo racionalizável" (Pereira, C. A. *Op. cit.*, p. 15-6).

[71] Ibidem, p. 23.

como uma "quartelada"[72]. Nesta interpretação, a crítica ao "espontaneísmo" e à "ação direta" tornou-se algo compatível com as propostas de luta e de organização do PCB. Porém, este horizonte teórico e esta prática política não foram os definidores da ação dos que buscavam novas formas de luta, acreditavam na força e na legitimidade de reivindicações que não estavam na ordem do dia da tradição revolucionária da esquerda.

Pode-se observar, por exemplo, a opção deliberada dos jovens, em *Rasga Coração*, de não se tornarem porta-vozes de grupos, isto é, não falarem em "nome de...". A recusa à idéia de vanguarda e a certeza de que não existem lutas definidas previamente, fez com que Milena/ Luca, em seus gestos e palavras, traduzissem uma das premissas mais importantes da década de 60: AUTONOMIA. Acerca desta proposta de atuação política, Daniel Cohn-Bendit, por meio das experiências advindas do movimento francês de Maio de 68, assim se manifestou:

---

[72] De acordo com Jacob Gorender, no PCB, "a proposta de luta armada caiu quase por inteiro no vazio. No começo dos anos 50, não havia disposição, nem meios para repetir as quarteladas de 1935" (Gorender, J. *Combate nas trevas: a esquerda brasileira: das ilusões perdidas à luta armada*. 3.ª ed. São Paulo: Ática, 1987, p. 22).

Robert H. Chilcote, em seu estudo sobre a trajetória do PCB, no que se refere à Intentona Comunista de 1935 na nota 70 do capítulo 3 afirmou: "Loewenstein, in 'Brasil under Vargas', p. 28, concorda 'que o levante foi puramente militar; o operariado e as massas nada tiveram a ver com ele e dele não participaram'. Ele erra, porém, ao descartar também a participação comunista. Numa crítica geral ao papel do partido na revolta de 1935, Lacerda, in The Fascist Coup d'Etat in Brazil, 'Communist International XV' (janeiro de 1938), 46, identifica cinco erros: 'foi adotada uma falsa linha política; houve a «negligência» das organizações de massas; «as forças do inimigo foram subestimadas»; «não houve suficiente vigilância revolucionária»; e houve «uma superestimação do papel do heroísmo individual»'" (Chilcote, R. H. *Partido Comunista Brasileiro: conflito e integração — 1922/1972*. Rio de Janeiro: Graal, 1982, p. 83).

O cientista político Paulo Sérgio Pinheiro em seu trabalho *Estratégias da ilusão* (2.ª ed., São Paulo: Cia. das Letras, 1992) transcreve a seguinte análise de Luís Carlos Prestes sobre o movimento de 1935: "quase vinte anos depois do desastre, Prestes reconhecia o caráter limitado da insurreição: 'Já em 1935, apesar da justa orientação do partido, procurando unir as mais amplas forças antiimperialistas e antifeudais na Aliança Nacional Libertadora, a influência do radicalismo pequeno-burguês na direção do partido, sob a forma específica do chamado golpismo «tenentista», levou-nos a cometer o grave erro de precipitar a insurreição quando eram ainda débeis nossas forças na classe operária e, por falta de apoio na massa camponesa, quase inexistente a aliança operário-camponesa. *Para o triunfo da insurreição popular é indispensável ganhar o apoio de soldados e marinheiros, mas reduzir a insurreição a uma luta quase que só de quartéis é grave erro* que teria de levar, como de fato levou, à derrota do movimento de novembro de 1935. Depois da derrota de novembro de 1935, ainda sob a influência do idealismo pequeno-burguês, tardamos demais a compreender a necessidade de fazer a retirada, causando dessa forma prejuízo desnecessário e evitável ao partido e ao movimento nacional libertador em nosso país'" (Ibidem, p. 308).

"a crítica da universidade era uma crítica fundamentalmente política, tão radical que colocava em questão toda a sociedade. Uma universidade conforme o anseio dos estudantes não poderia existir numa sociedade capitalista. Nessa sociedade não poderia existir unidade sem mais nada. É falso afirmar que a classe operária — os jovens, os velhos, os imigrantes e as mulheres — tenha objetivamente os mesmos interesses. *É necessária uma grande autonomia dos movimentos para se chegar a interesses comuns.* Nós defendíamos a *autonomia* do movimento estudantil. Parte dos jovens operários que lançaram nas fábricas o movimento de maio se reconheceu no nosso radicalismo. E não somente no radicalismo da briga.... *A dinâmica de um movimento nasce do seu radicalismo, e é dessa dinâmica que pode surgir a possibilidade de união com outros movimentos. União no calor do combate. Mas união significa também eliminação das relações táticas e da manipulação.* Para que isso aconteça o movimento tem que ser radical, tem que expressar sua verdade para tornar a união autêntica, ou então provar que ela é inviável (depois do 13 de maio, não houve mais manifestações conjuntas com a CGT...). *Para que o radicalismo possa ser contagioso de modo a ampliar o movimento tornando claro o que realmente está em jogo, é preciso não reprimir o radicalismo de um movimento social, nem manipulá-lo em nome das necessidades táticas de unidade com os outros movimentos sociais, ou partidos políticos.* Esse reflexo burocrático e esquemático da união pode ser reencontrado nas questões dos trabalhadores imigrantes/classe operária, ou dos homens/mulheres. *Não se deve esperar que um movimento interrompa sua lógica própria para se unir a um outro, sob pretexto de que tradicionalmente se supõe que é a classe operária que faz a revolução* [grifos nossos]"[73].

Diante destes embates e estabelecida a dúvida, observa-se que Oduvaldo Vianna Filho em *Rasga Coração* não conseguiu construir as respostas necessárias para as discussões do presente, pois, ao fazer a opção pelo debate e não por dogmas, o autor colocou no palco dúvidas, incertezas e perplexidades, o que, dramaticamente, significou a continuidade da luta por parte de Manguari, e a saída de casa de Luca, mantendo suas opiniões. A discordância, que, no início da peça, era camuflada em nome dos "arroubos" da juventude e da constante "compreensão" de Manguari para com o filho, transforma-se, ao final do texto, em divergências irreconciliáveis: de um lado, tornam impossível qualquer mediação e, de outro, traduzem a não-supremacia de uma opção sobre outra. Os princípios do marxismo-leninismo foram postos em debate, e este fora tão intenso que

---

[73] Cohn-Bendit, D. *O grande bazar*. São Paulo: Brasiliense, 1988, p. 49-50.

nem Camargo Moço, jovem que reconhece a importância da tradição de lutas do PCB, consegue sustentá-los sem submetê-los a uma análise crítica. Assim sendo, o texto tornou-se um espaço para o exercício da dúvida e da indefinição, tanto mais que o seu final pode ser considerado "aberto", pois a última palavra não poderia ser dada pelo dramaturgo ou por Manguari (no palco). O embate tratado, dramaticamente, só poderia obter respostas no campo da luta teórica e da prática política (fora do palco, portanto).

Após este amplo universo de problematizações, pode-se retornar às discussões que iniciaram este capítulo. Com isso, é possível verificar a parcialidade da análise de Edélcio Mostaço, assumindo o ponto de vista explicitado pelo autor no prefácio da peça, resgatou somente as argumentações propiciadas pelas intervenções do *passado*, sob a ótica da vitória da "modernização" pós-30. Não observou que este *passado* possuía contradições, já que a existência de Lorde Bundinha revelou como este projeto não fora aceito de forma unânime, bem como analisou os jovens dos anos 70 pelos referenciais de Manguari, e não pelos conflitos dramáticos e teóricos vivenciados pelas personagens. Gilberto Velho, por seu turno, ao tecer considerações sobre a peça e sua importância para o debate político contemporâneo, assumiu a perspectiva do debate travado por Luca e Manguari, e, valendo-se dele, sem fazer a análise do texto teatral propriamente dito, procurou articular uma série de impasses vivenciados pelos grupos políticos no final dos anos 70. Embora a discussão de Gilberto Velho fosse extremamente instigante e atual, nenhum dos analistas da obra de Oduvaldo Vianna Filho, em especial de *Rasga Coração*, resgataram-na no debate ou na sistematização do material crítico. Por quê? De maneira significativa, o texto de Gilberto Velho talvez seja o único que permita contestar a idéia segundo a qual a peça seria o "testamento político e estético do autor" e de sua "geração". O mesmo não acontece com a interpretação de Edélcio Mostaço, pois, mesmo discordando de Vianinha da primeira à última linha, em nenhum momento discutiu as definições e atributos conferidos à peça, os quais, na maioria das vezes, fundamentaram as análises.

Tomando por base as reflexões destes dois autores, além das considerações apresentadas no primeiro capítulo — com o intuito de construir as hipóteses que sustentariam uma análise detalhada de *Rasga Coração* —, procurou-se discutir a peça não à luz destas definições, mas recuperando-a na dramaturgia de Vianinha. Este procedimento demonstrou que o referido texto é fruto de um momento preciso: o ano de 1968 e os desdobramentos teórico-práticos dos impasses vivenciados pela esquerda. No entanto, com a morte de Vianinha, a interdição e proibição oficial, *Rasga Coração* foi pouco a pouco perdendo sua especificidade histórica, para se transformar em bandeira de luta dos que defendiam a redemocratização do país. Por isso, autor e obra foram alçados à condição de "símbolos" pelos agentes políticos de 1979/1980. Neste contexto, Oduvaldo Vianna Filho deixou de ser *um* dramaturgo atuante nas décadas de 50, 60 e 70, para se tornar *o* dramaturgo de uma geração que, como se pôde observar, não foi, em hipótese alguma, homogênea. Semelhante processo ocorreu com a peça que, fruto de uma discussão precisa, tornou-se "obra síntese", "testamento", "obra de despedida". A pungência das "palavras de ordem" e a "força da luta pelas liberdades democráticas" elidiram um escritor engajado que procurou, em sua dramaturgia, refletir sobre os impasses no seio da militância, e confinaram texto e autor aos limites da luta e da interpretação construída no momento.

Circunstanciadas a liberação e a montagem de *Rasga Coração*, pode-se observar que retomar a peça, em diálogo com as forças políticas no momento da escrita, fez emergir um texto vigoroso que se inicia com certezas prévias; mas que a pouco e pouco, diante da virulência e da importância das críticas, vai esmorecendo. Verifica-se que a discussão conjuntural de 1979/80 se sobrepôs ao conteúdo temático, e impossibilitou os analistas de atestarem que *Rasga Coração* carrega, em seu interior, a sua própria crítica, pois, ao perceber, em suas situações dramáticas, que a "dúvida" é uma arma fundamental na luta política, propõe à esquerda brasileira o exercício constante de se autocriticar à luz dos impasses por ela vivenciados.

Rasga Coração é, sem dúvida, um marco na recente história brasileira, fruto de um momento inquietante, no qual houve a necessidade de se retomar a tradição do PCB, confrontá-la com seus adversários e repensá-la, para que sua luta e seus propósitos não sucumbissem juntamente com os dogmas que ancoraram, por anos a fio, posições teóricas e ações políticas.

ICONOGRAFIA

ICONOGRAFIA 197

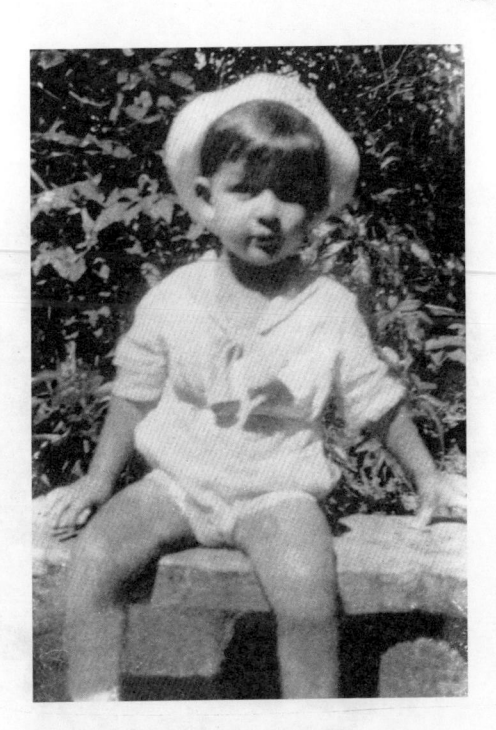

Vianinha aos dois anos de idade (1938), em Cumbuquira, Minas Gerais (Arquivo Funarte).

Oduvaldo Vianna e Oduvaldo Vianna Filho em 1939, num navio para Buenos Aires (Arquivo Funarte).

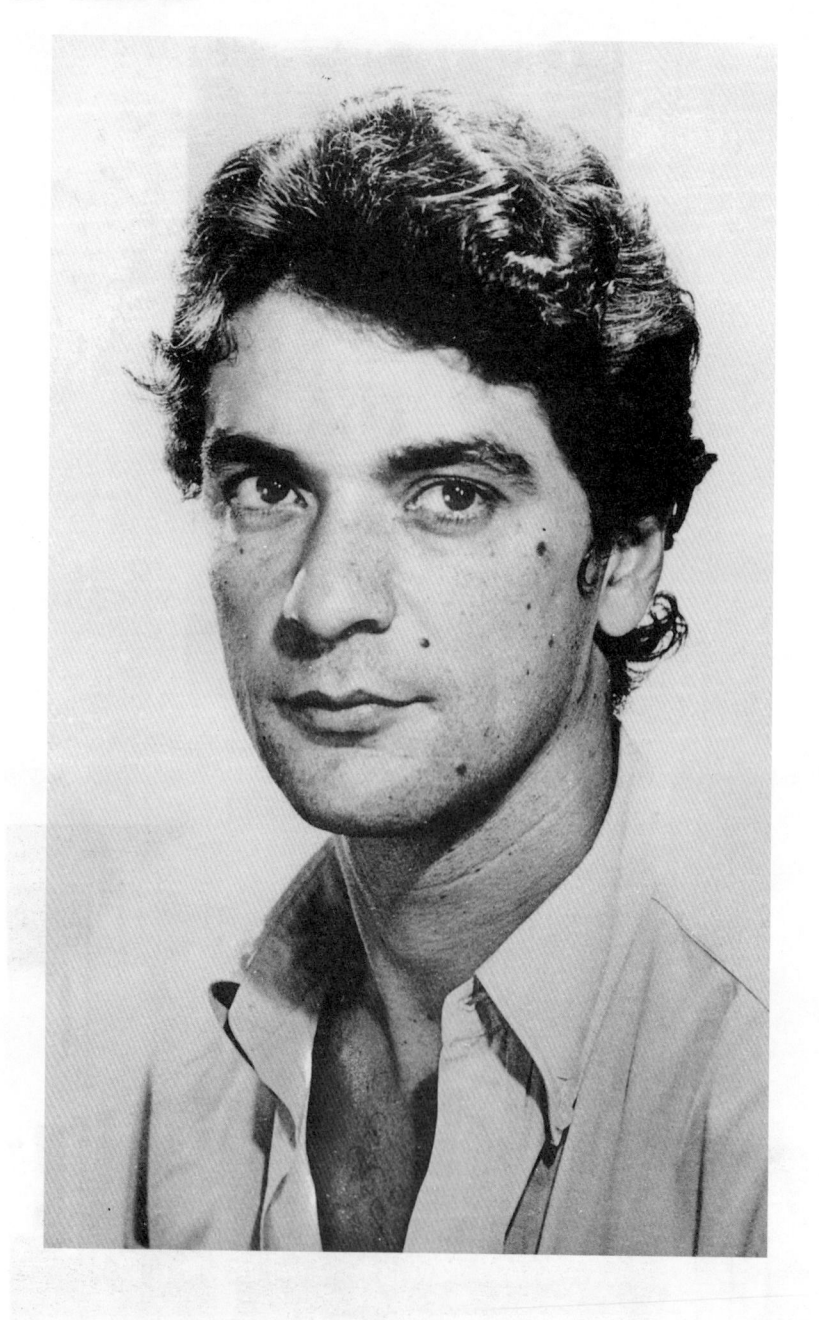

Oduvaldo Vianna Filho (foto de Carlos, Arquivo Funarte).

Vianinha e Xandó Batista em *Eles Não Usam Black-Tie*, de Gianfrancesco Guarnieri. Direção de José Renato, Teatro de Arena de São Paulo (foto de Francisco M. Magaldi. Arquivo Multimeios do Centro Cultural São Paulo).

Oduvaldo Vianna Filho e Chico de Assis em *Eles Não Usam Black-Tie*, de Gianfrancesco Guarnieri. Direção de José Renato, Teatro de Arena de São Paulo, 1958 (foto de Hejo, Arquivo Funarte).

Cena de *Chapetuba Futebol Clube*, de Oduvaldo Vianna Filho, direção de Augusto Boal para o Teatro de Arena de São Paulo, 1959. Vianinha está sentado à mesa, no lado direito (foto de Hejo, Arquivo Multimeios do Centro Cultural São Paulo).

Vianinha (o primeiro à esquerda) em cena de *Revolução na América do Sul*, de Augusto Boal. Direção de José Renato, Teatro de Arena de São Paulo, 1960 (foto de Hejo, Arquivo Funarte).

A Mais-Valia Vai Acabar, Seu Edgar, de Oduvaldo Vianna Filho, direção de Chico de Assis, no Teatro de Arena da Faculdade Nacional de Arquitetura, Rio de Janeiro, 1960 (Arquivo Funarte).

João do Vale, Nara Leão e Zé Keti em *Opinião*, primeiro espetáculo do Grupo Opinião, do Rio de Janeiro. Texto de Armando Costa, Oduvaldo Vianna Filho e Paulo Pontes, música de João do Vale e Zé Keti. Direção de Augusto Boal. Estreou em dezembro de 1964 (foto de Derly Marques, Arquivo Multimeios do Centro Cultural São Paulo).

Se Correr o Bicho Pega, Se Ficar o Bicho Come, de Oduvaldo Vianna Filho, direção de Gianni Ratto, 1966 (Arquivo Funarte).

Alegro Desbum, de Oduvaldo Vianna Filho. Direção de José Renato, 1972. Na cena: Paulo Hesse e Eugenia Di Domenico (foto de Djalma Limongi de Oliveira, Arquivo Multimeios do Centro Cultural São Paulo).

Raul Cortez e Sonia Guedes em *Rasga Coração*, de Oduvaldo Vianna Filho. Direção de José Renato, 1980 (foto de Ruth Amorim Toledo, Arquivo Multimeios do Centro Cultural São Paulo).

Final do primeiro ato de *Rasga Coração*, de Oduvaldo Vianna Filho, espetáculo dirigido em São Paulo por José Renato, em 1980 (foto de Ruth Amorim Toledo, Arquivo Multimeios do Centro Cultural São Paulo).

João José Pompeu (acima) e Raul Cortez (sentado embaixo) em *Rasga Coração*, de Oduvaldo Vianna Filho. Direção de José Renato, cenário de Marcos Flaksman, São Paulo, 1980 (Foto de Ruth Amorim Toledo, Arquivo Multimeios do Centro Cultural São Paulo).

Marco Nanini e Juliana Carneiro da Cunha em *Mão na Luva*, de Oduvaldo Vianna Filho, direção de Aderbal Freire-Filho, 1984 (Arquivo Funarte).

Capa do programa de *Rasga Coração*, de Vianinha, encenado em São Paulo em 1980 com direção de José Renato, cenário de Flaksman e direção musical de John Neschling. No elenco: Raul Cortez, Sonia Guedes, João José Pompeu, Antonio Petrin, Tomil Gonçalves, Márcio Augusto, Armando Azzari, Rosely Silva, Carlos Capeletti, Alexandre Soares, Antonio Carlos Dantas, Cristina Marques, Fortuna Safdié, Domingos Fuschini, Raquel Araújo, Tatiana Nogueira, Denise Krepsky, Marlene Marques, Vicente de Luca e Wilson Rabelo.

Capa do programa e *Corpo a Corpo*, de Oduvaldo Vianna Filho, encenado em 1995 em São Paulo pelo grupo Tapa com direção de Eduardo Tolentino de Araújo, cenário de Carlos Eduardo Colabone e tendo Zécarlos Machado como intérprete.

Zécarlos Machado em *Corpo a Corpo*, de Oduvaldo Vianna Filho. Direção de Eduardo Tolentino de Araújo, cenário de Carlos Eduardo Colabone, 1999 (foto de Fernando Nasser).

CONCLUSÃO

O resgate do processo de criação/produção da dramaturgia permite pensá-la historicamente, pois, dessa forma, são trazidos à luz os embates presentes no momento da escrita. Isto não significa dizer, porém, que as encenações, e, conseqüentemente, os textos críticos escritos a propósito delas, não tenham lugar na interpretação do historiador. Na verdade, quando se pensa na possível contraposição existente entre a escrita do texto teatral e sua posterior montagem cênica, deseja-se evidenciar como são construídas as diversas histórias do teatro. Por isso, não parece correto reduzir tudo à história da encenação como se isso pudesse dar conta da complexidade do fenômeno teatral. A história elaborada a partir das encenações é apenas uma das possíveis histórias.

No caso específico de *Rasga Coração*, se for levado em conta somente o momento da encenação, perder-se-ão de vista os contornos da proposta existente na peça. Isto acontece porque, ao resgatarem, comentarem e discutirem o texto de Vianinha, os agentes políticos dos anos 70 se esquivaram ao debate particular que a peça trazia em seu interior. Preferiram utilizá-la como arma de luta contra a ditadura. É evidente que este procedimento não foi uma atitude aleatória, pois, entre os que faziam a defesa da "resistência democrática", o dramaturgo era alguém extremamente credenciado para simbolizar tal luta, acrescido do fato de a sua morte e as condições nas quais terminou *Rasga Coração* contribuírem para que essa bandeira fosse levantada. A identidade de propósitos constituída entre o autor e seus críticos, pouco a pouco, foi tomando a forma de uma memória sobre Vianinha e sua obra. Isto forjou a "unanimidade", incorporada em interpretações posteriores, até mesmo em trabalhos de âmbito acadêmico, propiciando que uma memória se transformasse em interpretação, produzindo, assim, uma hierarquização da obra.

Isso ocorreu, sobretudo, após a encenação de *Rasga Coração*, pois, a partir de então, o conjunto da dramaturgia passou a ser periodizado/hierarquizado pelo "padrão de qualidade" estabelecido pela "obra-prima". Ao fazê-lo, a "unanimidade" construída pelos agentes políticos dos anos 70 assumiu não só um contorno político, mas também uma dimensão estética. Análises das peças de Vianinha, baseadas na primazia do autor sobre o diretor, fizeram com que *Rasga Coração* fosse entendida como "testamento político e estético do autor e de sua geração". Com isso, a memória, que posteriormente passaria para as interpretações, assumiu contornos ainda mais complexos.

Este quadro interpretativo, que propiciou a presença incessante de Vianinha no cenário teatral brasileiro, também justificou, posteriormente, um súbito e surpreendente silêncio sobre ele e sua obra. Oduvaldo Vianna Filho tornou-se parte dos Anais da História do Teatro Brasileiro. Seus contemporâneos haviam reservado a ele um "lugar de honra", mas a sua memória e seu trabalho deixaram de ser bandeiras capazes de aglutinar homens e idéias. Estaria Vianinha ultrapassado?

Tal indagação permitiu contestar o material produzido pelos críticos, sistematizar as idéias apresentadas nos trabalhos acadêmicos, para, posteriormente, ter Oduvaldo Vianna Filho como interlocutor. Este diálogo, construído texto a texto, revelou não só o referencial teórico e estético do dramaturgo, mas também, a cada linha, demonstrava que a sua produção artística era fruto da intenção deliberada de intervir no processo. Discutir, debater, enfrentar os adversários. Estas perspectivas estão presentes em cada diálogo escrito. Sem sombra de dúvida, momentos da recente história brasileira foram captados pela sensibilidade crítica do autor.

Ao lado destas descobertas, outras viriam, e, entre elas, significativamente, percebeu-se que o dramaturgo não foi em nenhum momento uma "unanimidade". Ao contrário, foi um cidadão e artista que explicitava posições, defendia pontos de vista, e, sob esta ótica, deixou em seu trabalho convicções, dúvidas e sentimento de impotência. Oduvaldo Vianna Filho pôde ser resgatado em várias nuanças. O militante convicto do fins dos anos 50 até o golpe de 1964. A perplexidade e o desencanto presentes em *Moço em Estado de Sítio* e *Mão na Luva*. A necessidade de resistir explicitada em *Se Correr o Bicho Pega, se Ficar o Bicho Come*. O enfrentamento com os "revolucionários" em textos teóricos e em *Papa Highirte*. O debate com a indústria cultural em *Corpo a Corpo* e *A Longa Noite de Cristal*. Por fim, a perplexidade e a dúvida em *Rasga Coração*.

Rasga Coração, ou o grande embate das utopias, pois mesmo com as divergências e a impossibilidade de aproximação das propostas de Manguari e de Luca, ambas apresentam-se como projetos derrotados na atual ordem mundial, da mesma maneira que as idéias defendidas por Oduvaldo Vianna Filho são hoje consideradas "arcaicas" e politicamente incorretas. Será?

Diante desta dúvida e dos impasses inerentes a ela, um texto vem à tona: em uma outra conjuntura, sob o impacto desta inexorável fé na modernidade, Walter Benjamin escreveu: "há um quadro de Klee que se chama *Angelus Novus*. Representa um anjo que parece querer afastar-se de algo que ele encara fixamente. Seus olhos escancarados, sua boca dilatada, suas asas abertas. O anjo da história deve ter esse aspecto. Seu rosto está dirigido para o passado. Onde nós vemos uma cadeia de acontecimentos, ele vê uma catástrofe única, que acumula incansavelmente ruína sobre ruína e as dispersa a nossos pés. Ele gostaria de deter-se para acordar os mortos e juntar os fragmentos. Mas uma tempestade sopra do paraíso e prende-se em suas asas com tanta força que ele não pode mais fechá-las. Essa tempestade o impele irresistivelmente para o futuro, ao qual ele vira as costas, enquanto o amontoado de ruínas cresce até o céu. Essa tempestade é o que chamamos progresso"[1].

Talvez, muitos de nós, atualmente, vivenciem a perplexidade do anjo de Klee. Na década de 30, Lorde Bundinha sucumbiu, a sua existência era incompatível com o sonho da modernização. Nos anos 60/70, Luca/Milena declararam de maneira explícita a inutilidade do que se denomina progresso e civilização. Nos anos 90, a luta por justiça social e melhores condições de vida, tão propaladas por Oduvaldo Vianna Filho, apresentam-se como páginas viradas da história da humanidade. Mas o amontoado de ruínas continua crescendo, a tempestade não cessou e não há nada mais oportuno, neste momento, do que recorrer à epígrafe deste livro, na qual Marcuse, sabiamente, adverte: "precisamente porque as chamadas possibilidades utópicas não são absolutamente utópicas, mas antes representam uma determinada negação histórico-social do existente, a tomada de consciência delas — bem como a determinação consciente das forças que impedem a sua realização e que as negam — exigem de nossa parte uma oposição muito realista e muito pragmática, uma oposição livre de todas as ilusões, mas também de qualquer derrotismo, uma oposição que, graças à sua simples existência, saiba evidenciar as possibilidades de liberdade no próprio âmbito da sociedade existente"[2].

Sem dúvida, as utopias são históricas, assim como as lutas, os projetos, as críticas e os textos. Oduvaldo Vianna Filho em *Rasga Coração* chamava a atenção para a importância da dúvida, de saber perceber e compreender as mudanças históricas para que a participação no debate seja a mais frutífera possível.

De uma maneira muito pertinente, a última peça de Vianinha ganha uma atualidade inconteste, se forem observadas as críticas realizadas pelos "neoluditas" a esse excessivo otimismo diante da tecnologia. A

---

[1] Benjamin, W. Sobre o conceito da história (tese 9). In: Benjamin, W. *Obras escolhidas — vol. 1: mágia e técnica, arte e política.* 3.ª ed. São Paulo: Brasiliense, 1987, p. 226.
[2] Marcuse, H. *Op. cit.*, p. 22.

ausência de perspectiva crítica, na opinião de Kirpatrick Sale, um dos mais importantes neoluditas dos Estados Unidos, cria uma situação em que "(...) a maioria das pessoas está tão deslumbrada com as novas tecnologias que não consegue enxergar o monstro que está criando"[3].

Em outro momento, o jornalista Gilberto Dimenstein ao comentar a sociedade norte-americana, hoje em dia, avaliou que "sem o estardalhaço dos *hippies*, os americanos produzem uma gigantesca rebelião contra a reverência ao dinheiro — pelos ingredientes por trás da tendência, a rebelião, mais cedo ou mais tarde, invade o Brasil. Sem as roupas psicodélicas, cabelos compridos, sexo livre, drogas, rock, gurus indianos, os *hippies* estão de volta. Ao contrário da década de 60, valorizam a família, curtem a religião e não pretendem agredir ninguém com comportamentos exóticos. Mas, como seus ancestrais de Woodstock, são de classe média e endossam a tese do 'paz e amor'. Desconfiam do valor do dinheiro e, se puderem, só trabalham para ganhar o essencial. Preferem vida mais simples, com menos dívida e cartões de crédito, de preferência longe dos neuróticos centros urbanos"[4].

Nestas preocupações, a contemporaneidade de *Rasga Coração* e de outras peças de Vianinha é inconteste, porque muitas de suas observações e denúncias continuam atuais, pois ainda nos deparamos com os problemas e as injustiças, que mobilizaram as lutas de vários segmentos sociais. Não há dúvidas, a indagação dos anos 60 ainda continua na ordem do dia, haja vista a declaração de José Celso M. Corrêa acerca da relação entre a década de 60 e os anos 90: "os anos 60 foram uma década de grande poder das coisas ao vivo, de grande poder de cultura. Ela é profundamente anos 60. Aliás, 'anos 60' é um dos maiores preconceitos que se criaram, exatamente para poder cortar a cultura, para poder eliminar o lado dionisíaco da cultura. Os anos 70 e 80 criaram no mundo inteiro essa maldição. Isso é 'anos 60'. Mas eu acho que é profundamente anos 60 o presente, sempre. (...). Está tudo aí, está tudo aí. Pode não estar explícito, não estar manifesto, mas está tudo aí. Agora, evidente que tudo isso está sob o peso de uma contra-revolução"[5].

Assim, mais que a revelação da atualidade do trabalho de Vianinha, o ato de revisitar suas peças permitiu observar que elas continuam sendo

---

[3] Neoludita prevê catástrofe mundial em 2020. *Folha de S.Paulo*, São Paulo, 12/11/1995, p. 1-16.
[4] Dimenstein, G. Menos dinheiro, mais saúde. *Folha de S.Paulo*, São Paulo, 17/12/1995, p. 1-24.
[5] Sá, N. de & Santos, M. V. Zé Celso estréia o musical "As bacantes". *Folha de S.Paulo*, São Paulo, 1/8/1995, p. 5-7.

"centelhas de esperanças", "fragmentos de projetos", resultados de um exercício da reflexão histórica, que produziu documentos privilegiados pela sensibilidade e pela perspectiva crítica deste talentoso dramaturgo.

Oduvaldo Vianna Filho é, portanto, um convite a corações e mentes que acreditam na importância do debate público. Retomar a sua dramaturgia, redimensionar suas idéias é, sem dúvida, uma grande contribuição à nossa história contemporânea.

BIBLIOGRAFIA

Livros e teses

A greve na voz dos Trabalhadores: da Scania a Itu. São Paulo: Alfa-Ômega, 1979.
Abramo, L. *O resgate da dignidade (a greve de 1978 em São Bernardo)*. São Paulo, 1986. Dissertação (Mestrado em Sociologia). Faculdade de Filosofia, Letras e Ciências Humanas, Universidade de São Paulo.
Antunes, R. *As formas da greve — confronto operário no ABC paulista: 1978/80*. São Paulo, 1986. Tese (Doutorado). Faculdade de Filosofia, Letras e Ciências Humanas, Universidade de São Paulo.
Arrabal, J. *et alii*. *Anos 70 — Teatro*. Rio de Janeiro: Europa, 1980.
Barcelos, J. *CPC da UNE: uma história de paixão e consciência*. Rio de Janeiro: Nova Fronteira, 1994.
Barthes, R. *Crítica e Verdade*. São Paulo: Perspectiva, 1982.
Benjamin, W. *Obras Escolhidas — vol. 1: Magia e Técnica, Arte e Política*. 3.ª ed., São Paulo: Brasiliense, 1987.
―――――. *Diário de Moscou*. São Paulo: Companhia das Letras, 1989.
Berlinck, M. T. *O Centro Popular de Cultura da UNE*. Campinas: Papirus, 1984.
Bernadet, J. C. *O Autor no Cinema*. São Paulo: Brasiliense/Edusp, 1994.
―――――. *Brasil em Tempo de Cinema*. Rio de Janeiro: Paz e Terra, 1978.
―――――. *Trajetória Crítica*. São Paulo: Polis, 1978.
Bittencourt, G. & Markun, P. D. *Paulo Evaristo Arns: o cardeal do povo*. São Paulo: Alfa-Ômega, 1979.
Bornheim, G. *Brecht: A Estética do Teatro*. Rio de Janeiro: Graal, 1992.
Brecht, B. *Estudos sobre Teatro*. Lisboa: Ed. Portugália, s/d.
Buarque, S. *et alii*. *A Guerrilha do Araguaia*. São Paulo: Alfa-Ômega, 1978.
Cacciaglia, M. *Pequena História do Teatro no Brasil*. São Paulo: T. A. Queiroz/Edusp, 1986.
Cadernos do Presente 2 — Greves Operárias (1968-1978). Belo Horizonte: Aparte, 1978.
Candido, A. *et alii*. *A Personagem de Ficção*. São Paulo: Perspectiva, 1987.
Capelato, M. H. R. *Imprensa e História do Brasil*. São Paulo: Contexto/Edusp, 1988.
―――――. *Os Arautos do Liberalismo: Imprensa Paulista (1920-1945)*. São Paulo: Brasiliense, 1989.
Caumo, M. S. B. *Evolução do Pensamento de Oduvaldo Vianna Filho*. São Paulo, 1984. Dissertação (Mestrado em Letras Clássicas e Vernáculas). Faculdade de Filosofia, Letras e Ciências Humanas, Universidade de São Paulo.
Certeau, M. de. *A Escrita da História*. Rio de Janeiro: Forense-Universitária, 1982.
Chauí, M. *Seminários*. 2.ª ed., São Paulo: Brasiliense, 1984.
―――――. & Franco, M. S. C. *Ideologia e Mobilização Popular*. 2.ª ed., Rio de Janeiro: Paz e Terra/Cedec, 1985.

Chilcote, R. H. *Partido Comunista Brasileiro: Conflito e Integração — 1922-1972*. Rio de Janeiro: Graal, 1982.
Cohn-Bendit, D. *O Grande Bazar*. São Paulo: Brasiliense, 1988, p. 49-50.
Contier, A. D. *Brasil Novo - Música, Nação e Modernidade: Os Anos 20 e 30*. São Paulo, 1988, Livre-Docência (História). Faculdade de Filosofia, Letras e Ciências Humanas, Universidade de São Paulo.
————. *Música e Ideologia no Brasil*. 2ª ed., São Paulo: Novas Metas, 1985.
Damasceno, L. H. *Espaço Cultural e Convenções Teatrais na obra de Oduvaldo Vianna Filho*. Campinas: Ed. da Unicamp, 1994.
De Decca, E. S. *O Silêncio dos Vencidos*. São Paulo: Brasiliense, 1981.
Dort, B. *O Teatro e sua Realidade*. São Paulo: Perspectiva, 1977.
Eco, U. *Obra Aberta*. São Paulo: Perspectiva, 1988.
Fausto, B. *Revolução de 30: História e Historiografia*. 8.ª ed., São Paulo: Brasiliense, 1982.
Favaretto, C. *Tropicália, alegoria, alegria*. São Paulo: Kairós, 1979.
Forjaz, M. C. S. *Tenentismo e Política: tenentismo e camadas médias urbanas na crise da Primeira República*. Rio de Janeiro: Paz e Terra, 1977.
Foucault, M. *A Arqueologia do Saber*. 3.ª ed., Rio de Janeiro: Forense Universitária, 1987.
————. *As Palavras e as Coisas*. 3.ª ed., São Paulo: Martins Fontes, 1985.
Gabeira, F. *O que é isso, companheiro?* 10.ª ed., Rio de Janeiro: Codecri, 1979.
Garcia, S. *Teatro da Militância*. São Paulo: Perspectiva, 1990.
Goldfeder, S. *Teatro de Arena e Teatro Oficina — O Político e o Revolucionário*. Campinas, 1977. Dissertação (Mestrado em Ciências Sociais). Instituto de Filosofia e Ciências Humanas, Universidade Estadual de Campinas.
Gorender, J. *Combate nas Trevas. A Esquerda Brasileira: das ilusões perdidas à luta armada*. 3.ª ed., São Paulo: Ática, 1987.
Guerra, M.A. *Carlos Queiroz Telles: História e Dramaturgia em Cena (Década de 70)*. São Paulo: Annablume, 1993.
Guimarães, C. *Um Ato de Resistência: O Teatro de Oduvaldo Vianna Filho*. São Paulo: MG Associados, 1984.
Guinsburg, J. et alii (orgs.). *Semiologia do Teatro*. São Paulo: Perspectiva, 1988.
Guzik, A. *TBC: Crônica de um Sonho*. São Paulo: Perspectiva, 1986.
Hunt, L. *A Nova História Cultural*. São Paulo: Martins Fontes, 1992.
Jacoby, R. *Os Últimos Intelectuais*. São Paulo: Trajetória Cultural/Edusp, 1990.
Khéde, S. S. *Censores de Pincenê e Gravata: dois momentos da censura teatral no Brasil*. Rio de Janeiro: Codecri, 1981.
Langlois, Ch. V. & Seignobos, Ch. *Introdução aos Estudos Históricos*. São Paulo: Renascença, 1946.
Leite, L. C. M. *O Foco Narrativo*. 3.ª ed., São Paulo: Ática, 1987.
Lenharo, A. *Cantores do Rádio: A trajetória de Nora Ney e Jorge Goulart e o meio artístico de seu tempo*. Campinas: Editora da Unicamp, 1995.
Magaldi, S. *Iniciação ao Teatro*. 3.ª ed., São Paulo: Ática, 1986.
————. *Panorama do Teatro Brasileiro*. Rio de Janeiro: MEC/DAC/Funarte/SNT, s/d.
————. *Um Palco Brasileiro: o Arena de São Paulo*. São Paulo: Brasiliense, 1984.
Marcuse, H. *Contra-Revolução e Revolta*. Rio de Janeiro: Zahar Editores, 1973.
————. *Eros e Civilização: Uma Interpretação Filosófica do Pensamento de Freud*. 8.ª ed., Rio de Janeiro: Zahar Editores, 1981.
————. *O Fim da Utopia*. Rio de Janeiro: Paz e Terra, 1969.
Matos, O. *Paris 1968: As barricadas do desejo*. 2.ª ed., São Paulo: Brasiliense, 1981.
Michalski, Y. *O Palco Amordaçado*. Rio de Janeiro: Avenir, 1979.
————. *O Teatro sob Pressão: uma frente de resistência*. Rio de Janeiro: Jorge Zahar Editor, 1985.

Miranda, O. & Emiliano, J. *Lamarca: o capitão da guerrilha*. 12.ª ed., São Paulo: Global, 1989.
Mostaço, E. *Arena, Oficina e Opinião: uma interpretação da cultura de esquerda*. São Paulo: Proposta Editorial, 1982.
Moraes, D. de. *A esquerda e o golpe de 1964*. Rio de Janeiro: Ed. Espaço e Tempo, 1989.
―――――. *Vianinha: Cúmplice da Paixão*. Rio de Janeiro: Nórdica, 1991.
――――― & Viana, F. *Prestes: lutas e autocríticas*. Petrópolis: Vozes, 1982.
Morin, E., Lefort, C., Castoriadis, C. *Mai 68: La Breche suivi de vingt ans apres*. Bruxelles, Editions Complexe, 1988.
Munakata, K. *A Legislação Trabalhista no Brasil*. São Paulo: Brasiliense, 1981.
Nandi, I. *Teatro Oficina: Onde a Arte não dormia*. Rio de Janeiro: Nova Fronteira, 1989.
Neves, J. das. *A Análise do Texto Teatral*. Rio de Janeiro: Inacen, 1987.
Newfield, J. *Una minoría profética: La nueva izquierda norteamericana*. Barcelona: Ediciones Martínez Roca, S.A., 1969.
Ortiz, R. *A Moderna Tradição Brasileira: Cultura Brasileira e Indústria Cultural*. 3.ª ed., São Paulo: Brasiliense, 1991.
Palmier, J. M. *Lenine, a arte e a revolução: ensaio sobre a estética marxista*. Lisboa: Moraes, 1976, 3v.
Pallottini, R. *A Construção do Personagem*. São Paulo: Ática, 1989.
Patarra, J. *Iara: reportagem biográfica*. Rio de Janeiro: Rosa dos Tempos, 1992.
Pereira, C. A. *O que é Contracultura*. 8.ª ed., São Paulo: Brasiliense, 1992.
Pinheiro, P. S. *Estratégias da Ilusão*. 2.ª ed., São Paulo: Cia das Letras, 1991.
Piscator, E. *Teatro Político*. Rio de Janeiro: Civilização Brasileira, 1968.
Prado, D. de A. *Apresentação do Teatro Brasileiro Moderno*. São Paulo: Livraria Martins, 1956.
―――――. *Teatro em Progresso*. São Paulo: Martins, 1964.
Reis Filho, D. A. *A Revolução faltou ao Encontro: Os comunistas no Brasil*. 2.ª ed., São Paulo: Brasiliense/MCT/CNPq, 1990.
Ridenti, M. *O Fantasma da Revolução Brasileira*. São Paulo: Ed. da Unesp/Fapes, 1993.
Ripellino, A. M. *Maiakóvski e o Teatro de Vanguarda*. 2.ª ed., São Paulo: Perspectiva, 1986.
Rocha Filho, R. *A Personagem Dramática*. Rio de Janeiro: Inacen, 1986.
Romagnoli, L. H. & Gonçalves, T. *A Volta da UNE: de Ibiúna a Salvador*. São Paulo: Alfa-Ômega, 1979.
Rosenfeld, A. *O Teatro Épico*. São Paulo: Perspectiva, 1985.
―――――. *Teatro Alemão: 1.ª Parte Esboço Histórico*. São Paulo: Brasiliense, 1968.
Roszak, T. *A Contracultura*. 2.ª ed., Petrópolis: Vozes, 1972.
Roubine, J. J. *A Linguagem da Encenação Teatral (1880-1980)*. Rio de Janeiro: Zahar Editores, 1982.
Sader, E. *Quando novos personagens entraram em cena: experiências e lutas dos trabalhadores da Grande São Paulo 1970-1980*. Rio de Janeiro: Paz e Terra, 1988.
Saffioti, H. I. B. *A Mulher na Sociedade de Classes: Mito e Realidade*. São Paulo: Livraria Quatro Artes Editora, 1969.
Santa Rosa, V. *O Sentido do Tenentismo*. 3.ª ed., São Paulo: Alfa-Ômega, 1976.
Silva, A. S. da. *Oficina: do Teatro ao Te-Ato*. São Paulo: Perspectiva, 1981.
Silva, A. S. da (org.). *J. Guinsburg: Diálogos sobre Teatro*. São Paulo: Edusp, 1992.
Silveira, M. *A Contribuição Italiana ao Teatro Brasileiro*. São Paulo: Quirón, 1976.
―――――. *A Outra Crítica*. São Paulo: Símbolo, 1976.
Sodré, N. W. *Formação Histórica do Brasil*. 9.ª ed., Rio de Janeiro: Civilização Brasileira, 1976.
Ventura, Z. *1968: o ano que não terminou*. Rio de Janeiro: Nova Fronteira, 1988.

Vesentini, C. A. *A Teia do Fato*. São Paulo, 1982. Tese (Doutorado em História). Faculdade de Filosofia, Letras e Ciências Humanas, Universidade de São Paulo.
Vianna, D. *Companheiros de Viagem*. São Paulo: Brasiliense, 1984.
Vizentini, P. F. (org.). *A Revolução Soviética: o socialismo num só país*. Porto Alegre: Mercado Aberto, 1989.
Xavier, I. *Alegorias do Subdesenvolvimento*. São Paulo: Brasiliense, 1993.
Weffort, F. C. *O Populismo na Política Brasileira*. Rio de Janeiro: Paz e Terra, 1978.

Artigos

Capelato, M. H. R. "O controle da opinião e os limites da liberdade: Imprensa Paulista (1920-1945)". In: *Revista Brasileira de História*. São Paulo: Anpuh/Marco Zero, v. 12, n.° 23/24, set.91/ago./92, p. 55-75.
Certeau, M. de. "A Operação Histórica". In: Le Goff, J. & Nora, P. (orgs.). *História: novos problemas*. 2.ª ed., Rio de Janeiro: Francisco Alves, 1979.
Contier, A. D. "Arte e Estado: música e poder na Alemanha dos anos 30". In: *Revista Brasileira de História*. São Paulo: ANPUH/Marco Zero, v. 8, n.° 15, set.87/fev./88, p. 107-22.
De Decca, E. S. "Rebeldia e Revolução na História Social". In: Bresciani, M. S. *et alii* (orgs.) *Jogos da Política: Imagens, Representações e Práticas*. São Paulo: ANPUH/Marco Zero-Fapesp, 1992, P. 13-29.
Dimenstein, G. "Menos dinheiro, mais saúde". In: *Folha de S.Paulo*. São Paulo, 17/12/1995, p. 1-24.
Garcia, M. A. "São Bernardo: a (auto) construção de um movimento operário". In: *Desvios*, n.° 1, 1982.
Maciel, L. C. "Quem é quem no Teatro Brasileiro (estudo sócio-psicanalítico de três gerações)". In: *Revista Civilização Brasileira*, Caderno Especial n.° 2 (Teatro e Realidade Brasileira), Rio de Janeiro: Civilização Brasileira, julho de 1968, p. 49-68.
Marson, A. "Lugar e Identidade na Historiografia de Movimentos Sociais". In: Bresciani, M. S. *et alii* (orgs.). *Op. cit.*, p. 31-49.
Munakata, K. "Compromisso de Estado". In: *Revista Brasileira de História* (n.° 7), p. 58-71.
Munakata, K. "O lugar do movimento operário". In: Casalecchi, J. E. & Telarolli, R. (orgs.) *Anais do IV Encontro Regional de História de São Paulo (Movimentos Sociais)*. Araraquara: ANPUH-Unesp — Araraquara, 1980, p. 61-81.
"Neoludita prevê catastrófe mundial em 2020". In: *Folha de S.Paulo*. São Paulo, 12/11/1995, p.1-16.
Paoli, M. C. "Os Trabalhadores Urbanos na fala dos outros: tempo, espaço e classe na história operária brasileira". In: *Comunicação n.° 7 - Programa de Pós-Graduação em Antropologia Social*, Museu Nacional, UFRJ, 1983, p. 16-65.
Paris, R. "A imagem do operário no século XIX pelo espelho de um 'Vaudeville'". In: *Revista Brasileira de História*. São Paulo/Rio de Janeiro: Anpuh/Marco Zero, v. 8, n.° 15, set. 87/fev. 88, p. 61-89.
Patriota, R. "História e Teatro: Dilemas Estéticos e Políticos de Vladimir Maiakovski". In: *História*. São Paulo: Ed. Unesp, v. 13, 1994, p. 185-96.
Sá, N. de & Santos, M. V. "Zé Celso estréia o musical 'As Bacantes'. In: *Folha de S.Paulo*. São Paulo, 01/8/1995, p. 5-7.
Salem, H. "Yan Michalski: à espera de sacudidelas saudáveis". In: *Folhetim*, n.° 204, São Paulo, 14/12/1980, p. 09.
Schwarz, R. "Cultura e Política: 1964-69". In: —————. *O Pai de Família e outros estudos*. 2.ª ed., Rio de Janeiro: Paz e Terra, 1992, p. 61-92.

Vesentini, C. A. "A instauração da temporalidade e a (re)fundação na História: 1937 e 1930". In: *Revista Tempo Brasileiro*. Rio de Janeiro: Tempo Brasileiro, vol. 1, out.dez./1986, p. 104-21.
————. "Política e Imprensa: Alguns Exemplos em 1928". In: *Anais do Museu Paulista*, São Paulo, XXXIII, 1984, p. 35-40.
Vesentini, C. A. & De Decca, E. S. *A Revolução do Vencedor*. In: *Contraponto*, 1, Rio de Janeiro, novembro de 1976.
Xavier, I. "Do golpe militar à abertura: a resposta do cinema de autor". In: ———— et alii. *O Desafio do Cinema: A Política do Estado e a Política dos Autores*. Rio de Janeiro: Jorge Zahar Editor, 1985.
Weffort, F. C. "Participação e conflito industrial: Contagem e Osasco — 1968". In: *Cadernos CEBRAP*, n.° 5, 1972.
Zerner, H. "A arte". In: Le Goff, J. e Nora, P. *História: novas abordagens*. Rio de Janeiro: Francisco Alves, 1976.

Revistas

Arte em Revista, n.° 1, n.° 3 e n.° 6. São Paulo: Kairós, 1979, 1980, 1981.
Dionysos. N.° 22, n.° 24 e n.° 26. Rio de Janeiro: MEC/SEC/SNT, 1975. 1978, 1982.
Revista USP, n.° 14, São Paulo: Edusp, jun./ag. 1992.

DOCUMENTAÇÃO

Textos teatrais de Oduvaldo Vianna Filho

Bilbao, via copacabana (1957). Michalski, Y. (org.). *Teatro de Oduvaldo Vianna Filho, vol.1*. Rio de Janeiro: Ilha, 1981, p. 33/78.
Chapetuba Futebol Clube (1959). Michalski, Y. (org.). *Teatro de Oduvaldo Vianna Filho, vol.1*. Rio de Janeiro: Ilha, 1981, p. 92/207.
A mais-valia vai acabar, seu Edgar (1960). Michalski, Y. (org.). *Teatro de Oduvaldo Vianna Filho, vol.1*. Rio de Janeiro: Ilha, 1981, p. 223/78.
Brasil — versão brasileira (1962) In: Peixoto, F. (org.). *O melhor teatro do CPC da UNE*. São Paulo: Global, 1989, p. 249/317.
Quatro quadras de terra (1963). Michalski, Y. (org.). *Teatro de Oduvaldo Vianna Filho, vol.1*. Rio de Janeiro: Ilha, 1981, p. 293/366.
Os Azeredo mais os Benevides (1964). 60 p. (datilografado).
Moço em estado de sítio (1965). 49 p. (datilografado).
Se correr o bicho pega, se ficar o bicho come (1965) (em parceria com Ferreira Gullar). Rio de Janeiro: Civilização Brasileira, 1966.

Mão na luva (1966). 40 p. (datilografado).
Dura lex sed lex no cabelo só Gumex (1967). (datilografado).
Papa Highirte (1968). Rio de Janeiro: Serviço Nacional de Teatro, 1968.
A longa noite de cristal (1969). 54 p. (datilografado).
Corpo a corpo (1970). Revista de Teatro. São Paulo, maio-junho, 1972, p. 31/43.
Nossa vida em família (1972). São Paulo: Geprom Editora Ltda., 1972.
Allegro desbundaccio (se o Martins Penna fosse vivo) (1973). 45 p. (datilografado).
Rasga coração (1972/1974). Rio de Janeiro: Serviço Nacional de Teatro, 1980.

Textos teóricos de Oduvaldo Vianna Filho

Peixoto, F. (org.). *Vianinha: teatro — televisão — política*. São Paulo: Brasiliense, 1983.

Documentos do PCB

Carone, E. *O P.C.B. (1922/1943)*. São Paulo: Difel, 1982.
———. *O P.C.B. (1943/1964)*. São Paulo: Difel, 1982.
———. *O P.C.B. (1964/1982)*. São Paulo: Difel, 1982.

Além dos documentos constantes destas publicações, foram consultados as seguintes referências:

O processo de desenvolvimento econômico e sua influência na vida cultural brasileira (sem autor, sem data, datilografado), 48 p.
Cultura e ideologia (sem autor, sem data, datilografado), 6 p.
Marques, G. (Carlos Nélson Coutinho). *Cultura e política no Brasil contemporâneo*, julho de 1972, 22 p. (datilografado).
O clube, a cultura e os intelectuais (sem autor, sem data, datilografado), 14 p.

Críticas de jornais e revistas

ODUVALDO VIANNA FILHO

Antonelli, R. Vianinha, um ato de coragem. *Folha de S.Paulo*, São Paulo, 16/7/1983, p. 45.
As queixas do premiado. *Jornal da Tarde*, São Paulo, 21/4/1971.
Aos 38 anos, morre Oduvaldo Vianna Filho. *O Estado de S. Paulo*, São Paulo, 17/7/1974.
Até ontem viveu só para o teatro. *Jornal da Tarde*, São Paulo, 17/7/1974.
Brandão, T. Elites falidas. *Folhetim*, São Paulo, 15/7/1984, n.º 391, p. 4/6.
Centro para perpetuar a lembrança de Vianinha. *O Estado de S. Paulo*, São Paulo, 16/7/1983, p. 16 (Caderno 2).
Censura dificulta a criação. *O Estado de S. Paulo*, São Paulo, 21/4/1971.
Couri, N. Vianinha em família. *Jornal do Brasil*, Rio de Janeiro, 6/10/1979, p. 7 (Caderno B).
Cunha, M. C. da. Pensamento e arte de Vianinha em 8 livros. *Folha de S.Paulo*, São Paulo, 10/8/1981, p. 19.
Deocélia relembra seus dois Viannas, pai e filho. *O Estado de S. Paulo*, São Paulo, 30/9/1984, p. 41.
Dutra, M. H. Autor importante raciocínio certo. *Jornal do Brasil*, Rio de Janeiro, 6/10/1979, p. 7 (Caderno B).
Faria, J. R. Das emoções de *Mão na Luva* às ousadias de *Rasga coração*, o melhor de Vianinha. *Jornal da Tarde*, São Paulo, 14/1/1985.

Filho, D. et alii. A herança de Vianinha. *O Jornal de Minas*, Belo Horizonte, 25/7/1976.
Gabaglia, M. R. O grande premiado. *O Globo*, Rio de Janeiro, 24/4/1971.
Galvão, J. C. Foco definido. *Veja*. São Paulo, 27/7/1983, p. 65.
Godinho Jr., I. Oduvaldo Vianna Filho. *Fatos & Fotos*. Rio de Janeiro, 24/10/1976, p. 48-50.
Guimarães, C. O teatro de Oduvaldo Vianna Filho. *Folhetim*. São Paulo, 15/7/1984, n.º 391, p. 3.
Guzik, A. Vianinha, o grande esquecido. *Última Hora*, São Paulo, 27/4/1977, p. 9.
Há cinco anos a morte interrompia uma vocação. *O Estado de S. Paulo*, São Paulo, abril, 1979, p. 43.
Magaldi, S. O livro de Vianninha. *Jornal da Tarde*, São Paulo, 24/6/1981.
———. Vianinha: o tempo trará mais sucesso. *Jornal da Tarde*, São Paulo, 18/7/1974.
Mostaço, E. Um teatro de repetição. *Folha de S.Paulo*, São Paulo, 10/9/1984, p. 19 (Ilustrada).
Morre o teatrólogo Vianna Filho. *Folha de S.Paulo*, São Paulo, 17/7/1974.
Oduvaldo Vianna Filho. *Jornal do Brasil*, Rio de Janeiro, 17/7/1974.
Oduvaldo Vianna Filho. *O Estado de S. Paulo*, São Paulo, 27/11/1958.
Oduvaldo Vianna Filho: a morte aos 38 anos. *Jornal do Brasil*, Rio de Janeiro, 17/7/1974.
Oduvaldo Vianna Filho: autor nacional é a maior vítima na crise do teatro. *O Globo*, Rio de Janeiro, julho, 1971.
Oduvaldo Vianna Filho está fazendo falta. *Zero Hora*, Porto Alegre, 16/7/1976.
Oduvaldo Vianna Filho, um grande momento do teatro brasileiro. *Zero Hora*, Porto Alegre, Caderno de Cultura, 20/5/1976.
Oduvaldo Vianna Filho, um protesto parado no ar. *Diário de Notícias*, Porto Alegre, 21/7/1974.
Pontes, P. Viva Vianna. *Programa da peça "Alegro desbum"*.
Penteado, I. Vianinha: o reencontro de um autor com seu público. *Fatos & Fotos*, Rio de Janeiro, 23/7/1979, p. 43.
Prata, M. Inventário de paixões. *IstoÉ*, São Paulo, 20/7/1983, p. 73.
Rangel, F. No teatro brasileiro, uma ação vitoriosa. *Folha de S.Paulo*, São Paulo, 16/7/1983, p. 45.
Sanches, L. Vianinha, cúmplice da paixão. *Folha de S.Paulo*, São Paulo, 16/7/1974, p. 21.
Schild, S. Vianninha 10 anos depois: uma trajetória de coragem agora contada em livro. *Jornal do Brasil*, Rio de Janeiro, 24/7/1984.
Távola, A. da. Vianinha e Etcheverry. *O Globo*, Rio de Janeiro, 17/7/1974.
Toda a obra será editada. *O Estado de S. Paulo*, São Paulo, 25/6/1981.
Trabalho renovador na TV. *Folha de S.Paulo*, São Paulo, 17/7/1974.
Tudo o que Vianinha escreveu, numa obra de oito volumes. *O Globo*, Rio de Janeiro, 20/6/1981, p. 25.
Tumscitz, G. B. O grande diálogo com a platéia. *O Globo*, Rio de Janeiro, 17/7/1974.
———. Vianinha: quero ser autor profissional. *O Globo*, Rio de Janeiro, 16/1/1970.
Uma semana para relembrar Vianninha. *Jornal da Tarde*, São Paulo, 16/7/1984, p. 20.
Um dramaturgo completo. *O Estado de S. Paulo*, São Paulo, abril, 1979, p. 43.
Ventura, M. A paixão do encontro do intelectual com o povo. *Jornal do Brasil*, Rio de Janeiro, 6/10/1979, p. 6-7 (Caderno B).
Viana, H. O vazio deixado por Oduvaldo Vianna Filho. *Diário de S. Paulo*, São Paulo, 28/7/1974.
Vianinha, doce Vianinha. *Diário de Notícias*, Rio de Janeiro, 30/11/1974.

Zanotto, I. M. Vianinha: um trágico moderno. *O Estado de S. Paulo*, São Paulo, abril, 1979, p. 43.

———. A luta eterna pelos valores humanos. *O Estado de S. Paulo*, São Paulo, 25/6/1981.

CHAPETUBA FUTEBOL CLUBE

Galvão, P. Bate-papo no mar. *A Tribuna*, Santos, 24/5/1959, p. 7.
———. Boal, o teórico. *A Tribuna*, Santos, 12/7/1959, p. 7.
———. Com o autor de *Chapetuba*. *A Tribuna*, Santos, 6/12/1960, p. 8.
———. Em torno de uma diretriz. *A Tribuna*, Santos, 5/4/1959, p. 7.
Heliodora, B. O futebol como tema dramático. *Jornal do Brasil*, Rio de Janeiro, 6/2/1960.
Jafa, V. *Chapetuba Futebol Clube*: teatro de verdade. *Correio da Manhã*, Rio de Janeiro, 6/3/1960.
Magaldi, S. Problemas de *Chapetuba Futebol Clube*. *O Estado de S. Paulo*, São Paulo, 4/4/1959.
Muniz, S. *Chapetuba F.C.*: tem jogo decisivo no Teatro de Arena. *Última Hora*, São Paulo, 23/3/1959, p. 1.
Estréia *Chapetuba Futebol Clube*. *O Estado de S. Paulo*, São Paulo, 17/3/1959.

A MAIS-VALIA VAI ACABAR, SEU EDGAR

Borges, M. Moços fazem teatro de participação. *Tribuna da Imprensa*, Rio de Janeiro, 25/6/1960.

SE CORRER O BICHO PEGA, SE FICAR O BICHO COME

Apolinário, J. Se correr o bicho pega se ficar o bicho come. *Última Hora*, São Paulo, 1/10/1966.
Azevedo, A. Bicho não pode ser proibido. *Luta Democrática*, Rio de Janeiro, 15/5/1966.
D'Aversa, A. Triunfa o jogo do bicho no Galpão (1). *Diário de S. Paulo*, São Paulo, 2/10/1966.
Chega elenco de *O Bicho*. *O Estado de S. Paulo*, São Paulo, 22/9/1966.
Grupo carioca em "O Galpão". *O Estado de S. Paulo*, São Paulo, 3/9/1966.
Michalski, Y. O Bicho já pegou. *Jornal do Brasil*, Rio de Janeiro, 20/4/1966 (Caderno B).
Parece que nada mudou. *Jornal do Brasil*, Rio de Janeiro, 11/3/1989, p. 5 (Caderno B).
Uma entrevista em três atos, ou correr ou ficar, eis a questão. *O Jornal*, Rio de Janeiro, 1/5/1966.
Vem a São Paulo a sátira política que o Rio aplaude. *Diário da Noite*, 2.ª edição, São Paulo, 17/8/1966.
Wolff, F. O Bicho: começo da arte (I). *Tribuna da Imprensa*, Rio de Janeiro, 20/4/1966.
———. O Bicho: começo da arte (III). *Tribuna da Imprensa*, Rio de Janeiro, 22/4/1966.

DURA LEX SED LEX NO CABELO SÓ GUMEX

Alencar, E. de. Espetáculos do Rio. *A Notícia*, Guanabara, 22/12/1967.
De Lamare, G. *Dura lex sed lex no cabelo só gumex*. *Correio da Manhã*, Guanabara, 24/12/1967.
Dura lex sed lex no cabelo só gumex. *Jornal dos Sports*, Rio de Janeiro, 28/12/1967.

Michalski, Y. Da Lei Áurea a dura lex. *Jornal do Brasil*, Rio de Janeiro, 7/1/1968 (Caderno B).
Vianinha/67. *Jornal dos Sports*. Rio de Janeiro, 28/12/1967.
Vianna Filho, O. O texto: o prazer da leviandade. *Programa da peça "Dura lex sed lex no cabelo só gumex"*. 1967.

A LONGA NOITE DE CRISTAL

Atores repudiam suspensão de *A longa noite*. *Última Hora*, Rio de Janeiro, 29/1/1977.
Alencar, M. A radiografia da TV na *Longa noite de cristal*. *Jornal do Brasil*, Rio de Janeiro, 5/9/1976, p. 1 (Caderno B).
Apolinário, J. *Longa noite de cristal*. *Última Hora*, São Paulo, 1/10/1970.
Azevedo, M. de. *A longa noite de cristal:* uma pequena decepção. *O Globo*, Rio de Janeiro, 12/9/1976.
Blanco, A. *A longa noite:* era isso que Vianninha queria dizer? *Última Hora*, Rio de Janeiro, 15/9/1976.
———. Vianinha, o melhor. *Última Hora*, Rio de Janeiro, 31/12/1974.
Del Rios, J. A noite de cristal no Stúdio São Pedro. *Folha de S.Paulo*, São Paulo, 29/9/1970.
Guimarães, M. Oswaldo Loureiro: cem dias de cristal. *Última Hora*, Rio de Janeiro, 16/12/1976.
Lara, P. *A longa noite de cristal*, um dos bons espetáculos do ano. *Folha de S.Paulo*, São Paulo, 8/10/1970.
"A longa noite de cristal": vinte longas noites de silêncio. *Jornal do Brasil*, Rio de Janeiro, 28/1/1977.
Magaldi, S. Divirta-se. *Jornal da Tarde*, São Paulo, 24/9/1970.
Marinho, F. *A longa noite de cristal*. *Tribuna da Imprensa*, Rio de Janeiro, 21/9/1976.
———. Uma peça de Vianninha encenada com todas as rubricas. *O Globo*, Rio de Janeiro, 25/8/1976, p. 10.
Michalski, Y. A longa noite de uma geração acuada. *Jornal do Brasil*, Rio de Janeiro, 12/9/1976, p. 10, Caderno B.
Motta, N. Breves e discutíveis idéias sobre um talento indiscutível. *O Globo*, Rio de Janeiro, 25/2/1977.
O sapateiro do rei. *Tribuna da Imprensa*, Rio de Janeiro, 3/12/1976.
Programa da peça *A longa noite de cristal*. São Paulo, setembro, 1970.
Rio verá mais premiada peça de Vianinha. *Luta Democrática*, Rio de Janeiro, 31/8/1976.
Rosenfeld, A. TV no palco. *Fato Novo*, São Paulo, n.º 23, outubro, 1970.
Viana diz por que não gostou da encenação paulista de sua peça. *O Globo*, Guanabara, 16/9/1970.
Villas-Boas, F. *A longa noite de cristal:* um sonho que virou realidade. *Última Hora*, Rio de Janeiro, 6/9/1976.

CORPO A CORPO

Braga, G. *Corpo a corpo*. *O Globo*, Rio de Janeiro, 30/3/1975.
Corpo a corpo (texto datado de 1971, mimeo, sem referência de publicação e de autor).
Couri, N. Agonia em *Corpo a corpo*. *Jornal do Brasil*, Rio de Janeiro, 13/3/1975.
Filho, A. A nova atitude do teatro brasileiro. *Programa da peça "Corpo a corpo"*, São Paulo, 1971.

Michalski, Y. A longa noite da verdade. *Jornal do Brasil*, Rio de Janeiro, 18/3/1975.
O teatro visto por um autor: Oduvaldo Vianna Filho. *Gazeta de São Paulo*, São Paulo, 21/11/1971.

EM FAMÍLIA/NOSSA VIDA EM FAMÍLIA

Campuoco, A. Num pedaço da velhice, a nossa velhice. *Correio do Povo*, Porto Alegre, 17/4/1971.
Lima, M. A. de. A tragédia em partes iguais. *O Estado de S. Paulo*, São Paulo, 16/5/1978.
Michalski, Y. Jovens e velhos em duas peças nacionais. *Jornal do Brasil*, Guanabara, 1970.

ALLEGRO DESBUM

Alegro desbum de Vianinha está de volta aos palcos de São Paulo. *Folha de S.Paulo*, São Paulo, 27/5/1987, p. A/34.
Amargo desbum. *O Estado de S. Paulo*, São Paulo, 27/5/1987, p. 6 (Caderno 2).
Arantes, J. A pena de Martins em novas mãos. *Gazeta do Bairro — Zona Oeste*, São Paulo, 10/4/1976.
Arco e Flexa, J. Sem abstrações. *Veja*, São Paulo, 24/5/1976, p. 106.
Conrado, A. Vianninha, em ritmo de *allegro desbum*. *Diário de Notícias*, Rio de Janeiro, 22/8/1973.
Del Rios, J. O *Allegro desbum* no palco, um erro. *Folha de S.Paulo*, São Paulo, 19/3/1976.
Guzik, A. *Allegro desbum*, alegre Vianinha. *Última Hora*, São Paulo, 12/4/1976.
Lima, M. A. de. Comédia é exemplo de bom teatro comercial. *O Estado de S. Paulo*, São Paulo, 26/3/1976.
Magaldi, S. O alegre repouso de Vianinha. *Jornal da Tarde*, São Paulo, 24/3/1976, p. 24.
Michalski, Y. "Alegro": consumo anticonsumista. *Jornal do Brasil*, Rio de Janeiro, 3/5/1977.
Um reencontro com Vianinha, através do humor. *Cidade de Santos*, Santos, 15/5/1977.

MAMÃE, PAPAI ESTÁ FICANDO ROXO

Conrado, A. *Mamãe, papai está ficando roxo*. *Diário de Notícias*, Rio de Janeiro, 10/10/1973.
Santos, A. Vianinha fala de Oduvaldo Vianna: os nossos problemas são os mesmos. *Diário de Notícias*, Rio de Janeiro, 13/10/1973.

PAPA HIGHIRTE

Barbara, A. O ditador no palco. *O Estado de S. Paulo*, São Paulo, 30/5/1986, p. 4.
Cambará, I. Vianna, liberado, encara a opressão. *Folha de S.Paulo*, São Paulo, 15/7/1979.
Lima, A. Em cena: liberada cinco após a morte do autor, *Papa Highirte* chega ao palco. *Jornal da Tarde*, São Paulo, 14/7/1979, p. 8.
Luiz, M. Em *Papa Highirte* o testemunho da prática cultural. *Jornal do Brasil*, Rio de Janeiro, 18/7/1979, p. 1 (Caderno B).

―――. Highirte, o ditador liberado. *Jornal do Brasil*, Rio de Janeiro, 6/7/1979, p. 4 (Caderno B).
―――. *Papa Highirte* em cena, cinco anos depois da morte de Vianinha. *Jornal do Brasil*, Rio de Janeiro, 13/7/1979.
Maciel, L. C. Claro e agudo: um texto de Vianinha trazido à luz. *Veja*, São Paulo, 25/7/1979.
Magaldi, S. *Papa Highirte*: dança a chula, embriaga-se, ama. Um velho ditador vive seu ocaso. *Jornal da Tarde*, São Paulo, 14/7/1979, p. 8.
―――. Quem for ao Rio, não deixe de ver *Papa Highirte* e a *Resistência*. *Jornal da Tarde*, São Paulo, 14/9/1979, p. 16.
Marinho, F. Até que enfim! *Visão*, São Paulo, 3/9/1976.
―――. Sérgio Brito fala dos resultados de *Papa Highirte*: onze anos depois, a realidade descrita por Vianinha é a mesma. *O Globo*, Rio de Janeiro, 19/8/1979.
Michalski, Y. *Papa Highirte*: uma obra continental. *Jornal do Brasil*, Rio de Janeiro, 15/8/1979, p. 1 (Caderno B).
Para Vianinha, a liberação chegou tarde demais. *Shopping News*, São Paulo, 15/5/1979, p. 21.
Peça de Vianninha liberada só para a rádio francesa. *Folha de S.Paulo*, São Paulo, 22/2/1979.
Peça de Vianinha na rádio francesa. *Última Hora*, São Paulo, 22/2/1979, p. 17.
Política sem panfletarismo. *O Estado de S. Paulo*, São Paulo, abril, 1979.
Rádio francesa transmite peça proibida de Vianinha. *Jornal do Brasil*, Rio de Janeiro, 22/2/1979.
Reale Jr. Oduvaldo Vianna em emissora francesa. *O Estado de S. Paulo*, São Paulo, 22/2/1979, p. 17.

RASGA CORAÇÃO

A abertura em cena. *O Globo*, Rio de Janeiro, 12/5/1979, p. 4.
A Censura libera *Rasga coração*. *O Estado de S. Paulo*, São Paulo, 9/5/1979.
A última peça e o último prêmio de Vianinha. *Jornal da Tarde*, São Paulo, 1974.
Alencar, M. O ato definitivo de Oduvaldo Vianna Filho. *Jornal do Brasil*, Rio de Janeiro, 6/10/1979.
Atores do Sul contra a punição. *O Estado de S. Paulo*, São Paulo, 21/2/1979, p. 12.
Bárbara, D. Um marco do teatro brasileiro sai das gavetas para a boca de cena. *Jornal do Brasil*, Rio de Janeiro, 21/4/1979.
Bastos, M. M. & Chagas, A. E. Mea máxima culpa. *IstoÉ*, São Paulo, 3/10/1979, p. 40-1.
Braga, N. O espetáculo, na opinião de uma autoridade. *Veja*, São Paulo, 10/10/1979, p. 89.
Cagno, C. Um painel de quarenta anos de Brasil, uma cascata de emoções. *Jornal da Tarde*, São Paulo, 17/10/1980, p. 17.
Cambará, I. Estréia, enfim, *Rasga coração*. *Folha de S.Paulo*, São Paulo, 21/9/1979, p. 37.
Censura libera peças de Vianinha e Polari. *Jornal da Tarde*, São Paulo, 9/5/1979, p. 22.
Del Rios, J. A derrota política de uma geração. *IstoÉ*, São Paulo, 3/10/1979, p. 44.
―――. Beleza e emoção na obra-prima de Vianna. *Folha de S.Paulo*, São Paulo, 21/10/1980.
―――. Censura não mata a história. *Folha de S.Paulo*, São Paulo, 9/5/1979, p. 31.
―――. Este é seu último aceno de esperança. *Folha de S.Paulo*, São Paulo, 16/10/1980, p. 25.

———. Vianninha no coração da História. *Folha de S.Paulo*, São Paulo, 4/4/1979.
Dines, A. Rasgando corações: a política como arte. *Folha de S.Paulo*, São Paulo, 14/10/1979.
E as outras?. *Veja*, São Paulo, 16/5/1979, p. 128.
Fim da temporada. *Folha de Londrina*, Londrina, 2/10/1980.
Guzik, A. Rasga coração. *IstoÉ*, São Paulo, 29/10/1980, p. 5.
Hoje à noite no seminário de dramaturgia a leitura da peça *Rasga coração* de Oduvaldo Vianna Filho. *Diário Popular*, São Paulo, 25/7/1977.
Liberados: *Rasga coração, Zero* e *Feliz Ano Novo*. *Folha de S.Paulo*, São Paulo, 9/5/1979, p. 31.
Lima, A. Em cena *Rasga coração*, a última peça será dirigida por José Renato. Mas ainda falta verba para a produção. *Jornal da Tarde*, São Paulo, 14/7/1979, p. 8.
Lima, M. A. de. Peça símbolo da fase da censura. *O Estado de S. Paulo*, São Paulo, 24/4/1979, p. 18.
Loyola Brandão, I. de. Uma das peças mais lidas dos últimos tempos. *Folhetim*, São Paulo, 6/5/1979, p. 9.
Luiz, M. Explode coração. *Jornal do Brasil*, Rio de Janeiro, 12/12/1980, p. 7.
Manguari apaixona SP. *O Estado de S. Paulo*, São Paulo, 15/10/1980.
Magaldi, S. O teatro em 80. Um ano de testes para as intenções da abertura. *Jornal da Tarde*, São Paulo, 10/1/1981.
———. *Rasga coração*, um momento de perfeição do nosso teatro. *Jornal da Tarde*, São Paulo, 28/10/1980.
———. *Rasga coração* um testamento espiritual ditado no leito de morte. *Jornal da Tarde*, São Paulo, 14/7/1979, p. 8.
———. Vianinha volta ao palco. *Jornal da Tarde*, São Paulo, 14/7/1979, p. 8.
Marinho, F. Tempos de desencanto: *Rasga coração*. *O Globo*, Rio de Janeiro, 9/10/1979, p. 35.
Marra, A. B. & Carelli, W. Menos censura. Será? *IstoÉ*, São Paulo, 25/4/1979.
Mendes, J. G. Bate desigual o *coração* de Vianinha. *Ele/Ela*, Rio de Janeiro, outubro, 1979.
Mendes, O. O novo nem sempre é revolucionário. *Folhetim*, São Paulo, 6/5/1979, p. 9.
Michalski, Y. Brasil 1930/1972: como acompanhar o quebra-cabeça. *Jornal do Brasil*, Rio de Janeiro, 6/10/1979.
———. Coisas que incomodam. *Jornal do Brasil*, Rio de Janeiro, 18/12/1979.
———. De rasgar o coração. *Jornal do Brasil*, Rio de Janeiro, 29/5/1977, p. 9 (Caderno B).
———. Documento poético de nossos becos sem saída. *Jornal do Brasil*, Rio de Janeiro, 13/10/1979.
———. Maratona com um Vianinha inédito. *Jornal ndo Brasil*, Rio de Janeiro, 7/10/1979, p. 8 (Caderno B).
———. *Rasga coração* volta em novembro. *Jornal do Brasil*, Rio de Janeiro, 13/10/1980, p. 2 (Caderno B).
———. Símbolo de uma boa causa. *Jornal do Brasil*, Rio de Janeiro, 21/4/1979.
Montagem de *Rasga coração* terá patrocínio do governo. *O Estado de S. Paulo*, São Paulo, 11/5/1979, p. 12.
Mostaço, E. *Rasga coração*, fígado, cérebro... In: Mostaço, E. *O espetáculo autoritário: pontos, riscos, fragmentos críticos*. São Paulo: Proposta Editorial, 1983, p. 59-62.
Nas livrarias, *Rasga coração*. *O Estado de S. Paulo*, São Paulo, 22/5/1980, p. 22.
O Rio vive o ponto alto da temporada de teatro. *O Estado de S. Paulo*, São Paulo, 7/10/1979, p. 50.

O SNT vai montar a peça de Vianna. *Jornal da Tarde*, São Paulo, 11/7/1979, p. 18.
Passos, M. M. O governo escolheu Vianninha para a sua abertura teatral. *Jornal de Curitiba*, Curitiba, setembro, 1979.
Pinheiro, P. S. Um ajuste de contas com o passado. *IstoÉ*, São Paulo, 25/4/1979, p. 49.
Proibição definitiva de *Rasga coração*. *O Estado de S. Paulo*, São Paulo, 27/5/1977, p. 9.
Pucci, C. Com a palavra, o Vianinha. *Folha de S.Paulo*, São Paulo, 13/10/1980, p. 26 (Ilustrada).
──────. *Rasga coração*, além da ressaca ideológica. *Folha de S.Paulo*, São Paulo, 23/10/1980, p. 34 (Ilustrada).
Rangel, F. *Rasga coração*. *Folha de S.Paulo*, São Paulo, outubro, 1980, p. 35 (Ilustrada).
Rangel, M. L. Marcos Flaksman um imenso coração que pulsa. *Jornal do Brasil*, Rio de Janeiro, outubro, 1979.
Rasga coração. *Folhetim*, São Paulo, 6/5/1979, p. 8.
Rasga coração. *Jornal da Tarde*, São Paulo, 20/9/1979, p. 15.
Rasga coração das sombras à luz do palco. *O Estado de S. Paulo*, São Paulo, 20/9/1979, p. 27.
Rasga coração drama, lirismo e história. *Folha de Londrina*, Londrina, 27/9/1980.
Rasga coração em setembro no Villa-Lobos. *O Globo*, Rio de Janeiro, 6/6/1979, p. 11.
Rasga coração estréia amanhã. *Folha de Londrina*, Londrina, 25/9/1980.
Rasga coração estréia na capital só em outubro. *O Estado de S. Paulo*, São Paulo, 13/9/1980, p. 16.
Rasga coração foi liberada. *Diário de S. Paulo*, São Paulo, 18/4/1979, p. 22.
Rasga coração: o Vianninha proibido começa a ser mostrado em Curitiba. *Jornal do Brasil*, Rio de Janeiro, 21/9/1979, p. 3 (Caderno B).
Rasga coração quase chegando ao palco. *Jornal da Tarde*, São Paulo, 24/4/1979, p. 19.
Rasga coração vai ao palco. *O Estado de S. Paulo*, São Paulo, 24/4/1979, p. 18.
Renato, J. Um tempo de obscurantismo cultural. *Jornal do Brasil*, Rio de Janeiro, 21/4/1979.
Rizzo, E. *Rasga coração*. *Correio Popular*, Campinas, 14/9/1980, p. 4-A.
Ronai, C. Gota a gota, a censura esvazia suas gavetas. *Jornal do Brasil*, Rio de Janeiro, 11/5/1979, p. 7 (Caderno B).
Santos, D. dos. Censura: depois de atacar Vianinha, ela ameça um rei morto. *Folha de S.Paulo*, 28/5/1977, p. 27.
Teatro gaúcho vai à Justiça. *Folha de S.Paulo*, São Paulo, 21/2/1979, p. 35.
Uma obra dedicada ao Brasil. *Folha de S.Paulo*, São Paulo, 4/4/1979.
Uma semana para ficar na História. *Jornal do Brasil*, Rio de Janeiro, 5/10/1979, p. 9 (Caderno B).
Velho, G. Teatro político e pluralismo Cultural (a Propósito de *Rasga coração*)". *Jornal do Brasil*, Rio de Janeiro, 1/10/1979, p. 6, (Caderno B).
Veloso, M. El Galpón abre mostra de teatro com texto ultrapassado pelo Tempo. *Folha de S.Paulo*, São Paulo, 10/7/1989, p. E/3 (Ilustrada).
Viana, H. Símbolo da liberdade. *Diário de S. Paulo*, São Paulo, maio, 1979.
──────. Liberado *Rasga coração*. *Diário de S. Paulo*, São Paulo, 29/4/1979, p. 33.
──────. *Rasga coração*. *Diário de S. Paulo*. São Paulo, 9/6/1979, p. 20.
Vianna deixa testamento em *Rasga coração*. *Folha de S.Paulo*, São Paulo, 16/10/1980, p. 25.
Vianninha: premiado e censurado. *Folha de S.Paulo*, São Paulo, 25/7/1977, p. 27.
Vianninha na inauguração de novo teatro. *O Estado de S. Paulo*, São Paulo, 16/10/1980, p. 23.

Vianna, V. et alii. Uma juventude sem vida política analisa o teatro político. *Jornal do Brasil*, Rio de Janeiro, 29/10/1979.

Zanotto, I. M. Penar da alma brasileira. *O Estado de S. Paulo*, São Paulo, 26/10/1980, p. 35.

———. Rasga coração, montagem à altura desta obra-prima. *O Estado de S. Paulo*, São Paulo, 23/9/1979, p. 50.

———. Um humanista de talento imperecível. *IstoÉ*, São Paulo, 3/10/1979, p. 42-3.

Xexéo, A. & Arco e Flexa, J. A batalha de Vianinha. *Veja*, São Paulo, 10/10/1979, p. 86-91.

DEPOIMENTOS DOS ATORES QUE TRABALHARAM EM *RASGA CORAÇÃO*

Maciel, L. C. et alii. Raul. *Careta*, Rio de Janeiro, 4/8/1981, p. 30-40.

Marinho, F. Raul Cortez analisa o sucesso teatral do ano. Por que tantas lágrimas e palmas para *Rasga coração?*. *O Globo*, Rio de Janeiro, 9/12/1979.

Novaes, D. Quatro décadas da história brasileira em *Rasga coração*. *Folha de Londrina*, Londrina, 26/9/1980, p. 13.

———. Sonia Guedes: rasgando o coração em 27 anos de teatro. *Folha de Londrina*, Londrina, 3/10/1980, p. 13.

Oliveira, G. de. Raul Cortez, "o teatro só interessa se discutir a realidade nacional". *O Estado de S. Paulo*, São Paulo, 3/10/1980.

Pucci, C. Raul Cortez, coração para o herói anônimo. *Folha de S.Paulo*, São Paulo, 15/11/1980, p. 25 (Ilustrada).

Rasga coração: a esperança no fundo do poço, persistindo ainda. *Diário do Grande ABC*, Santo André, 26/10/1980.

Xexéo, A. & Camargo, L. No centro do palco. *Veja*, São Paulo, 6/2/1980, p. 56-63.

MOÇO EM ESTADO DE SÍTIO

Bojunga, C. Novo Vianninha: uma geração de perdedores, de JK a João Goulart. *Veja*, São Paulo, 9/12/1981, p. 140.

Freitas, E. S. Um Vianninha inédito. *Última Hora*, Rio de Janeiro, 26/11/1981.

Garcia, M. C. Entre as estréias, uma peça inédita de Vianinha. *Folha deS. Paulo*, São Paulo, 6/8/1982, p. 35 (Ilustrada).

Godoy, C. E. Vianinha em tom maior. *IstoÉ*, São Paulo, 1/9/1982, p. 8.

Gropillo, C. Texto inédito de Vianinha estréia no SESC da Tijuca. *Jornal do Brasil*, Rio de Janeiro, 26/11/1981.

Luiz, M. Muitas gerações no palco dos vencedores. *Jornal do Brasil*, Rio de Janeiro, 18/3/1982.

Magaldi, S. Uma peça obrigatória para quem ama o teatro. *Jornal da Tarde*, São Paulo, 20/8/1982, p. 17.

Marinho, F. O desabafo de quem vive em estado de sítio. *O Globo*, Rio de Janeiro, 2/12/1981.

———. Pessoal e geral: o tema básico de Vianinha. *Visão*, São Paulo, 28/12/1981.

Michalski, Y. Longa jornada estado de sítio adentro. *Jornal do Brasil*, Rio de Janeiro, 30/11/1981, p. 2 (Caderno B).

———. O bom "moço" está de volta". *Jornal do Brasil*, Rio de Janeiro, 5/3/1982, p. 2/7 (Caderno B).

Moço em estado de sítio uma bem-sucedida e muito premiada peça sobre a frustração. *Jornal da Tarde*, São Paulo, 6/8/1982, p. 19.

MÃO NA LUVA

Couri, N. O amor, a outra militância de Vianinha. *Folha de S.Paulo*, São Paulo, 10/9/1984, p. 19 (Ilustrada).
Duelo de paixão, segundo Vianninha. *O Estado de S. Paulo*, São Paulo, 12/9/1984, p. 17 (Caderno 2).
Guzik, A. Vianninha merecia melhor direção. *Jornal da Tarde*, São Paulo, 10/2/1988, p. 21.
Labaki, A. Falta alguma coisa à *Mão na luva*. *Folha de S.Paulo*, São Paulo, 30/3/1988, p. A/36.
Lando, V. O amor, a outra militância de Vianinha. *Folha de S.Paulo*, São Paulo, 10/9/1984, p. 19.
Um jogo de corpos, corações e mentes. *Jornal da Tarde*, São Paulo, março, 1988.

TELEVISÃO

Kotscho, R. A obra-prima do vídeo em 33 anos. *Folha de S.Paulo*, São Paulo, 24/6/1983, p. 34 (Ilustrada).
Silveira, H. Conquistar a tragédia, um segredo de Vianinha. *Folha de S.Paulo*, São Paulo, 24/6/1983, p. 34 (Ilustrada).

AMAFEU — COMPANHIA TEATRAL AMAFEU DE BRUSSO

Amafeu, a estréia de um Vianinha bem humorado. *Folha de S.Paulo*, São Paulo, 15/5/1985, p. 37 (Ilustrada).
O teatro, falando sobre o teatro. Com humor e música. *Jornal da Tarde*, São Paulo, 15/5/1985, p. 17.

TEATRO DE RUA
Fabrizio Cruciani & Clelia Falletti
14x21cm, 168 páginas, ISBN 85-271-0458-X

Uma contribuição acerca de um gênero, o teatro de rua, que certamente não é um gênero entendido no sentido tradicional com formas e estilemas codificados; sobre um fenômeno que leva até as extremas conseqüências a crise arquitetônica do teatro, que reinventa seus espaços, para voltar aos primórdios, à parada, à pantomina eqüestre, à pompa; que se espalha para além do horizonte da palavra literária, renovando o gesto e dilatando a potencialidade do corpo e da voz.

Disponível nas Melhores Livrarias
LIVREIRO: SEU CANAL DE INFORMAÇÃO E CULTURA

Editora Hucitec Ltda.
Rua Gil Eanes, 713 — 04601-042 São Paulo - SP, BRASIL
Tel.: 530-4532 — Fax: 530-5938
E-mail: *hucitec@mandic.com.br*

TEATRO EM QUESTÃO
Fernando Peixoto
14x21cm, 263 páginas, ISBN 85-271-0092-4

Trabalhos publicados no Brasil e no exterior, escritos inéditos, notas de trabalho, de 1960 a 1986, divididos em sete partes: na primeira, uma polêmica com um crítico católico e notas sobre teatro russo e soviético; na segunda, entrevistas com personalidades polêmicas do teatro brasileiros; na terceira, principalmente os espetáculos que o autor realizou; na quarta, ensaios sobre autores como Beckett, Lorca, João Cabral de Melo Neto, Ibsen; na quinta, entrevistas dadas em Cuba e uma com Jorge Lavelli; na sexta, o assunto é ópera; na sétima, finalmente, diferentes textos que discutem Brecht em cinema, teatro, poesia e política.

Disponível nas Melhores Livrarias
LIVREIRO: SEU CANAL DE INFORMAÇÃO E CULTURA

Editora Hucitec Ltda.
Rua Gil Eanes, 713 — 04601-042 São Paulo - SP, BRASIL
Tel.: 530-4532 — Fax: 530-5938
E-mail: *hucitec@mandic.com.br*

Impresso pelo Depto Gráfico do
CENTRO DE ESTUDOS
VIDA E CONSCIÊNCIA EDITORA LTDA
R. Santo Irineu, 170 / F.: 549-8344